A Dieta dos Deuses

Dr. Fedon Alexander Lindberg

A Dieta dos Deuses

Como o índice glicêmico pode ajudar você a ter mais saúde e beleza

Tradução: **Cid Rudis**

Editora Gente

Editor
Mauro Silveira

Coordenação editorial
Elvira Gago

Preparação
Maria Alayde Carvalho

Revisão
Elvira Cesario Castanon

Capa
Daniel Rampazzo

Projeto gráfico e diagramação
Guilherme Xavier

Produção gráfica
Marcelo S. Almeida

Impressão e acabamento
Paulus Gráfica

Título original: The Greek Doctor's Diet

Publicado por acordo com Rodale, Inc.,
Emmaus, PA, USA.

Dados internacionais de catalogação na Publicação (CIP)
(Câmara Brasileira do livro, SP, Brasil)

Lindberg, Fedon Alexander
A dieta dos deuses : Como o índice glicêmico pode ajudar você a ter mais saúde e beleza / Fedon Alexander Lindberg. Trad. Cid Rudis. São Paulo : Editora Gente, 2005.

Título original: *The greek doctor´s diet*
Bibliografia.
ISBN 85-7312-476-8

1. Alimentos naturais 2. Dieta - Mediterrâneo, Mar, Região 3. Dietoterapia 4. Nutrição 5. Saúde - Aspectos nitricionais I. Título

CDD-615.854
05-7455 NLM-WB 400

Índices para catálogo sistemático:
1. Dietoterapia 615.854
2. Terapia nutricional 615.854

NOTA

Este livro deve ser considerado apenas material de referência, e não um manual médico. As informações aqui apresentadas objetivam ajudá-lo a tomar decisões referentes à alimentação e à saúde e não pretendem substituir nenhum tipo de tratamento receitado por seu médico. Se você suspeita ter algum problema de saúde, recomendamos procurar auxílio médico profissional.

Sumário

Introdução

Nasci na Grécia no início da década de 1960. Foi lá que aprendi a apreciar as coisas simples da vida: a luz do sol, o azul do céu e a comida grega. Eu via minha avó preparar um prato delicioso após outro. Ela era uma cozinheira fantástica e também uma senhora bem gordinha. Por volta dos 50 anos, recebeu o diagnóstico de diabetes do tipo II, conhecido como "diabetes dos adultos". Vovó sofria também de pressão alta. Ela apreciava a boa comida, mas não exagerava. Meu avô costumava comer exatamente as mesmas coisas, mas sempre foi magro. Nenhum dos dois era fisicamente ativo, tampouco se exercitava com regularidade. Por que somente minha avó era gorda? Por que apenas ela desenvolveu diabetes e pressão alta?

Meu pai também sofria de diabetes e de pressão alta. Como minha avó, por volta dos 50 anos ele engordou treze quilos em relativamente pouco tempo. Quase todo o seu excesso de peso estava concentrado em torno da cintura. Mais tarde, até mesmo minha mãe, que sempre procurara levar uma vida saudável e se exercitava regularmente, desenvolveu um tipo leve de diabetes por volta dos 70 anos de idade.

Minha avó sofreu o primeiro derrame com 65 anos. Logo em seguida sofreu o segundo. Foi uma verdadeira tragédia para toda a família. Não demorou muito para seu coração enfraquecer, e ela faleceu pouco antes de completar 70 anos. Por que isso aconteceu? Alguma coisa poderia ter sido feita para evitá-lo? Muitos membros de minha família são médicos, inclusive meu pai e três de meus irmãos. Eu estudei Medicina e logo desenvolvi grande interesse por diabetes e obesidade. Afinal, sabe-se que ambas as doenças têm fundo genético. Se um de seus pais tem diabetes do tipo II, existe 40% de probabilidade de que você também manifeste a doença em algum momento. Pensei então em fazer algo para evitar que o mesmo acontecesse comigo.

Tanto na Noruega, para onde me mudei no início dos anos 1980, quanto nos Estados Unidos, onde morei por dois anos, desenvolvi pesquisas no campo de diabetes e resistência à insulina (a verdadeira causa oculta do diabetes do tipo II e uma das principais causas da obesidade). Em 1987, após um exame de controle glicêmico que fiz, os resultados revelaram resistência moderada à insulina. (O exame glicêmico é utilizado na pesquisa médica para quantificar o grau de resistência à insulina. Em razão de sua complexidade, não é usado na prática geral da medicina.) Eu não era gordo, mas tinha predisposição para desenvolver diabetes do tipo II. A mensagem era clara: precisava fazer alguma coisa para evitar que isso acontecesse.

Graças a minha especialização médica, adquiri compreensão mais ampla do diabetes, da obesidade e de outras doenças da vida moderna. Minha frustração aumentou quando percebi que os médicos faziam muito pouco para informar o público acerca das maneiras de prevenir essas moléstias.

Sabemos que males como obesidade, diabetes, pressão alta e colesterol alto são quase sempre transmitidos por via genética, mas é o estilo de vida que levamos que determina quem ficará doente e quando isso ocorrerá. Tenho visto muitos diabéticos cuja saúde piorou sensivelmente, antes do diagnóstico da doença, que depois entraram em programas de gerenciamento alimentar. Quase sem exceção, a doença vai progredir até exigir tratamento com comprimidos e, mais tarde, até mesmo com injeções de insulina, a menos que ocorram mudanças significativas no estilo de vida das pessoas. Até alguns anos atrás, os únicos remédios existentes aumentavam a produção da insulina no organismo (hormônio responsável pelo equilíbrio dos níveis de açúcar do sangue, que já é alto nos estágios iniciais do diabetes do tipo II e na maioria dos casos de obesidade). Esses remédios de fato melhoram o controle dos níveis de açúcar, mas na grande maioria das vezes levam também ao aumento de peso (80% dos diabéticos do tipo II já estão com sobrepeso ou são obesos), ao aumento da pressão arterial e dos níveis de colesterol e triglicérides do sangue. Mais tarde, o tratamento com injeções de insulina será inevitável, o que vai acelerar ainda mais o ganho de peso e o aumento de disfunções metabólicas. Conclusão óbvia: insulina em excesso engorda!

O que afeta nossos níveis de insulina? A resposta é muito simples: os alimentos que ingerimos – não tanto a quantidade que ingerimos, e sim o que ingerimos.

Durante minha estada nos Estados Unidos, deparei com dois termos que tiveram grande impacto não somente sobre mim como também sobre muitas pessoas ao redor do mundo: índice glicêmico (IG) e carga glicêmica (CG). O índice glicêmico é um método científico que pode ajudar você a escolher os carboidratos corretos. A carga glicêmica relaciona o IG à quantidade de carboidrato ingerida em uma porção, ou em 100 gramas, fazendo as comparações possíveis entre os alimentos.

Os carboidratos corretos, em conjunto com a qualidade e a quantidade adequadas de proteínas e gorduras benéficas, permitirão que o organismo tenha saúde balanceada. Logo percebi que esse era um dos mais importantes achados da nutrição moderna. Usado corretamente, esse princípio nutricional pode evitar a obesidade e ajudar as pessoas obesas e "gordinhas" a reduzir gradualmente o peso e melhorar a própria saúde. Os diabéticos poderão estabilizar os níveis de insulina e açúcar do sangue e ao mesmo tempo perderão peso e se sentirão muito melhor. Por intermédio dos princípios de IG e CG podemos, ainda, controlar a pressão sanguínea e até mesmo eliminar completamente a pressão alta, prevenindo assim doenças cardiovasculares. Quando ingerimos alimentos com baixa CG, aumentamos a taxa metabólica, melhorando o desempenho geral do organismo – e, em particular, a resistência e o vigor físico.

Nos últimos anos, cientistas do mundo todo têm conduzido grande número de pesquisas, em larga escala, sobre o índice glicêmico e a carga glicêmica, estudando também o impacto dos alimentos sobre os níveis de açúcar do sangue, os hormônios e, por conseqüência, a saúde. Existem evidências substanciais de que até mesmo inflamações crônicas como asma e reumatismo – além de doenças como câncer e problemas de baixa imunidade e infertilidade feminina – estão fortemente relacionadas com o tipo de alimento que ingerimos. Isso é tão óbvio que nem sequer precisaríamos dizer que "somos o que comemos" – mas é sem dúvida menos óbvio o fato de que nós somos também o que nossos antepassados comiam através da evolução de nossa espécie. Não é preciso ser cientista para entender que os alimentos podem prevenir e tratar doenças – **alimento é remédio!**

Em 1999, abri minha primeira clínica na Noruega, especializada na prevenção e no tratamento das doenças da vida moderna, tais como obesidade, diabetes, moléstias cardiovasculares e outras condições degenerativas. A clínica tem o nome de "In Balance" e oferece tratamentos multidisciplinares por meio da educação do paciente em nutrição e culinária, além de sessões de exercícios para desenvolver o metabolismo, apoio no gerenciamento de mudança de estilo de vida e, se necessário, uso de suplementos de dieta ou de medicamentos. Para mais informações, visite <*http://www.drlindbergs.com*>.

Com a leitura deste livro, você aprenderá o caminho que conduz à saúde perfeita, à estabilidade do peso e à boa disposição simplesmente utilizando o melhor remédio conhecido: a alimentação. Você vai saborear deliciosas guloseimas saudáveis sem contar calorias nem privar-se delas e ainda poderá comer tudo o que desejar – se for capaz de escolher o alimento certo e combiná-lo apropriadamente.

O que este livro pode fazer por você 1

Você gosta de pratos deliciosos? É claro que sim. Nenhuma outra resposta seria natural. Uma atitude positiva diante da alimentação é importante até mesmo se você estiver acima do peso ou sofrer de diabetes, e esse relacionamento positivo com a comida é característico dos povos mediterrâneos através da História. A tradicional dieta mediterrânea, especialmente a grega (rica em azeite de oliva, peixes, vegetais, feijões, lentilhas e frutas e moderada em batatas, carne vermelha e laticínios), tornou-se conhecida, nos últimos quarenta anos, por ser particularmente saudável – e é o ponto de partida deste livro.

Nosso organismo é literalmente composto dos alimentos que ingerimos, e necessitamos do tipo correto de nutrientes, na quantidade adequada, para nos manter saudáveis. Este livro ensinará você a fazer as escolhas certas dentre os muitos tipos de alimento disponíveis. Graças a essas escolhas, você conseguirá o equilíbrio hormonal, adquirindo, por conseqüência, uma saúde melhor. Lembre-se de que o futuro de sua saúde depende das escolhas que você faz hoje.

Você está acima do peso?

Este livro é especialmente útil para aqueles que têm a desconfortável tendência de engordar com facilidade, que já estão acima do peso ou obesos. Você tem a tendência de "ver" o aumento de peso em torno da cintura, enquanto braços e pernas estão proporcionalmente normais? Seu médico já deve ter dito que precisa perder peso, comer menos e exercitar-se mais. Você certamente já tentou inúmeras dietas e produtos de emagrecimento e talvez até esteja filiado a grupos de apoio de perda de peso.

Você, de qualquer forma, sempre conseguia emagrecer alguns quilinhos aqui e ali e, sem dúvida, certas dietas eram mais eficientes que outras. Mas infelizmente não duravam muito tempo. Talvez você não suportasse a monotonia da restrição de alimentos que podia consumir nem os infindáveis cálculos do número de calorias, carboidratos ou pontos de cada refeição – e sempre voltava a comer como antes. De qualquer modo, acabava com o mesmo peso, ou até mais, de antes de começar a dieta.

Sua determinação está tão cansada quanto você? Não se desespere, não é culpa sua. Este livro lhe dará uma anistia das dietas. Você não ganha peso por causa da quantidade de alimento que ingere, e sim porque come as coisas erradas. A simples escolha do alimento correto – e um pouco de planejamento – fará com que perca peso permanentemente sem deixar de alimentar-se bem e com a vantagem de tornar-se mais saudável a cada mordida.

Essa não é uma dieta "quebra-galho", e sim a aplicação de um conceito nutricional que você pode e deve seguir pelo resto da vida. Não espere perder mais do que de 1 a 1,5 quilo por semana se estiver acima do peso, pois uma perda maior afetará sua massa muscular, o que não é bom porque são os músculos que mantêm ativo o metabolismo. Seguindo poucas regras você se sentirá melhor a cada dia, revigorado e renovado – e esse bem-estar o motivará e estimulará a prosseguir.

Você tem predisposição para doenças cardíacas?

Se você tem alta pressão sanguínea, altos níveis de colesterol ou triglicérides (lipídios do sangue), sofre de angina ou teve infarto ou derrame, é bem provável que os alimentos ingeridos no decorrer de sua vida tenham contribuído para o surgimento desses problemas em razão de diversos distúrbios hormonais. Além de deixar de fumar, controlar o estresse e levar uma vida fisicamente mais ativa, uma dieta balanceada terá enorme impacto sobre sua saúde. Você não apenas se sentirá melhor como também sua pressão sanguínea diminuirá – e, com a concordância de seu médico, você poderá até mesmo reduzir o uso de medicamentos. Além disso, talvez haja recuperação de arteriosclerose e desobstrução de artérias bloqueadas. Nosso organismo tem uma fantástica capacidade de cura – se lhe dermos a oportunidade.

Você é predisposto a sofrer de diabetes?

Se houver casos de diabetes em sua família, este livro poderá ajudálo a reduzir drasticamente a possibilidade de você manifestar a doença. Se estiver entre os 130 milhões de pessoas que sofrem de diabetes do tipo II, você vai obter um controle melhor dos níveis de açúcar do sangue e prevenir uma série de doenças relacionadas a essa condição (o dano causado aos vasos sanguíneos e aos nervos pode provocar cegueira, amputações, impotência sexual, males do fígado, doenças cardíacas e derrame). Como uma vantagem a mais, você gradualmente reduzirá o excesso de gordura do organismo caso esteja acima do peso recomendado. Poderá também reduzir os níveis de colesterol e triglicérides, melhorando a pressão arterial. Será possível, até mesmo, diminuir as dosagens necessárias de insulina ou migrar das tradicionais injeções para novos medicamentos que melhoram a ação dessa substância em vez de aumentar seus níveis.

Eu tive diversos pacientes que sofriam de diabetes do tipo II e não necessitam mais de injeções de insulina apesar de estarem em tratamento há muito tempo. É fato conhecido que a insulina e os medicamentos que provocam aumento de produção de insulina levam ao ganho de peso, ao aumento do teor de lipídios do sangue, à elevação da pressão sanguínea e ao risco de desenvolvimento prematuro de doenças cardiovasculares.

Se você sofrer de diabetes do tipo I, terá níveis de açúcar do sangue mais constantes e previsíveis e sua necessidade de insulina será menor, mas ainda ficará dependente das injeções. Uma dieta baseada nos princípios da carga glicêmica e a alteração de alguns hábitos poderão proporcionar a você uma vida nova e melhor.

Você pode evitar a síndrome X?

A síndrome X é uma disfunção hormonal responsável, todos os anos, por mais da metade das mortes ocorridas nos países desenvolvidos. Ela aumenta o risco de sofrer de diabetes do tipo II, obesidade, ataque cardíaco, derrame e várias formas de câncer, bem como doenças inflamatórias como asma, alergias, psoríase, enxaqueca, reumatismos, dores musculares e ósseas, mal de Crohn, menstruação irregular, infertilidade e pré-eclampsia (ataque convulsivo que se manifesta durante a gravidez ou o parto).

Os termos síndrome X, síndrome metabólica e resistência à insulina são utilizados indiscriminadamente, mas é importante ressaltar que diversas pessoas apresentam algum grau de resistência à insulina sem, no entanto, sofrer de síndrome X. Como saber se você tem resistência à insulina? A forma mais fácil é simplesmente olhar-se no espelho. Se seu abdômen for protuberante ou saliente apesar de o resto do corpo parecer normal, provavelmente você tem predisposição à hiperinsulinemia (produção elevada de insulina) e deve ter desenvolvido resistência a ela (defesa do organismo contra o excesso de produção dessa substância). Se estiver muito acima do peso ou for obeso, é quase certo que apresente resistência à insulina. O mesmo princípio se aplica se você for portador de diabetes do tipo II ou se seus níveis de colesterol e de triglicérides forem altos e seus níveis de colesterol HDL forem baixos. Pressão alta é outro indicador.

Mesmo que esteja dentro dos limites de peso, você pode apresentar resistência à insulina. Nos países desenvolvidos, cerca de 10% da população é portadora dessa condição sem apresentar nenhum outro sintoma de problemas de saúde nem de peso. Alguns têm predisposição genética à resistência à insulina, mas nossos hábitos físicos e alimentares determinam se de fato vamos ou não desenvolver a síndrome. Dessa maneira, a resposta é clara – mude seus hábitos e mude sua vida.

Estressado?

Aviso: o estresse pode danificar seriamente sua saúde. É uma reação natural necessária à sobrevivência, mas o estresse da vida moderna nada tem a ver com perigos reais – você não pode esconder-se dele! Dessa maneira, os hormônios que a natureza nos deu para lidar com tal condição permanecem na corrente sanguínea, causando o estresse crônico, cujos sintomas são aumento de peso, baixa libido, dificuldade de concentração e baixa capacidade de memória, bem como problemas mais sérios, inclusive doenças cardíacas, diabetes, osteoporose, moléstias de pele e inflamações intestinais.

O estresse geralmente afeta a forma como nos alimentamos: pulamos refeições ou buscamos o estilo *fast food*. Mas os altos níveis de carboidratos e gorduras quase sempre escolhidos fazem o nível de açúcar do sangue disparar para em seguida despencar. Infelizmente, o corpo interpreta a rápida queda dos níveis de açúcar do sangue (o que também ocorre quando pulamos refeições) como uma situação de estresse e produz ainda maior quantidade de hormônios. Todos nós precisamos aprender a lidar com esse círculo vicioso de estresse crônico, e uma boa forma de começar é a alimentação correta.

Você está sempre lento e cansado, até depressivo?

Faz tempo que você se sente cansado além do normal? Falta concentração e está sempre irritadiço? Isso talvez ocorra em razão de um desequilíbrio hormonal causado por sua dieta e seu estilo de vida. Os alimentos de hoje em dia são muito diferentes daquilo que geneticamente nos convém comer, e alguns indivíduos toleram essa dieta moderna melhor que outros.

Se você apresenta sintomas que sugerem baixos níveis de açúcar uma ou duas horas após uma refeição rica em açúcares, batata, pão branco ou macarrão, talvez esteja sofrendo do que chamamos de "reação pós-prandial", mais conhecida como hipoglicemia. Alimentos que causam rápida elevação dos níveis de açúcar acarretam aumento agudo de insulina (o hormônio que controla os níveis sanguíneos de açúcar), seguido de rápida queda desses níveis. Quando isso ocorre, você provavelmente se sente cansado, irritado e com fome, e sua concentração é baixa. Nessa situação, uma xícara de café para "acordar" não é uma boa idéia: a cafeína aumenta a produção do hormônio do estresse, a adrenalina, que eleva o batimento cardíaco e a pressão sanguínea, o que tem impacto negativo sobre o coração, contribuindo também com a elevação dos níveis de estresse.

A solução para esse problema é uma alimentação diferente. Você ficará mentalmente mais alerta se escolher alimentos naturais e integrais, tais como vegetais e frutas, aumentando ainda o consumo de gorduras ômega-3, que afastam a depressão e melhoram o humor.

Suas obsessões alimentares estão fora de controle?

Você é uma daquelas pessoas obcecadas por doces, pães, batatas e outros alimentos ricos em carboidratos? Quando começa a comer doces ou a saborear guloseimas como batatas fritas, você se sente obrigado a dar cabo do pacote? Percebe mudanças de humor e nos seus níveis de desempenho durante o dia? Após o almoço você se sente cansado, até mesmo letárgico, sua concentração é fraca e você fica irritadiço? Então come um pedaço de chocolate ou bebe um refrigerante e se sente melhor rapidamente, com mais energia, mas uma ou duas horas depois volta a mesma sensação de cansaço e fome. Essa tendência se repete após o jantar, que normalmente é farto e sempre tardio. Talvez você acorde durante a noite e ataque a geladeira. Se tudo isso se aplica a seu caso, é possível que você esteja viciado em carboidratos.

Os viciados em açúcar, assim como as pessoas estressadas ou deprimidas, provavelmente recorrem a chocolates e outros doces e gorduras porque estes aumentam o nível de serotonina e endorfina do cérebro, proporcionando uma sensação de calma e relaxamento, mas também geram altos níveis de insulina, que podem levar à obesidade, ao diabetes do tipo II, à alta pressão sanguínea e a doenças cardiovasculares.

A propensão ao álcool também atua de modo similar, portanto fique atento: se você "precisa de um drinque" com freqüência, pode estar sofrendo de desequilíbrio hormonal, o que talvez explique seus hábitos de consumo de alimentos e bebidas. Aprendendo um pouco mais sobre a forma pela qual os alimentos e os hormônios, como a insulina, trabalham juntos em seu corpo, você terá maior controle sobre suas obsessões alimentares – em vez de ser controlado por elas.

Você sofre de alguma doença inflamatória: problemas de pele, reumatismo, alergias ou asma?

As inflamações são parte do processo natural de cura do organismo, mas quando se tornam crônicas podem causar doenças. Condições como dermatites, psoríases, enxaquecas, osteoartrites, asma, disfunções intestinais e alguns tipos de doenças cardíacas aumentaram muito nos últimos cinqüenta anos simultaneamente com a elevação do consumo de comida industrializada, gorduras saturadas, carboidratos refinados e açúcares e o declínio do consumo de alimentos naturais. Mas há boas novas: com o aumento da ingestão de alimentos ricos em ômega-3 e em antioxidantes e a redução do consumo de gorduras ômega-6 e de gorduras saturadas, assim como de carboidratos altamente glicêmicos, é possível restaurar o equilíbrio orgânico e diminuir os problemas inflamatórios.

Mulher: você tem TPM ou problemas de infertilidade?

Se você sofre de tensão pré-menstrual (TPM), já sabe que a culpa é dos hormônios. Graças à ingestão de alimentos corretos, você resolverá o problema de desequilíbrio hormonal, eliminando grande parte dos sintomas dele decorrentes. Embora o chocolate produza alívio imediato – liberando serotonina, o agente responsável pela sensação cerebral de bem-estar –, você se sentirá melhor durante mais tempo se aumentar a ingestão de alimentos ricos em gorduras ômega-3, que elevam a própria reação antiinflamatória do organismo e aliviam cólicas, inchaço e dores de cabeça.

A síndrome do ovário policístico é a principal causa da infertilidade feminina, afetando entre 5% e 10% de todas as mulheres em idade fértil no mundo ocidental. Assim como muitas outras doenças modernas, está relacionada com a resistência à insulina e pode ser tratada com dieta, mediante a escolha dos tipos corretos de alimento e das quantidades certas de carboidratos, além, é claro, da prática de exercícios.

Você pode reduzir o risco de desenvolver câncer?

O câncer é causado por danos ao material genético, o *software* das células, de forma que elas não morrem nem se reproduzem normalmente. Esse processo pode ser detonado por qualquer coisa que aumente a oxidação: baixa ingestão de antioxidantes e nutrientes essenciais, alta ingestão de açúcares e de alimentos altamente glicêmicos, alto volume de ingestão de gorduras processadas, poluentes ambientais, estresse e fumo.

A síndrome X também aumenta o risco de desenvolvimento de diversas formas de câncer, inclusive o de mama. Embora ninguém seja imune ao câncer, você pode certamente reduzir os riscos de desenvolver a doença prestando mais atenção no que come e na forma como vive.

Você pode desacelerar o processo de envelhecimento?

O envelhecimento cronológico é inevitável e igual para todos. Cada minuto, cada hora e cada ano têm a mesma duração para todo mundo. O envelhecimento biológico, por outro lado, é o resultado da vida que levamos. Aos 15 ou 20 anos de idade, você normalmente tem o corpo que seus genes determinaram, mas aos 40 anos você tem o corpo que merece. É como treinar um cachorro: você pode comparar o envelhecimento cronológico e o biológico com você mesmo e seu cachorro – ele anda à sua frente, ao seu lado ou atrás de você. É seu o poder de controlar o processo de envelhecimento – basta treinar seu cachorro para andar ao seu lado ou atrás de você.

Alguns sintomas físicos de envelhecimento, tais como rugas e manchas, são parcialmente determinados pela genética, mas o que comemos e bebemos pode afetar nossa aparência nos meses e anos que estão por vir. Uma combinação de gorduras saudáveis, de antioxidantes encontrados em vegetais e frutas e de proteínas de alta qualidade, além de muita água, pode ajudar a manter sua pele firme e macia.

Os sintomas invisíveis de envelhecimento podem ser devastadores, mas até mesmo doenças degenerativas do cérebro e dos olhos podem ser minimizadas e prevenidas graças à escolha correta dos alimentos de que o corpo necessita, tendo-se também o cuidado de evitar aqueles que certamente agravarão o processo.

Você quer melhorar sua resistência física ou sua performance esportiva?

Se estiver envolvido com esportes ou levar uma vida fisicamente ativa, você já sabe como é importante exercitar-se e comer de forma adequada. Sabe também que sua performance depende da eficiência com que seus músculos trabalham. E os músculos, por sua vez, dependem de um contínuo suprimento de energia antes, durante e depois da prática de exercícios. O glicogênio armazenado no fígado e nos músculos, em conjunto com um eficiente processo de queima de gorduras, é essencial. A manutenção de uma dieta balanceada e a escolha de alimentos de baixo teor glicêmico antes e durante os exercícios e de alimentos de alto teor glicêmico logo após os exercícios (para rápida recuperação) tornarão sua performance melhor e aumentarão sua resistência.

Você quer aumentar sua vitalidade e aprimorar sua saúde?

Você não precisa estar acima do peso nem ter um problema médico para sentir interesse pela obtenção de uma saúde perfeita. Alimentos de baixo teor glicêmico e o correto equilíbrio de nutrientes são de igual importância para todas as pessoas. Durante milhões de anos, nosso corpo tem evoluído para lidar com alimentos naturais, e não com os alimentos altamente processados que fazem parte da dieta moderna, que contêm altos níveis de carboidratos glicêmicos e gorduras nada saudáveis e nada naturais. Este livro abrirá seus olhos e ajudará você e sua família a se tornarem cheios de energia e saúde.

Deixe que os alimentos cuidem de você 2

Deixe sua alimentação ser seu remédio e
deixe seu remédio ser sua alimentação.
Hipócrates (460 a.C. – 377 a.C.)

Houve um tempo em que nossos corpos estavam em sua melhor condição simplesmente porque recebiam o que precisavam. Nossos alimentos eram simples, porém suficientes, e a atividade física era uma necessidade na vida diária. Temos mais de 100 trilhões de células em nosso corpo, e em cada célula existe mais de 1 bilhão de reações bioquímicas por segundo – todos os dias. Os alimentos estão envolvidos nessas reações. Infelizmente, porém, os alimentos industrializados de hoje raramente nos proporcionam tudo aquilo de que precisamos para ter boa saúde. Eles apenas fornecem energia suficiente para a sobrevivência e o funcionamento diário, mas deixam muito a desejar em termos de saúde e vitalidade. Grande parte dos alimentos que consumimos consiste de calorias vazias e sem função, e os ingredientes foram tão processados que é impossível reconhecer sua origem.

Nós necessitamos de alimentos que nos dêem nutrição, e não somente energia. Necessitamos também de alimentos que estimulem a flora intestinal. Você sabia que cada um de nós tem cerca de 1 quilo de bactérias intestinais? Temos um número maior de bactérias que de células. Essas bactérias produzem importantes vitaminas e ácidos graxos, sendo vitais para o sistema imunológico. Qualquer desequilíbrio pode levar a grande número de doenças, infecções e inflamações. Mas, embora as escolhas alimentares afetem claramente nossa saúde, a comida não deveria ser simplesmente algo que se ingere para sobreviver. Os alimentos deveriam ser uma parte positiva da vida, algo que melhorasse o convívio social e familiar. Eles não deveriam ser apenas bons para você, e sim também atrair seus sentidos de visão, olfato e paladar.

Até algumas décadas atrás, os bons médicos eram "artesãos". Eles tinham de usar todo o seu conhecimento profissional, mas acima de tudo necessitavam de um bom julgamento e de intuição para descobrir o que atingia seus pacientes e de que forma eles seriam mais bem tratados. Raramente tinham idéia do que de fato causava as doenças, mas de algum modo seus remédios – o que para os médicos modernos pode parecer irreal como um conto de fadas – davam resultado. O segredo desse sucesso era a observação, assim como nas grandes descobertas e invenções. Não era preciso saber por que o óleo de fígado de bacalhau, os vegetais e as frutas faziam bem para a saúde, pois as coisas simplesmente eram assim.

Em minha casa na Grécia, nós comíamos lentilhas, feijões ou ervilhas toda segunda e quinta-feira. Peixes eram servidos toda terça-feira, enquanto nas quartas e sextas-feiras havia vegetais frescos. Nos fins de semana comíamos frango ou carne, na maior parte das vezes de carneiro. Tudo era muito previsível. Sempre havia uma garrafa de vinho na mesa – os adultos bebiam um copo ou dois e o restante era guardado para o dia seguinte. Nós gostávamos de salada grega, com tomates, pimentão verde, pepino, queijo *feta* (feito com leite de ovelha) e um maravilhoso orégano grego. As azeitonas eram servidas em separado porque minha mãe não gostava delas. Uma pequena garrafa de azeite de oliva, vinagre e rodelas de limão sempre acompanhavam a salada. Os gregos usam limão em tudo, até em carnes grelhadas, e o sabor é realmente excelente.

Hoje em dia tudo mudou. A maioria das pessoas come sem realmente pensar no que está fazendo e passa o menor tempo possível na cozinha. Uma manhã caótica pode significar cansaço já na hora do almoço, e você acaba saciando a fome com um sanduíche de presunto e queijo e uma lata de refrigerante. Na hora do jantar, você se serve de pizza pronta enquanto assiste a seu programa de televisão favorito.

Ao mesmo tempo, porém, temos a preocupação de nos manter atualizados com relação às últimas descobertas científicas e aos benefícios específicos de bons alimentos, como tomates ou espinafre, porque assim podemos comprar suplementos vitamínicos que forneçam tais benefícios – pois vivemos obcecados pela busca da boa saúde. Isso parece familiar para você? O alimento de fato se tornou remédio, e no formato de uma pílula. Mas por que precisamos de evidências de que essa ou aquela substância é benéfica para nossa saúde? Afinal, o homem sobreviveu durante milhões de anos comendo produtos naturais – e nós somos a prova viva disso.

O alimento é remédio, e é o melhor remédio que conhecemos. No passado, não entendíamos muito bem como isso ocorria – não tão bem quanto hoje. Como acontece com todos os remédios, porém, se falharmos na escolha do tipo ou na dosagem poderemos sofrer com efeitos colaterais e até com doenças causadas pelo exagero.

Macronutrientes e micronutrientes

Os alimentos que ingerimos são compostos de macronutrientes e de micronutrientes. Os macronutrientes, que fornecem energia, constituem a maior parte de nossa alimentação. Podem ser divididos nas seguintes categorias: proteínas, carboidratos, gorduras, álcool e fibras. As proteínas e os carboidratos fornecem aproximadamente 4 calorias por grama, o álcool fornece 7 calorias por grama e a gordura 9 calorias por grama. Em termos químicos, as fibras são compostas principalmente de carboidratos, mas apenas uma pequena parte delas é de fato digerida e convertida em energia no organismo. Apesar de tudo, são muito importantes para nossa saúde.

Os micronutrientes, como as vitaminas e os sais minerais, são encontrados em proporções muito pequenas nos alimentos. Eles não fornecem energia, mas são vitais para o funcionamento de nosso organismo.

O que é proteína?

A proteína é essencial ao organismo. A palavra deriva do grego *protos* e significa "o primeiro" ou "o mais importante". Todas as formas de vida contêm proteína. As células, os hormônios e o sistema imunológico baseiam-se nas proteínas e se comunicam através delas. É óbvio, portanto, que devemos garantir para nosso organismo quantidades suficientes desse nutriente. As proteínas são constituídas de componentes menores chamados de aminoácidos, dos quais existem cerca de vinte tipos diferentes. Onze deles podem ser produzidos pelo corpo humano. Os nove remanescentes não podem ser gerados no organismo, e precisamos, dessa maneira, consumi-los através dos alimentos que ingerimos. Eles são chamados de "aminoácidos essenciais". Se não consumirmos aminoácidos essenciais na quantidade necessária, o funcionamento de nosso organismo vai deteriorar-se. Sem tijolos não há prédios!

Onde encontramos as proteínas?

Existem duas fontes de proteínas: a animal e a vegetal. A proteína animal é encontrada no leite e em seus derivados, nos ovos, em todas as carnes, inclusive na carne de peru e de peixe, e nos frutos do mar. Lembre-se de que é a gordura saturada dos laticínios e da carne que deixa de ser saudável quando ingerida em grandes quantidades, e não a proteína. Se você escolher carnes magras e laticínios que contenham baixos teores graxos, a gordura não causará problemas. Veja sugestões de escolha de fontes saudáveis de proteínas no capítulo 11.

A proteína vegetal é encontrada principalmente em nozes e castanhas, em sementes como feijões, lentilhas e ervilhas e, em menor proporção, nos vegetais. Os grãos de soja são também excelente fonte de proteína, além de possuir outras qualidades favoráveis à saúde. Utilizados na China, no Japão e no Sudeste Asiático há milhares de anos, quase não são ingeridos no estado natural, e sim transformados em diversos subprodutos, como tofu, leite de soja, missô, feijões-pretos fermentados e molho de soja. Nos últimos anos houve grande aumento do número de produtos de soja disponíveis, como farinhas e queijos, carne e substitutos do *bacon* – estes últimos, porém, são altamente processados e não representam a melhor opção em termos de alimento saudável.

Qual é a quantidade necessária de proteínas?

A necessidade, em geral, é de uma dose mínima diária de 1 a 1,2 grama de proteína pura por quilo de peso corporal, tendo-se como base um peso "normal" ou um índice de massa corporal (IMC) de 23, caso a pessoa não seja fisicamente muito ativa. Se você pesar 70 quilos, por exemplo, precisará, no mínimo, de 70 a 84 gramas de pura proteína por dia. Se for fisicamente ativo tanto no trabalho quanto na prática de esportes ou se for mulher e estiver grávida ou amamentando, necessitará de mais proteínas. Você encontrará outras informações sobre o cálculo do volume adequado de proteínas no capítulo 11.

Observe que falamos de proteína pura, e não da quantidade de alimento. Uma vez que carne, frango, peixe e algumas castanhas (amêndoa, caju, amendoim) contêm entre 20% e 30% de proteína, você precisaria consumir 350 gramas desses alimentos para ingerir 70 gramas de proteína pura. A necessidade de proteínas que o organismo tem não se altera se você for vegetariano. A maioria dos feijões e das lentilhas – bem como o tofu – contém cerca de 8% de proteínas. Assim, para ingerir suas proteínas dessas fontes, você precisaria comer cerca de 900 gramas de feijões. Os vegetarianos devem consumir cebolas e alhos, além da cota necessária de proteínas, porque esses alimentos contêm aminoácidos sulfurosos, que estão também entre os mais importantes antioxidantes. As algas são outra boa fonte vegetal de proteínas e podem ser compradas na forma de farelo em lojas de produtos naturais e adicionadas a sopas, saladas e molhos.

O que acontece se você ingerir poucas proteínas?

A ingestão insuficiente de proteínas pode levar à perda de massa corporal, ou seja, de musculatura. Os músculos, grandes ou pequenos, são essenciais aos movimentos e são importantes porque protegem os órgãos vitais internos. Eles também constituem a parte do organismo que mais consome energia, portanto massa muscular menor significa metabolismo mais lento. Várias doenças relacionadas à idade estão fortemente vinculadas à perda de massa muscular do organismo.

Muitos alimentos que contêm proteínas são também uma excelente fonte de importantes vitaminas e sais minerais. A vitamina B12 (usada na formação das células sanguíneas, no aparelho digestivo e no sistema nervoso), por exemplo, é encontrada na carne em geral, inclusive de peru, nos peixes e nos ovos (mas não nas proteínas vegetais).

A produção de proteína animal é relativamente cara, mas no mundo industrializado de hoje existe proteína disponível mais que suficiente. O baixo consumo de proteínas pode tornar-se um problema para as camadas mais pobres da população por serem mais caras do que os carboidratos e as gorduras. No entanto, como a proteína tem efeito nutritivo mais potente, seria um investimento melhor em termos de dinheiro e saúde do que os alimentos à base de carboidratos altamente processados, que custam menos.

O que acontece se você ingerir proteínas em excesso?

O organismo não armazena aminoácidos para uso posterior. Isso quer dizer que qualquer proteína supérflua será lentamente convertida em açúcar ou armazenada como gordura. Muita proteína poderá também, até certo ponto, estimular a produção de insulina porque alguns aminoácidos provocam a secreção dessa substância.

A questão de que o consumo excessivo de proteínas pode causar sobrecarga nos rins tem sido debatida durante muitos anos. Aparentemente, rins saudáveis se adaptam a níveis mais altos de ingestão de proteínas sem sofrer efeitos maléficos. As pessoas portadoras de problemas renais ou de síndrome nefrótica, entretanto, devem evitar a inclusão de muitas proteínas em sua dieta.

As proteínas causam saciedade, o que torna difícil a ingestão de uma superdose – o pão e as batatas que em geral acompanham as carnes é que se revelam a causa de muitos problemas de saúde da atualidade.

O papel das proteínas no metabolismo

A decomposição química da proteína em aminoácidos ocorre no estômago e no intestino delgado, enquanto a produção da proteína necessária ao corpo se dá no fígado. O processo consome muita energia e também leva à liberação de calor. Cerca de 25% da proteína de nossa dieta é utilizada nesse processo, o que significa que nos sobra menos energia derivada de proteína do que indica o número de calorias (4 por grama).

As proteínas são o elemento-chave do metabolismo eficiente, e seu consumo produz efeito sobre uma série de hormônios. Acima de tudo, a proteína estimula a produção do hormônio do crescimento (IGF-1) e de um hormônio chamado glucagon. O hormônio do crescimento aumenta a massa muscular, enquanto o glucagon não somente potencializa a sensação de saciedade após uma refeição como também promove a queima de gordura do organismo para a produção de energia.

A principal função do glucagon é aumentar o nível de açúcar do sangue se estiver baixo (durante os períodos de jejum ou entre as refeições, por exemplo), garantindo dessa maneira o contínuo suprimento de energia para o organismo. O açúcar é liberado do suprimento existente no fígado (glicogênio) e é também produzido de proteínas e gorduras. Quando o corpo gera glucagon não produz insulina – o que significa menor armazenamento e maior queima de gordura. No capítulo 5, que trata de alimentos e hormônios, você aprenderá mais sobre a forma como diferentes nutrientes afetam nosso metabolismo.

Proteína e queima de gordura

A ingestão de certa quantidade de proteínas em cada refeição melhora a capacidade do organismo de queimar gorduras, satisfazendo ainda o apetite muito melhor do que o consumo exclusivo de carboidratos.

- No café da manhã, iogurte ou queijo *cottage* auxilia o metabolismo, e as proteínas contidas nesses alimentos estimulam a produção de glucagon.
- Castanhas e outras sementes fornecem proteínas e gorduras saudáveis, sendo dessa maneira ótima opção para o lanche, além de uma fruta.
- Feijões, lentilhas e ervilhas fornecem proteínas e carboidratos saudáveis, e grãos de soja e alimentos feitos de soja, como tofu, têm altos níveis de proteína.

O que são carboidratos?

Os carboidratos são geralmente divididos em dois grupos: açúcares (carboidratos simples) e amidos (carboidratos complexos). Tanto os açúcares quanto os amidos suprem nosso organismo com a mesma quantidade de energia (4 calorias por grama).

Muitas pessoas associam carboidratos com pães, cereais, arroz e massas, enquanto alimentos como batatas, cenouras e maçãs, por exemplo, são considerados legumes e frutas. Mas legumes e frutas também contêm carboidratos, além de água, fibras (carboidratos não digeríveis), vitaminas e sais minerais. Alimentos doces, como açúcar, mel, biscoitos e sorvetes, são também carboidratos.

De quantos carboidratos precisamos realmente e quais são eles?

Aqui está um pensamento interessante: nós precisamos de certa quantidade diária de proteínas (aminoácidos) e de certos tipos de gordura (ácidos graxos essenciais) porque nosso organismo não é capaz de produzir tais substâncias. Por isso as chamamos de aminoácidos *essenciais* e de ácidos graxos *essenciais*. Carboidratos essenciais, por outro lado, não existem. Nosso corpo é capaz de produzir, com base em proteínas e gorduras, todos os carboidratos de que necessita. Podemos sobreviver sem nunca ingerir carboidratos, embora isso não seja recomendável porque muitos alimentos naturais que contêm carboidratos também fornecem micronutrientes bastante úteis e saudáveis de origem vegetal.

A dieta dos esquimós é um ótimo exemplo disso. Eles tradicionalmente sobrevivem com uma dieta baseada em proteínas e gorduras oriundas de peixes e focas. Você provavelmente já ouviu dizer que os esquimós apresentam ocorrência baixíssima de doenças cardíacas. Isso se dá em parte devido ao alto consumo de gorduras insaturadas do tipo ômega-3, derivadas de peixes, e também em razão da ingestão extremamente baixa de carboidratos.

Os carboidratos são, entretanto, a fonte de energia preferida do organismo – e em particular do cérebro –, principalmente porque podemos armazenar apenas uma quantidade mínima deles. Após sua ingestão, praticamente todos os carboidratos acabam no sangue na forma de glicose – ou açúcar, como diz a maioria das pessoas. O sangue contém cerca de 5 gramas (uma colher de chá) de glicose, que é usada por todos os órgãos para suprir com a energia necessária nossas atividades diárias. O restante é armazenado, como glicogênio, no fígado e no tecido muscular. Nosso cérebro é totalmente dependente de um suprimento estável de açúcar e utiliza cerca de 75% de toda a glicose que circula no sangue. Isso explica por que o baixo nível de açúcar do sangue, conhecido como hipoglicemia, causa considerável desconforto. Nesse ponto, o cérebro sinaliza a existência de perigo iminente e nos avisa da necessidade de comer alguma coisa doce ou que contenha amido porque esse é o meio mais rápido de aumentar os níveis de açúcar.

Com a ingestão dos tipos saudáveis de carboidrato, como lentilhas e feijões, vegetais e frutas, em combinação com as quantidades corretas de proteínas e gorduras, podemos manter estáveis os níveis de açúcar, reduzindo, conseqüentemente, a sensação de desconforto e fome e o desejo de consumir açúcar e amido. O índice glicêmico (veja capítulo 4) pode ajudar bastante na identificação dos carboidratos benéficos.

Carboidratos problemáticos

Os carboidratos menos favoráveis (que são muito processados e têm alto índice glicêmico) causam rápido aumento dos níveis de açúcar do sangue, estimulando o pâncreas a produzir muita insulina, o hormônio que regula esses níveis. Se você consumir carboidratos altamente glicêmicos e refinados com freqüência ou em grandes quantidades, o pâncreas será obrigado a produzir muita insulina em reação aos altos níveis de açúcar do sangue. Isso pode acarretar a exaustão desse órgão e causar toda a gama de problemas de saúde relacionados a altos níveis de insulina e à resistência à insulina.

Se você não praticar atividades físicas suficientes para usar a energia que esses carboidratos fornecem, o glicogênio armazenado no fígado estará sempre no limite máximo, e os carboidratos excedentes serão, portanto, convertidos em gordura corporal. Infelizmente os alimentos que contêm carboidratos de alto índice glicêmico estão entre nossos favoritos: batatas, especialmente fritas, produtos feitos de grãos refinados, como muitos tipos de pães, flocos de milho, doces, biscoitos e bolos, cervejas, refrigerantes, qualquer coisa adoçada com açúcar. Reduzindo a ingestão desses alimentos e combinando-os com a quantidade certa de proteínas, gorduras insaturadas e fibras, poderemos prevenir conseqüências negativas para nossa saúde.

Batatas são legumes? Sim, mas o organismo humano não produz enzimas para digerir batatas cruas. Para tornar-se digeríveis, as batatas devem ser cozidas – em outras palavras, seu teor de amido é alterado, e é esse amido que causa a rápida subida dos níveis de açúcar. O problema é que hoje em dia elas são tão populares que as comemos em excesso – cozidas, assadas, em purês e, acima de tudo, fritas.

E o trigo? Os derivados de cereais (isso inclui a cerveja!) fazem parte de nossa dieta há mais de 10 mil anos. Em termos genéticos, esse é um período relativamente curto, mas o problema real está no fato de que a maior parte do trigo que consumimos é processada. Desde a metade do

Canela

Muitas pesquisas têm sido desenvolvidas sobre os antioxidantes contidos nos alimentos à medida que descobrimos seu papel fundamental na diminuição do processo de envelhecimento e na prevenção de várias doenças crônicas. Os alimentos ricos em antioxidantes são vegetais e frutas, azeitonas, castanhas e outras sementes, café, cacau e por último, mas não menos importante, ervas e temperos. A canela é um antioxidante tão poderoso que, em comparação com seis outros condimentos antioxidantes (anis, gengibre, alcaçuz, menta, noz-moscada e baunilha) e com três conservantes químicos, revelou-se mais eficiente na prevenção da oxidação celular do que todos, exceto a menta.

A canela – retirada da casca da árvore de mesmo nome – tem uma longa história como condimento e como remédio. Tem função antimicrobiana e pode inibir o crescimento de bactérias e fungos, inclusive de um fungo do tipo cândida causador de estomatite. As propriedades medicinais da canela são oriundas de seus óleos essenciais, que contêm vários componentes ativos, além de uma série de outras substâncias voláteis, que apresentam, por exemplo, a capacidade de tornar as plaquetas menos espessas, evitando os coágulos sanguíneos, e reduzem a formação do ácido araquidônico, atuando, conseqüentemente, como antiinflamatórios.

A canela pode ser muito útil para as pessoas que sofrem de diabetes do tipo II (não dependentes de insulina) graças à melhora da capacidade de reação à insulina e ao aumento da capacidade das células de utilizar a glicose, além da normalização dos níveis de açúcar do sangue. Um estudo recente foi realizado por pesquisadores dos Estados Unidos e do Paquistão com sessenta voluntários portadores de diabetes do tipo II que não tomavam insulina. Os indivíduos foram divididos em seis grupos: os grupos 1, 2 e 3 receberam um, 3 ou 6 gramas de canela diariamente, enquanto os grupos 4, 5 e 6 receberam placebo. Após quarenta dias, todos os pacientes que consumiram canela apresentaram redução dos níveis de açúcar entre 18% e 29%, de triglicérides entre 23% e 30%, de colesterol LDL entre 7% e 27% e de colesterol total entre 12% e 26%, ao passo que nenhuma alteração significativa foi registrada nos grupos que receberam placebo. Até mesmo aqueles que ingeriram doses menores de canela, 1 grama por dia (entre um quarto e a metade de uma colher de chá), apresentaram resultados positivos. Quando o consumo de canela foi interrompido, os níveis de açúcar do sangue voltaram a subir.

A conclusão dos pesquisadores foi clara: a inclusão de canela na dieta de pacientes portadores de diabetes do tipo II reduz os fatores de risco associados ao próprio diabetes e a doenças cardiovasculares.

século XIX, trituradores de aço têm sido utilizados através do mundo. De maneira rápida e eficiente eles separam a farinha branca (quase amido puro) do farelo e do germe de trigo – as partes do cereal que mais contêm proteínas, fibras, vitaminas e sais minerais e que diminuem a taxa de absorção de carboidratos.

Antes da invenção dos trituradores, os grãos eram moídos entre pedras: trituradores de pedra ainda estão em uso, e o produto, a farinha integral, é mais saudável, embora seja uma opção ligeiramente mais cara do que a farinha refinada. Outros tipos de grão, como centeio, cevada e aveia, e algumas variedades antigas de trigo, como o tipo espelta, são cultivados organicamente e processados de modo tradicional. Talvez não seja surpresa o fato de que eles também causam menos reações alérgicas e problemas de intolerância do que o trigo comum, refinado.

Massas feitas de semolina e certos tipos de arroz (especialmente o integral e o parboilizado) têm índices glicêmicos mais baixos do que batatas e farinhas refinadas (em outras palavras, não causam efeito tão drástico sobre os níveis de açúcar do sangue), mas mesmo assim devem ser consumidos em quantidades limitadas, pois seu teor de carboidratos é muito rico.

Doces, mas perigosos

Existe espaço para doces em um livro como este? Claro que existe. A comida deve estar fortemente relacionada ao prazer, e os doces – em quantidades moderadas – podem contribuir com a qualidade de vida. A fonte de açúcar que você escolhe, entretanto, é importantíssima. Existem cinco tipos básicos de açúcar comumente encontrados na natureza: glicose, frutose, lactose, sacarose e maltose, e cada um deles tem efeito diferente nos níveis de açúcar do sangue.

Os nutricionistas normalmente descrevem os açúcares como intrínsecos (os que fazem parte da estrutura celular de alimentos como frutas e vegetais) e extrínsecos (os que não fazem parte de sua estrutura celular). Os açúcares derivados do leite (principalmente a lactose), apesar de não estarem contidos na estrutura celular, são considerados intrínsecos. Os açúcares extrínsecos não oriundos do leite – freqüentemente chamados de "açúcares adicionados" – abrangem mel, açúcar de mesa (refinado ou mascavo, por exemplo), sucos de frutas e confeitos em geral.

Como regra, não mais que 10% da ingestão diária de energia deve vir dos açúcares adicionados. Pressupondo-se a ingestão diária de 2 mil calorias, isso significa no máximo 50 gramas por dia. Para que se tenha idéia do que isso representa, um pote de 150 gramas de iogurte não adoçado contém 14 gramas de açúcar (em forma de lactose, derivada do leite) e um copo de 200 mililitros de suco de fruta contém cerca de 20 gramas de açúcar. Por outro lado, se você comer 100 gramas de morangos frescos, vai ingerir somente 6 gramas de açúcar natural, intrínseco – além de saudáveis fibras e vitamina C. De fato, seguindo a dieta apresentada neste livro, você vai consumir em média 12 gramas de açúcares adicionados diariamente, tais como a frutose, de baixo índice glicêmico – e isso está muito abaixo das recomendações oficiais.

Os volumes de ingestão de açúcar no mundo ocidental são muito maiores que os recomendados para a manutenção da boa saúde: o consumo médio diário nos Estados Unidos é de 178 gramas e de 83 gramas no Reino Unido. O consumo mundial de açúcares adicionados tem aumentado constantemente nos últimos anos, mas mesmo assim a produção ultrapassa a demanda, havendo um excedente mundial, o que reduz bastante o custo e torna esses açúcares atraentes para os fabricantes de alimentos.

Mel: o primeiro adoçante

Em termos históricos, o mel foi durante muito tempo o único adoçante disponível, embora não fosse encontrado em todos os lugares nem certamente em grandes quantidades. As frutas, inclusive as tâmaras, satisfaziam as necessidades de açúcar do homem. O mel não tem estrutura química padrão – é composto de água e de várias proporções de glicose, frutose e sacarose, bem como de sais minerais, vitaminas e diversos componentes bioativos bastante saudáveis. Seu efeito sobre os níveis de açúcar do sangue (índice glicêmico) varia conforme a composição. Se você deseja perder peso ou manter controle sobre seus níveis de açúcar, deve evitar o consumo de mel.

Glicose

A glicose (também chamada de dextrose) é encontrada em algumas frutas, nas mais variadas quantidades, e no mel. É também o tipo de açúcar que o organismo utiliza como "moeda corrente" para adquirir energia. A boca, o estômago e o intestino delgado absorvem facilmente a glicose – que não necessita de digestão e vai diretamente para o sangue, tornando-se, de imediato, disponível na forma de energia. Ela provoca rápido aumento dos níveis de açúcar do sangue e estimula o pâncreas a produzir insulina, o que, por sua vez, assegura sua penetração nas células. No interior das células, a glicose tanto pode queimar-se na produção de energia quanto ser armazenada para consumo posterior na forma de glicogênio – ou ainda se transformar em gordura.

A glicose é usada como ponto de referência quando comparamos diferentes alimentos e o efeito que eles têm sobre os níveis de açúcar do sangue – isto é, seu índice glicêmico (IG). Em uma escala de 0 a 100, o IG da glicose é igual a 100.

A glicose é cerca de 30% menos doce que o açúcar comum, mas é largamente utilizada na indústria alimentícia na forma de xarope concentrado (xarope de glicose ou xarope de milho), cuja produção é muito barata. A maioria das pessoas deveria evitar todo e qualquer produto que contenha glicose, xarope de glicose ou de milho, portanto leia sempre os rótulos dos produtos que você consome (os diabéticos que necessitam de injeções de insulina ou de qualquer medicação oral para reduzir o nível de açúcar do sangue são as únicas exceções a essa regra. Eles devem sempre levar consigo tabletes de glicose caso tenham crises de hipoglicemia).

Açúcar

O açúcar (também chamado de sacarose ou de açúcar de mesa para distinguir-se dos outros açúcares) é o adoçante mais comum. Você pode pensar que ele é natural, afinal suas origens remontam à cana-de-açúcar ou à beterraba, não é mesmo? Sim, mas não se trata de uma fruta nem de um legume. A essência da cana-de-açúcar ou os açúcares extraídos da beterraba devem ser processados para adquirir a forma cristalina. Cada molécula de sacarose consiste de uma molécula de glicose e de uma molécula de frutose combinadas. Quando digerimos o açúcar, ele se divide nestes dois componentes: glicose e frutose. A glicose é absorvida pelo sangue, o que leva ao rápido aumento das taxas de açúcar, enquanto a frutose tem efeito quase insignificante.

Em razão de sua composição, o açúcar de mesa tem índice glicêmico de 68, mais baixo que o IG da glicose (100), porém mais alto que o da frutose (19). Se as pessoas consumissem apenas pequenas quantidades de açúcar, não haveria nenhum problema. Uma das maiores causas atuais de danos à saúde, no entanto, se origina exatamente do consumo exagerado de açúcar, contido sobretudo nas bebidas e nos alimentos processados – e não me refiro apenas a produtos doces, mas a alimentos salgados, como molhos e legumes enlatados, e até mesmo a peixes enlatados.

O corpo humano não precisa de açúcar. Além da energia (calorias), o açúcar não contribui com absolutamente mais nada: não há proteínas, não há ácidos graxos essenciais, não há vitaminas nem sais minerais. O açúcar – cristalizado, granulado, em forma de pó ou xarope – é um aditivo. O mesmo se aplica à farinha refinada e ao sal. Não os ingerimos na forma natural, eles são adicionados durante o preparo dos alimentos. De certa maneira, o açúcar e – de forma menos acentuada – a farinha refinada são antinutrientes: para utilizar-se deles, o organismo precisa "roubar" vitaminas e sais minerais dos próprios depósitos, o que provoca um curto-circuito no metabolismo e aumenta a necessidade de compensação na forma do consumo de mais nutrientes.

Lembre-se também de que o açúcar é comumente encontrado em bolos, biscoitos e outras guloseimas cozidas com farinha refinada e gordura processada, o que agrava mais ainda a situação. Devemos parar de consumir açúcar de uma vez por todas? Seria o melhor a fazer, sem a menor sombra de dúvida, porém pequenas quantidades aqui e ali não farão tão mal. No longo prazo, o que conta são os hábitos alimentares do dia-a-dia.

Frutose

A frutose está presente em todas as frutas (e no mel). É entre 30% e 50% mais doce que o açúcar comum (na verdade, é mais doce na forma granulada que na líquida). Assim, você consome de 30% a 50% menos frutose para adoçar o mesmo produto e, apesar disso, obtém igual teor de doçura. Ela também reduz as calorias na mesma proporção e causa menos danos aos dentes, que apresentam menor incidência de cáries. Em razão ainda de sua capacidade de absorver água, os produtos que contêm frutose duram por mais tempo.

É importante mencionar que a frutose reage no organismo de forma diferente dos outros tipos de açúcar. É absorvida mais lentamente pelo intestino delgado e não pode ser convertida em energia de imediato. Primeiro precisa ir para o fígado, onde é transformada em glicogênio e armazenada. A frutose tem efeito mínimo nos níveis de açúcar do sangue e índice glicêmico bastante baixo, de apenas 19.

No final da década de 1960, a frutose foi pela primeira vez extraída do açúcar (sacarose). Pode ser adquirida em pó para uso culinário e está disponível em redes de supermercados e lojas de alimentos naturais. Nos últimos anos tornou-se bastante popular como adoçante de produtos como chocolates, iogurtes de baixo teor gorduroso e geléias (mas note que alguns desses produtos podem conter uma combinação de frutose, sacarose e glicose). Tudo o que é feito com açúcar pode ser feito com frutose. Você talvez pergunte: "Então por que a frutose não substitui o açúcar de uma vez por todas?". A principal razão disso: a produção da frutose é de quatro a cinco vezes mais cara que a do açúcar. Se a frutose fosse usada em larga escala industrial para substituir o açúcar, duas coisas poderiam ocorrer: os preços dos produtos seriam reajustados ou a margem de lucro dos fabricantes teria de reduzir-se. A segunda razão é o fato de que a produção da frutose é relativamente pequena se comparada à do açúcar, que é uma *commodity*. A verdade é que, a menos que os consumidores passem a exigir melhorias na produção dos alimentos, as indústrias não farão isso por vontade própria.

Não seja enganado pela expressão "xarope de milho de alto teor de frutose", usada para indicar ingredientes de cereais, molhos, refrigerantes e doces. Trata-se apenas de uma variação de xarope de glicose em que uma parte é convertida em frutose, embora ainda contenha de 50% a 70% de glicose.

A ingestão excessiva de frutose pode elevar os níveis de triglicérides (gorduras) do sangue, mas o mesmo ocorre quando se consome grande quantidade de qualquer carboidrato. Eu recomendo não somente que, sempre que possível, frutose ou adoçantes do tipo "zero caloria" substituam outras formas de açúcar como também que haja redução geral de consumo de açúcares em todas as formas. Quanto menos você consumir, melhor será para sua saúde. As frutas também não são recomendadas indiscriminadamente, portanto procure limitar a ingestão de frutas altamente glicêmicas, como bananas e mangas. De modo geral, recomendo não mais que duas porções de fruta por dia.

Frutose e diabetes

A ingestão de frutose em pequenas quantidades não é maléfica para portadores de diabetes do tipo I (dependentes de insulina). Apenas uma pequena porção de insulina é necessária para metabolizar a frutose – cerca de cinco vezes menos que o exigido pela glicose. Torna-se importante salientar que a frutose não é recomendada na hipoglicemia simplesmente porque não pode elevar os níveis de açúcar com rapidez suficiente.

As pessoas portadoras de diabetes do tipo II devem limitar a ingestão de frutose a 50 gramas por dia no máximo. A melhor forma de todos nós, diabéticos ou não, mantermos estáveis os níveis de açúcar é retirar a maior parte dos carboidratos necessários ao organismo das frutas, das verduras e dos legumes.

Lactose, iogurte e boas bactérias

A lactose (o açúcar lácteo) está presente no leite e em seus derivados. É bem menos doce que o açúcar comum e tem baixo IG (46), e essa é, aliás, a razão pela qual grande parte dos produtos derivados do leite, como o sorvete, apresentam baixo IG. Por outro lado, os laticínios contêm gordura saturada, que devemos ingerir em pequenas quantidades. Além disso, cerca de 80% dos adultos têm intolerância à lactose porque possuem baixos teores de lactase, a enzima necessária para a decomposição da lactose.

Existe grande diferença entre leite fresco e laticínios azedos, como iogurtes, manteigas e queijos. Nesses produtos fermentados, a lactose já foi decomposta pela enzima lactase. Isso faz com que tais produtos sejam facilmente digeríveis até mesmo por pessoas que sofrem de intolerância à lactose.

As bactérias encontradas nesses produtos chamam-se "probióticas" e são benéficas. Sua ingestão regular promove a manutenção das boas funções intestinais, inibe o crescimento de bactérias maléficas à saúde e é fundamental para o correto funcionamento do sistema imunológico. Os intestinos atuarão melhor se, com esses produtos, forem consumidas também fibras "prebióticas" (encontradas em verduras, legumes, na aveia e na cevada), ingredientes não digeríveis que estimulam o crescimento da flora intestinal. O queijo contém muito pouco ou nenhum carboidrato, sendo rico em proteína e cálcio, mas apresenta altos índices de gordura saturada, o que, evidentemente, não é bom, sobretudo em combinação com uma dieta rica em carboidratos de altos níveis glicêmicos.

Maltose

A maltose (presente no malte) é o mesmo tipo de açúcar encontrado na cerveja. Compõe-se de duas moléculas de glicose integradas e leva ao rápido aumento dos níveis de açúcar do sangue, mais que a própria glicose. A maltose tem IG de 105 a 110, um dos mais altos que existem. Dessa forma, se você estiver acima do peso ou sofrer de diabetes, não será uma boa idéia beber cerveja. É muito mais recomendável ingerir uma taça de vinho nas refeições. Se não puder passar sem a cerveja, opte pelo menos pelos tipos que apresentam baixos níveis de carboidratos, já disponíveis em alguns países.

Adoçantes alternativos

Muitos dos produtos que estampam o rótulo "sem açúcar" são fabricados com adoçantes sintéticos e não calóricos, como o aspartame, entre outros. Um grupo de adoçantes também recomendáveis são os "polióis", ou açúcares do álcool, como lactitol, maltitol e isomalte. Causam aumento quase insignificante dos níveis de açúcar do sangue e são considerados alternativas saudáveis do açúcar desde que usados moderadamente.

O que é gordura?

Gordura é nossa fonte de energia mais densa: ela contém mais energia por grama (9 calorias) do que qualquer outro macronutriente. Além de diversas outras características, é uma importante fonte de vitamina A, D, E e K. Nos alimentos, a gordura é encontrada na forma de triglicérides. Quando ingeridos, esses triglicérides são transformados nos próprios componentes: glicerol e três ácidos graxos. A natureza contém numerosos ácidos graxos, mas nem todos desempenham papel importante na nutrição. Nada é mais sensato nem tão benéfico à saúde do que a ingestão do tipo correto de gordura.

Alguns ácidos graxos são úteis porque constituem o material que dá apoio às substâncias que constroem o sistema imunológico, tendo ainda influência positiva nas reações inflamatórias (que serão tratadas no capítulo 7). Outros ácidos graxos são importantes no funcionamento do metabolismo porque necessitamos ingerir o tipo correto de gordura para queimar as gorduras que devem ser queimadas. Os indivíduos obesos em geral não possuem os ácidos graxos essenciais, ou a relação entre os tipos de gorduras ingeridas está errada e eles acabam armazenando mais gordura saturada (originada diretamente da alimentação ou convertida pelo excesso de carboidratos) do que deveriam. Em combinação com os antioxidantes (veja capítulo 10), alguns ácidos graxos auxiliam o sistema imunológico a combater o câncer, enquanto outros são importantes na prevenção de diabetes e de doenças cardíacas. Como você pode ver, existe muito mais a conhecer sobre as gorduras do que imaginamos.

Todos os alimentos que contêm gordura apresentam ambas as formas, a saturada e a insaturada, mas são classificados em apenas um dos tipos conforme a proporção de um ou do outro. A manteiga, por exemplo, é considerada uma gordura saturada, pois seu teor é de 60% a 65% contra 30% a 35% de gordura insaturada. Dentro da categoria das gorduras insaturadas, existem as monoinsaturadas e as poliinsaturadas.

O organismo humano é capaz de produzir tanto ácidos graxos saturados quanto monoinsaturados, mas não pode gerar alguns tipos de poliinsaturados. Alguns deles são, entretanto, fundamentais para a manutenção da boa saúde, e a única forma de obtê-los é através da ingestão de alimentos que os contêm. Trata-se dos ácidos graxos essenciais normalmente conhecidos como ômega-3 e ômega-6 – e são poliinsaturados. Os ácidos ômega-3 e ômega-6, entre outros, são parte integrante das membranas que revestem todas as nossas células. O cérebro e o sistema nervoso são principalmente constituídos desses ácidos, que fornecem o isolamento elétrico necessário ao cérebro e às sinapses (conexões) entre as terminações nervosas, permitindo a rápida comunicação entre os neurônios. A depressão e muitas das disfunções do sistema nervoso, inclusive a esclerose múltipla, estão relacionadas com baixos índices de ingestão de ômega-3. Por outro lado, o ômega-6, apesar de essencial, é consumido em quantidades muito superiores às necessárias no mundo moderno. Os hábitos alimentares do mundo ocidental favorecem o consumo de muito ômega-6 e de pouco ômega-3, sendo esse desequilíbrio responsável por inflamações crônicas que se tornam a causa de muitas doenças dolorosas que podem até mesmo ser fatais (veja mais informações no capítulo 7).

De que tipo de gordura você precisa?

A maior parte das gorduras necessárias ao organismo são as insaturadas, tanto as monoinsaturadas quanto as poliinsaturadas. Um excesso desnecessário é o de gorduras saturadas. O que deve ser absolutamente proibido são as gorduras processadas, industrialmente produzidas, feitas pelo homem e também conhecidas como "gorduras hidrogenadas" ou "parcialmente hidrogenadas", derivadas de óleos vegetais. Elas estão presentes em muitas margarinas e manteigas, sendo ainda amplamente utilizadas em escala industrial. A grande maioria dos alimentos prontos contém quantidades significativas dessas gorduras. É uma boa idéia, portanto, verificar os rótulos e evitar produtos que contenham gordura vegetal hidrogenada entre os ingredientes.

Considerando sua natureza, veremos que as gorduras se classificam em dois tipos: animais e vegetais. A gordura vegetal normalmente contém proporções altas de ácidos graxos insaturados (tanto mono quanto poliinsaturados). Existem, porém, algumas exceções: os óleos extraídos do coco apresentam teor extremamente elevado de gordura saturada, mas ainda são alimentos bastante saudáveis. A maior fonte de gordura vegetal são os óleos vegetais, as castanhas e os abacates.

A gordura animal é encontrada no leite, na manteiga, no queijo e nas gemas de ovos – e boa parte dessa gordura é saturada. Assim como as gorduras animais, o leite de coco e a manteiga de cacau (encontrada no chocolate) contêm principalmente gorduras saturadas. Quantidades moderadas de manteiga e queijo não fazem mal. Os problemas surgem quando as gorduras saturadas são ingeridas em excesso, como parte de uma dieta altamente glicêmica.

Gorduras essenciais

Tenha em mente o fato de que todas as fontes de gorduras naturais contêm uma mistura de gorduras saturadas, monoinsaturadas e poliinsaturadas – e é a proporção entre elas que varia de produto para produto. Usando óleos prensados a frio e ingerindo uma porção de castanhas ou outras sementes todos os dias, bem como peixe três a quatro vezes por semana e uma ou duas colheres de chá de óleo de fígado de bacalhau também diariamente, você vai assegurar o consumo indispensável de gorduras essenciais.

O peixe é uma exceção porque é riquíssimo em ácidos graxos poliinsaturados. Salmão, cavala, sardinha e arenque são tipos de peixe que contêm altos níveis de ômega-3, muito benéficos e na verdade essenciais para a saúde do organismo. Nem todos os peixes, porém, são ricos em gorduras: os chamados "peixes brancos", como o bacalhau, têm teores baixíssimos. Alguns alimentos vegetais também são ricos em ômega-3 – as sementes de linhaça, por exemplo.

Outro ácido graxo de ocorrência natural, o ácido linoléico conjugado (ALC), tem atraído muita atenção ultimamente porque talvez exerça efeito significativo na queima de gorduras e no sistema imunológico. É encontrado em pequenas quantidades nas carnes oriundas de gado bovino alimentado com capim, na carne de carneiro, na carne de bode e em laticínios provenientes de vacas também alimentadas com capim, de ovelhas e de cabras. Extensas pesquisas vêm sendo realizadas atualmente sobre os efeitos do ALC. Ainda é cedo para dizer se os suplementos feitos à base de ALC trazem os mesmos benefícios, portanto recomendo obtê-lo diretamente das fontes naturais já mencionadas.

Ômega-9, gordura monoinsaturada

Amêndoas, abacates, castanhas de caju, avelãs, nozes, amendoins, sementes de pistache e azeitonas são alimentos ricos em ômega-9, uma gordura monoinsaturada. Esse deve ser o tipo de gordura mais ingerido. Os azeites de oliva, canola e amendoim contêm principalmente gorduras monoinsaturadas. O azeite de oliva extravirgem contém antioxidantes naturais que tornam esse óleo único em termos de sabor e benefício à saúde. O óleo de canola apresenta sabor mais neutro e contém ômega-3, não encontrado no azeite de oliva, bem como esteróis vegetais específicos (substâncias que reduzem o colesterol) e antioxidantes.

Procure sempre óleos e azeites que contenham as expressões "virgem" e "prensado a frio" no rótulo, o que assegura que são tão naturais quanto possível e não foram processados e refinados com a utilização de nenhum tipo de agente químico nem de calor. O óleo de avelãs e de abacates prensado a frio tem um sabor delicado, perfeito para saladas e legumes. O óleo de amendoim, apesar de poder ser prensado a frio, normalmente é refinado por meio de altas temperaturas, com a utilização de solventes químicos, e deve, portanto, ser evitado.

Ômega 6, gordura poliinsaturada

Milho, sementes de uva, sementes de abóbora, grãos de soja, sementes de girassol e açafrão são todos ricos em gordura poliinsaturada do tipo ômega-6. Nos últimos cinqüenta anos, a dieta do mundo ocidental tem gradualmente se tornado alta em ômega-6, porém muito baixa em ômega-3, em razão do alto consumo de margarinas e de óleos vegetais refinados e ainda dos fortes ataques ao consumo de qualquer tipo de gordura saturada. Esse desequilíbrio vem causando sérios problemas de saúde. Nós deveríamos consumir somente de duas a quatro vezes mais ômega-6 do que ômega-3, mas essa proporção chega atualmente a mais de vinte vezes.

A maioria dos óleos e azeites encontrados nos supermercados é refinada. Em outras palavras, eles são produzidos em altas temperaturas e intensamente expostos a produtos químicos. Contêm, conseqüentemente, vários níveis de substâncias tóxicas. Se você usar esporadicamente esses óleos para fritar os alimentos que ingere, será difícil ter problemas porque nosso organismo está preparado para lidar com tais toxinas até certo limite. Se, entretanto, seu consumo for freqüente, como fazem tantas outras pessoas que ingerem *fast food* ou alimentos pré-processados, as toxinas se acumularão em suas células, podendo desencadear doenças cardíacas e até mesmo câncer. Esses óleos são também utilizados na produção de margarinas, gerando na fabricação as perigosas gorduras processadas, que podem levar a várias doenças cardíacas.

Substitua os óleos de girassol, milho e soja, bem como outros óleos refinados e margarinas, por produtos prensados a frio ou do tipo extravirgem – principalmente azeite de oliva e óleo de canola – e evite ainda o consumo freqüente de frituras. Não será preciso, entretanto, abrir mão das castanhas nem de outras sementes naturais das quais esses óleos são extraídos.

Ômega-3, gordura poliinsaturada

A maioria das pessoas ingere muito pouca gordura ômega-3 em relação à gordura ômega-6 e deve, portanto, aumentar seu consumo. A melhor fonte de ômega-3 são peixes como salmão, sardinha e atum, bem como óleo de fígado de bacalhau (como suplemento).

As sementes de linhaça são a mais rica fonte de ômega-3 do mundo vegetal, com 58% desse saudável ácido graxo. Sete por cento da gordura encontrada na canola e nos grãos de soja e 5% da gordura contida nas nozes é ômega-3. Nas sementes de abóbora, a quantidade de ômega-3 varia entre 0% e 15% do total de gordura existente.

As gorduras do tipo ômega-3 são importantes na formação das células vermelhas do sangue (hemoglobina), bem como desempenham importante papel no processo de divisão e crescimento celular e no processo de cicatrização. São também necessárias no metabolismo das proteínas e no transporte e processamento dos sais minerais, além de ajudar a manter os ossos fortes.

O suprimento ideal de ômega-3 traz também importantes benefícios para o coração. Tanto o ômega-3 quanto o ômega-6 são necessários para o transporte do colesterol através do organismo. O ômega-3, porém, possui a capacidade de reduzir o alto nível de triglicérides do sangue em até 65% – melhor do que os medicamentos e sem nenhum efeito colateral. Ele também previne as arritmias que ameaçam a vida, reduzindo o risco de morte súbita por ataque cardíaco. Além disso, atua como "afinador do sangue", diminuindo o poder de adesão das plaquetas e reduzindo, dessa maneira, o risco de formação de coágulos sanguíneos, que causam derrame e infarto.

Sessenta por cento do cérebro é feito de gordura, e um terço dessa gordura é constituído de ômega-3 e de ômega-6 (na proporção 1:1). O feto humano necessita de ômega-3 para o desenvolvimento do cérebro e depende do suprimento da mãe. De fato, mulheres grávidas com baixos teores de ômega-3 no sangue podem dar à luz crianças portadoras de problemas de dificuldade de aprendizado. A falta de ômega-3 na gravidez ainda é uma das maiores causas da depressão pós-natal. O ômega-3 também pode ajudar crianças que têm dificuldade de aprendizado – o aumento de consumo dessa gordura vai fazê-las aprender mais depressa e obter maior poder de concentração. Pesquisas mostram que a inteligência (definida como a habilidade de aprender) pode aumentar com o suprimento adequado de ômega-3, e os benefícios não param por aí

– o ômega-3 comprovadamente reduz a depressão e melhora o humor. Além disso, pesquisas recentes mostraram que o aumento de consumo de ômega-3 diminui a gravidade dos sintomas da esquizofrenia e ainda aumenta a eficiência da função cognitiva em portadores do mal de Alzheimer e de demência senil. A esclerose múltipla e a doença de Parkinson também respondem positivamente à maior ingestão de ômega-3.

O ômega-3 também traz importantes benefícios a outras áreas. Pode, por exemplo, ajudar a prevenir diarréias e intoxicações alimentares. Tem grande capacidade de saciar a fome e diminuir o apetite, além de ajudar a prevenir vícios – reduzindo os sintomas da abstinência de certos alimentos, cigarros, álcool e drogas. Sua ação é também muito benéfica para as articulações, aliviando os sintomas da artrite reumatóide.

Tanto o ômega-3 quanto o ômega-6 são muito importantes para o sistema reprodutor humano e podem prevenir em parte a tensão pré-menstrual (TPM), em razão das propriedades antiinflamatórias dos ácidos graxos ômega-3.

Esse ácido protege, ainda, as células da desidratação e, atuando como excelente "cosmético", torna a pele macia, delicada e aveludada. A pele seca é normalmente um bom indicador de deficiência de ômega-3 no organismo, o que indica maior necessidade dele durante o inverno.

Finalmente, o ômega-3 protege de danos o material genético (DNA). Nossas células usam o ômega-3 e o ômega-6 na confecção de "balas de oxigênio" para matar os invasores infecciosos, como bactérias e vírus. Aumentando a eficiência do sistema imunológico, o ômega-3 também inibe o crescimento de tumores.

Gorduras saturadas

Muitas pessoas consomem mais gorduras do que realmente precisam, boa parte delas na forma de gorduras saturadas, oriundas de laticínios (leite, manteiga, cremes e queijos), carne, bolos, biscoitos e doces. Nós também ingerimos muita gordura altamente processada através de alimentos fritos e de molhos.

Uma das maiores fontes de gordura saturada no organismo, entretanto, são os carboidratos, como açúcar, pão branco, batatas, arroz e massas. Se você não é fisicamente ativo, seu corpo não consegue queimar a energia desses carboidratos e transforma então os açúcares em gordura saturada e a armazena. Esse processo é controlado pela insulina, que aumenta rapidamente quando você consome carboidratos altamente glicêmicos.

Alimentos do tipo *fast food*, como hambúrgueres, pizzas e sanduíches feitos com margarina ou manteiga, presunto e queijo, são piores ainda: não somente fornecem grandes quantidades de gordura como também essa gordura é combinada com carboidratos altamente glicêmicos. Nas pessoas que têm predisposição à produção elevada de insulina e à resistência a ela, esse é o caminho mais rápido para a obesidade, o diabetes e as doenças cardiovasculares!

O excesso de gordura saturada na dieta, combinado com a falta de exercício, contribui para a formação de altos níveis de colesterol LDL (a forma ruim de colesterol) no sangue. Ao passar através das artérias, o LDL fica preso nas microlesões das paredes arteriais, criando a placa de gordura que bloqueia essas artérias. Nesse ponto, o colesterol é passível de sofrer danos (oxidação), o que causa mais danos ainda às artérias. Fumo, estresse, baixa ingestão de antioxidantes (vegetais, nozes, sementes e frutas) e altos níveis de consumo de carboidratos glicêmicos são formas maléficas de aumentar a oxidação do corpo.

A gordura saturada encontrada na carne vermelha e nas gemas de ovos também contém ácido araquidônico, um ácido graxo derivado do ômega-6. O excesso dessa substância induz à formação de compostos inflamatórios que podem levar ao desenvolvimento de pressão alta, ao aumento da tendência de formação de coágulos sanguíneos e ao risco de trombose, além de vários problemas inflamatórios.

O excesso de gordura saturada aumenta indiretamente o nível de insulina do sangue porque afeta as membranas das células musculares, tornando-as menos flexíveis e mais resistentes à insulina.

De quanta gordura você precisa?

Pelo menos 30% do total de energia que você ingere deve derivar de gordura saudável, minimamente processada. Para uma pessoa inativa, que pesa cerca de 70 quilos, isso significa entre 60 e 75 gramas de gordura por dia, ou o equivalente a quatro ou cinco colheres de chá. Se dividirmos esses números por quatro ou cinco refeições diárias, estaremos falando de quantidades bem moderadas. A razão disso é o fato de que a gordura possui muita energia por grama. Cerca de 2% dela deve originar-se de ácidos graxos ômega-3 (peixes ou fontes vegetais, como sementes de linhaça e castanhas). Entre 3% e 6% devem vir de ômega-6 (encontrado na maioria dos óleos vegetais e das castanhas). Não mais que 10% a 15% devem derivar de gorduras saturadas (de origem animal, de laticínios e do chocolate) e o restante, a maior parte, deve vir de gorduras monoinsaturadas (azeite de oliva, óleo de canola, amêndoas e abacates).

Se você for uma pessoa fisicamente ativa e sua necessidade calórica atingir, digamos, 4 mil calorias diárias, será preciso aumentar o consumo de gorduras de acordo com essa necessidade (tendo o cuidado de garantir que a proporção de gorduras insaturadas seja mantida). Os atletas algumas vezes cometem o erro de ingerir pouca gordura e muitos carboidratos, o que provoca impacto negativo sobre sua performance e sua recuperação.

O consumo muito baixo de gorduras poliinsaturadas (especialmente o ômega-3) pode ser perigoso para a saúde, além de dificultar a perda de peso.

Fibras

Apesar de as fibras (formas não digeríveis de carboidratos) fornecerem pouca energia, elas desempenham papel muito importante na saúde humana. Quase toda fibra que ingerimos procede de vegetais, frutas, sementes, grãos e castanhas. Existem dois tipos de fibra: solúveis e insolúveis. As fibras solúveis asseguram a perfeita digestão dos nutrientes, e isso significa que os intestinos absorvem os carboidratos mais lentamente e, em conseqüência, os níveis de açúcar do sangue sobem a uma taxa contínua durante períodos mais longos de tempo. As fibras solúveis também baixam os níveis de colesterol e são prebióticas, proporcionando boa saúde intestinal. São encontradas em feijões e lentilhas, na aveia, em vegetais e frutas. As fibras insolúveis estão presentes em grãos integrais, aumentam o volume do alimento e facilitam o funcionamento dos intestinos. Acredita-se que a utilização de fibras na dieta pode prevenir alguns tipos de câncer, como tumores de cólon, mas isso talvez ocorra em razão de outras substâncias encontradas nas frutas e nos vegetais.

A dieta moderna contém consideravelmente menos fibras que a de nossos ancestrais da Idade da Pedra. A maioria das pessoas que vivem no mundo ocidental consome menos de 20 gramas de fibras diariamente. A recomendação oficial está entre 20 e 30 gramas diárias. Seguindo a dieta que proponho, você vai ingerir, em média, 34 gramas de fibras por dia. Uma forma fácil de aumentar a ingestão de fibras é comer duas frutas e ao menos três ou quatro porções de vegetais por dia. Preferindo lentilhas e feijões a batatas e pães, por exemplo, você também aumentará a quantidade de fibras de sua dieta. Lembre-se de que, ao elevar o volume de fibras de sua dieta, você deverá elevar também o consumo de água para assegurar o funcionamento correto dos intestinos.

Certos alimentos contêm fibras adicionadas. Alguns exemplos são iogurtes enriquecidos com fibras e pães ou massas em que a inulina e outras fibras substituem a farinha ou o açúcar. A inulina é uma fibra natural extraída da chicória e vem sendo utilizada em grande quantidade de alimentos com o objetivo de aumentar seu teor de fibras. Esses alimentos são comumente chamados de "funcionais" porque alguma coisa que normalmente não faz parte deles lhes é adicionada com o objetivo de proporcionar benefícios maiores.

Vitaminas e sais minerais

As vitaminas e os sais minerais estão presentes nos alimentos em quantidades minúsculas, mas são essenciais à boa saúde. Seu papel é favorecer numerosas reações químicas que ocorrem em nosso organismo, e sem o consumo adequado dessas substâncias teríamos grande tendência a contrair doenças. Entre outras coisas, elas controlam o metabolismo dos carboidratos, das gorduras e proteínas e regulam a produção de hormônios, tais como a insulina.

As vitaminas A e D (encontradas em peixes e laticínios) e as vitaminas E e K (presentes em muitos vegetais, em castanhas e sementes) são solúveis em gordura. A vitamina A pode também ser produzida no próprio organismo através dos carotenóides, pigmentos encontrados em muitos vegetais. A vitamina D é produzida na pele quando esta é exposta à luz solar.

O grupo das vitaminas B (encontradas em carnes, peixes, fermentos e grãos integrais) e a vitamina C (presente em vegetais e frutas) são solúveis em água e se perdem facilmente, durante o preparo dos alimentos, pela exposição ao calor, à água, à luz e ao ar. Os alimentos processados (vegetais e frutas congelados representam uma exceção honrosa) são, portanto, pobres nesses nutrientes essenciais.

Em muitas instâncias, as vitaminas e os sais minerais (como ferro, cálcio, magnésio e zinco) trabalham juntos no organismo. O iogurte, por exemplo, é uma boa fonte de cálcio e das vitaminas B, mas quantidades adequadas de vitamina D e K, bem como de magnésio, são tão importantes quanto o cálcio para assegurar a boa densidade óssea.

Uma dieta balanceada e variada, na qual nenhum alimento é ingerido em excesso, deve garantir o suprimento das vitaminas e dos sais minerais necessários ao controle saudável do peso corpóreo. No mundo moderno, entretanto, apesar da ampla variedade de alimentos disponíveis no comércio, muitas pessoas não conseguem obter a variedade desejada para sua dieta – particularmente em termos de frutas, castanhas, nozes e vegetais. Quantas pessoas podem dizer que consomem pelo menos cinco porções de vegetais e frutas por dia? Além disso, os nutrientes são deixados de fora no processamento de muitos dos alimentos que ingerimos, e as frutas e os vegetais freqüentemente perdem altos percentuais de suas vitaminas durante a viagem da lavoura para nossa mesa.

Quantidades excessivas de alguns alimentos, particularmente carboidratos refinados, podem reduzir o armazenamento de vitaminas e sais minerais. Da mesma maneira, se você consumir produtos processados e refinados que não contêm vitaminas nem sais minerais ou alimentos ricos em aditivos artificiais, seu metabolismo sofrerá com isso e produzirá mais toxinas do que o organismo poderá suportar.

A situação será ainda pior se o organismo for atacado diariamente por substâncias perigosas (toxinas ambientais) encontradas na poluição do ar ou da água, no tabaco, em agentes químicos ou em radiações. Algumas vezes temos de repor o que o mundo moderno nos tira, por isso não sou inteiramente contrário ao uso de complementos alimentares. Veja mais informações sobre o assunto no capítulo 10.

3 Você é o que você bebe

O vinho enfeitiçado, que leva até mesmo um homem sábio a cantar e desperta nele a vontade de dançar, traz à tona palavras que seria melhor não dizer.
Homero (entre 800 e 700 a.C.), *A Odisséia*

"À sua saúde" – esse é um brinde bastante comum em muitas culturas. Mesmo assim, poucas pessoas estão cientes da enorme importância daquilo que bebemos – e de quanto bebemos – em nome da saúde e do bem-estar. Cerca de 60% a 70% do organismo é composto de fluidos levemente salgados e tem leve semelhança com a água do mar, que deu nascimento à vida primordial. Todas as células e todos os órgãos contêm significativas quantidades desse líquido, o fluido intracelular, e são rodeados de fluidos extracelulares, como o sangue. As substâncias necessárias para manter a vida são transportadas através dessas "avenidas" líquidas.

Quase todas as reações metabólicas do organismo exigem água, e as substâncias tóxicas resultantes desse metabolismo são secretadas através do suor, pelos rins e pela urina, tendo a água como "meio de transporte". Ao processar os alimentos que ingerimos para produzir energia, consumimos água também: aproximadamente 1 litro de fluido para 1.000 calorias metabolizadas. Com a média diária de necessidades calóricas situada entre 2.000 e 2.500, precisamos de 2 a 2,5 litros de água (cerca de oito copos) por dia. Mas é importante lembrar que, se deliberadamente reduzirmos a ingestão de calorias com o objetivo de perder peso, ainda precisaremos da mesma quantidade de água para queimar as calorias armazenadas e garantir a correta secreção das toxinas liberadas.

Água

O consumo de água é de longe a mais importante fonte de fluidos do organismo. Frutas e vegetais também fornecem fluidos, assim como vitaminas, sais minerais e outros micronutrientes. Se você ingerir grandes quantidades de pão, arroz, massas, batatas, açúcar e carne e poucos vegetais e frutas, privará seu corpo dos fluidos necessários.

As condições climáticas também têm influência sobre a necessidade diária de fluidos, pois perdemos um volume substancial de líquidos através do suor – sem mencionar o que perdemos toda vez que expiramos. Quando a temperatura ambiente sobe, aumenta também a necessidade de água. Na verdade, qualquer fator que eleve a taxa de metabolismo, como a prática de atividades físicas, requer aumento do consumo de fluidos. O mesmo ocorre quando temos febre, ainda que baixa, em razão de infecções.

Uma das perguntas mais comuns que ouço em minha clínica é sobre o que beber para manter boa saúde. A resposta deveria ser óbvia. Nenhum outro animal bebe nada além de água pura, e é isso que deveríamos beber sempre. Como o óleo para um veículo automotor, a água é fundamental para o organismo.

O volume de água realmente necessário à manutenção da boa saúde é outra questão, que depende do metabolismo basal (as mulheres em geral queimam menos calorias que os homens), do nível de atividades físicas, da temperatura ambiente e do tipo e da quantidade de alimento que ingerimos. Você também deve estar ciente de que alguns tipos de bebida, como café, chá preto, Coca-Cola e outros refrigerantes, podem ter efeito diurético, portanto será preciso compensar essa perda com o consumo adicional de água para manter o equilíbrio de fluidos. Não é preciso, contudo, calcular a quantidade exata que devemos beber: 2 litros, ou oito copos, é o mínimo necessário à maioria dos adultos. Se estiver sedento, simplesmente beba mais água.

Os suprimentos de água fornecidos pelos serviços públicos dos países industrializados normalmente têm boa margem de segurança, embora altos níveis de cloro, utilizado na limpeza dos reservatórios, possam afetar seu sabor. Se esse for o caso de sua região, talvez seja melhor consumir água mineral. Lembre-se, porém, de que nem mesmo isso garante água limpa e saudável, pois somente uma pequena parte tem de fato origem em fontes puras e sem nenhum tipo de contaminação. A água pode ser uma fonte significativa de sais minerais para o organismo. Sua origem é importante, pois o volume desses minerais difere em cada lugar. Encontramos na água, em geral, magnésio, cálcio, sódio e potássio. Em algumas partes do mundo, a água é uma importante fonte de cálcio, fator que justifica por que a maioria dos adultos não necessita da ingestão de leite.

Sucos de frutas

Os sucos são realmente bebidas saudáveis? Os que são feitos com frutas frescas de fato contêm vitaminas, sais minerais e algumas fibras. Um copo de suco por dia não representa nenhum risco – a menos que você seja resistente à insulina, diabético ou obeso. Beber sucos de frutas no lugar de água não é uma boa idéia, pois eles são ricos em açúcares e calorias. Obtém-se aproximadamente o mesmo número de calorias de 350 mililitros de suco de laranja sem açúcar ou de dois ovos ou ainda de 150 gramas de iogurte natural – e as duas últimas opções são bem mais saudáveis e balanceadas. Lembre-se: é muito mais saudável ingerir uma ou duas porções de frutas por dia do que beber um copo do suco obtido delas. Você deve comer suas calorias, e não bebê-las.

Pesquisas recentes descobriram que a ingestão de sucos, refrescos ou refrigerantes não transmite os mesmos sinais de saciedade dados pela ingestão de alimentos sólidos. Isso significa que muitas pessoas não comem menos pàra compensar as calorias adicionais consumidas com os sucos que bebem, e esse é um erro que pode levar ao aumento de peso.

O suco de toranja (ou *grapefruit*, em inglês, como também é conhecida essa fruta) é bastante indicado para pessoas que desejam controlar o peso. Devo dizer que não há contra-indicação desde que esse suco seja bebido com moderação. O consumo excessivo, porém, é um fator de risco de formação de cálculos renais. Outro ponto a ser lembrado: por alguma razão ainda desconhecida, o suco de toranja interfere na forma com que algumas pessoas absorvem e metabolizam certos medicamentos, listados abaixo:

Medicamento (nome genérico)	*Indicação*
Fenofenadina	Alergias
Digoxina	Insuficiência cardíaca e disritmia (batida irregular do coração)
Losartan	Hipertensão sanguínea
Vinblastina	Câncer
Bloqueadores de cálcio: Nifedipina e Felodipina	Hipertensão sanguínea e angina do peito
Carbamazepina	Epilepsia
Estatinas	Colesterol alto e prevenção de doenças cardíacas
Ciclosporina	Imunossupressor
Buspirona	Ansiedade e crises de pânico

Refrigerantes

Você sabia que uma lata de refrigerante de 330 mililitros contém entre seis e nove colheres de chá de açúcar? Sabia que o índice normal de açúcar de nosso sangue corresponde a apenas uma colher de chá? Pense agora no fato de que muitas pessoas – até crianças – consomem pelo menos três ou quatro latas (bem mais que um litro) desse tipo de bebida todos os dias, isto é, 18 a 36 colheres de chá de açúcar diariamente! Nos Estados Unidos, o consumo médio anual de refrigerantes é de 200 litros por pessoa. Essas bebidas fornecem ao organismo um número gigantesco de calorias e nenhum outro benefício nutricional. Não proporcionam sequer a sensação de saciedade e representam extrema carga glicêmica. Pesquisas recentes feitas nos Estados Unidos concluíram que existe forte relação entre a quantidade de refrigerantes consumidos e o risco de desenvolvimento de diabetes e de síndrome X, ou resistência à insulina. Nas crianças, existe clara ligação entre o consumo de refrigerantes em larga escala e o excesso de peso. Além disso, todos nós sabemos que o açúcar faz mal aos dentes.

E quanto aos refrigerantes do tipo *diet*, sem açúcar e sem calorias? Se você não pode passar sem eles, escolha pelo menos os do tipo *diet*, embora essa não seja a opção ideal, que é a água. Existem diversos substitutos do açúcar, assim como adoçantes alternativos, e alguns deles, em particular a sacarina e o aspartame, têm sido acusados de provocar todos os tipos de problemas de saúde. Essas acusações ainda não foram cientificamente fundamentadas, mas não sabemos ao certo que efeitos o alto consumo dessas substâncias pode causar após diversos anos de uso diário. É uma boa precaução, portanto, não abusar dos refrigerantes. Isso é especialmente importante para as crianças. Por outro lado, quase todos os refrigerantes *diet* contêm uma mistura de diversos adoçantes e, dessa maneira, a ingestão de cada tipo fica reduzida.

Poucas pessoas percebem que a maior parte dos refrigerantes (até o tipo *diet*) tem alto nível de acidez. Isso pode reduzir o cálcio contido nos ossos, já que o organismo usa esse mineral para neutralizar o pH, o que aumenta o risco de osteoporose.

Algumas bebidas gasosas também contêm grande quantidade de sal (sódio), o que representa um problema para pessoas que sofrem de hipertensão sanguínea ou apresentam doenças cardíacas.

Leite

O leite é, sem dúvida, uma bebida saudável – caso acreditemos nas numerosas campanhas publicitárias que aparecem na mídia. Elas merecem crédito? O leite é essencial para a saúde ou seu alto consumo poderia ser perigoso?

Em termos evolucionários, sabemos que o leite não fazia parte de nossa dieta até a domesticação do gado, cerca de 10 mil anos atrás. Isso significa que, durante os milhões de anos que durou a evolução humana, não havia leite em nossa dieta além do materno. Nenhum outro animal ingere leite de espécies diferentes após o encerramento do próprio período de lactação. A tolerância à lactose (o açúcar do leite) na adolescência ou na vida adulta é de fato uma mutação recente, mais comum na população de origem caucasiana e mais freqüente no norte europeu. A intolerância à lactose está presente em 80% da população da Terra, embora cerca de 80% dos escandinavos a tolerem bem, o que explica o alto consumo de leite naquela região. Mas podemos facilmente concluir que o ser humano consegue permanecer saudável sem consumir leite de vaca nem outros tipos de leite. Afinal, 1,2 bilhão de habitantes da China sobrevivem sem laticínios.

Mas o leite não é uma importante fonte de cálcio, necessário para a prevenção da osteoporose? Bem, a julgar pela freqüência da incidência de osteoporose na Escandinávia, ele não tem ajudado muito, já que a região aponta o mais alto índice do mundo de ocorrência da doença apesar do elevado consumo de leite. Os chineses, pelo contrário, apresentam muito pouco essa doença apesar da ausência de consumo de laticínios. As razões do aumento da taxa de osteoporose devem, portanto, ser procuradas em outra origem.

A importância da ingestão de cálcio na prevenção da osteoporose é exagerada. O organismo depende, para manter o equilíbrio ideal de cálcio, não apenas da ingestão como também da absorção desse mineral. Para que esse equilíbrio permaneça saudável, não devemos somente aumentar o consumo de cálcio, precisamos também absorvê-lo através da vitamina D, produzida pelo corpo como resultado da exposição à luz solar. Para que os ossos retenham o cálcio, eles necessitam da vitamina K, produzida no intestino pelas bactérias benéficas e também encontrada nos vegetais verdes. A combinação de baixa exposição ao sol e baixo consumo de vegetais nas elevadas latitudes nórdicas, bem como a redução dos níveis de atividade física e o alto consumo de refrigerantes, é a explicação mais lógica da ocorrência de osteoporose no norte da Europa. Manter os níveis de vitamina D e K equilibrados e praticar atividades físicas regularmente é uma estratégia muito melhor na prevenção da osteoporose.

O leite e seus derivados estão longe de ser a única fonte de cálcio, mas revelam-se, sem dúvida, as mais eficientes, já que o teor de cálcio encontrado nesses alimentos é alto e facilmente absorvível. Outras boas fontes são figos, tofu, soja e outros feijões, espinafre, brócolis, folhas de mostarda, abobrinha, aveia e até mesmo água, apesar de a quantidade de cálcio variar muito de fonte para fonte. A ingestão de cálcio de fontes diferentes assegura a obtenção de uma ampla gama de micronutrientes.

Pesquisas recentes têm gerado grande interesse, pois indicam que o aumento do consumo de cálcio *e* de laticínios pode contribuir para a obtenção de um corpo mais magro. Ainda não se sabe se esse efeito é causado pelo próprio cálcio ou pela combinação dele com outras substâncias encontradas no leite e em seus derivados – como a proteína ou o ácido graxo linoléico conjugado (naturalmente presente na gordura do leite oriundo de gado alimentado em pastagens).

É possível ingerir cálcio em excesso? Parece que sim. Novas evidências relacionam o consumo excessivo de cálcio com o risco de desenvolvimento de câncer de próstata no homem e de câncer de ovário na mulher. Embora não existam provas conclusivas, seria prudente evitar o excesso de consumo desse mineral.

Apesar do que se diz, nunca ficou provada a existência de uma relação direta entre as gorduras dos laticínios e a ocorrência de doenças cardíacas. A gordura encontrada nos derivados de leite contém alta proporção de gorduras saturadas. Três ácidos graxos saturados do leite e dos laticínios são particularmente conhecidos pela capacidade de aumentar os níveis de colesterol do sangue – tanto o mau colesterol (LDL) quanto, em menor escala, o bom colesterol (HDL). Mas colesterol alto não significa necessariamente aumento do risco de incidência de doenças cardíacas. Os ingleses e os franceses têm níveis similares de colesterol e proporção semelhante entre o colesterol HDL e o colesterol LDL, mas os franceses apresentam quatro vezes menos doenças cardíacas que os ingleses.

Quase a metade de todos os pacientes que sofreram ataque cardíaco tem colesterol alto, enquanto a outra metade revela níveis normais ou baixos de colesterol. Doenças do coração são principalmente inflamatórias, e não causadas pelo excesso de colesterol. Um estudo recente feito na Suécia mostrou que existia de fato uma associação inversa entre o consumo de leite e seus derivados e as doenças cardíacas. A conclusão é de que, embora não sejam essenciais para a boa saúde, os produtos derivados do leite, consumidos com moderação, podem fazer parte de uma dieta balanceada desde que o organismo os tolere bem. O leite e outros laticínios são uma fonte de proteínas de alta qualidade, bem como de diversas vitaminas e sais minerais, inclusive o cálcio.

Produtos como o iogurte são também uma boa fonte de bactérias probióticas, que contribuem para a manutenção da saúde intestinal. É melhor comer iogurte, coalhada, queijo *cottage* e outros queijos de médio ou baixo teor de gordura do que beber muito leite, que não apenas contém significativa quantidade de açúcar (lactose) como também, sendo um líquido, não fornece a mesma sensação de saciedade dada por seus derivados mais sólidos. Lembre-se de que o leite de vaca não é um alimento como outro qualquer: foi criado pela natureza para a nutrição inicial dos bezerros, e não para tornar-se o alimento ideal dos seres humanos.

Café

O café é saudável ou não? Como sempre, não existe resposta fácil. Essa bebida tão popular contém diversas substâncias bioativas, além de cafeína, que pode ter efeitos positivos ou negativos.

O café é uma boa fonte de antioxidantes, especialmente em certos países – Espanha e Noruega são bons exemplos. A razão disso, entretanto, não está no fato de ser muito rico em antioxidantes, e sim porque é consumido em larga escala. Algumas outras descobertas positivas: os apreciadores de café sofrem menos de asma, e a cafeína está associada à diminuição do risco de desenvolvimento do mal de Parkinson. Um estudo recente feito na Escócia demonstrou que os consumidores de café corriam menos riscos de adquirir doenças cardíacas. Isso, porém, contrasta com outro estudo realizado na Noruega no qual se concluiu que o hábito de tomar café estava associado a altos níveis de mortalidade por doenças cardíacas.

O café também é conhecido por elevar os níveis de homocisteína do sangue, o que pode aumentar o risco de ocorrência do mal de Alzheimer e de doenças cardiovasculares. Além disso, a bebida revelou a capacidade de diminuir a fertilidade de mulheres não fumantes, pois contém acrilamida, substância potencialmente cancerígena que se forma quando os grãos de café são torrados.

Levando tudo isso em consideração, recomendamos prestar atenção nos gregos da Antiguidade, que diziam: "*Pan métron áriston*", ou seja, "a moderação é melhor". Não beba mais que uma ou duas xícaras de café por dia. Uma boa opção é usar café descafeinado em lugar do café comum ou misturar ambos os tipos e gradualmente aumentar o volume de café descafeinado até acostumar-se a ele. O sabor não será alterado porque a cafeína não tem gosto. Lembre-se também de que a cafeína é altamente viciadora – da mesma forma que o açúcar.

Chá

Poucas pessoas devem ter deixado de observar a atenção que o chá vem recebendo nos últimos anos como alternativa saudável do café. Todos os tipos de chá pertencem à mesma espécie – *Camellia sinensis* –, mas são as condições locais de cultivo que variam, resultando numa gama de sabores distintos. É a forma como as folhas são processadas que resulta nas características dos três principais tipos de chá: verde, preto e chinês. O chá verde é o menos processado e fornece maior volume de antioxidantes. O chá preto é fermentado antes da secagem e o chinês é parcialmente fermentado.

O chá verde é particularmente rico nos saudáveis antioxidantes da família dos flavonóides e dos polifenóis, inclusive o *catechin* e seus derivados. Estes têm sido considerados antioxidantes mais poderosos que as vitaminas C e E. A abundância dessas substâncias no chá verde é responsável por seus efeitos anticancerígenos e antioxidantes. Os consumidores de chá verde parecem correr menor risco de desenvolver uma série de moléstias, de simples infecções bacterianas e viróticas a condições degenerativas crônicas, como doenças cardiovasculares, câncer, derrames, problemas periodontais e osteoporose.

O chá verde é, sem dúvida nenhuma, uma opção muito melhor que o café e é também preferível ao chá preto, que contém cafeína e não traz a mesma gama de benefícios.

Álcool

O consumo de álcool é, com freqüência, o centro de um debate moral. Quando se trata de álcool e saúde, muitas pessoas têm uma visão preconceituosa. Existe em inúmeros países, inclusive na Europa e nos Estados Unidos, a tendência de aconselhar as pessoas a reduzir bastante ou mesmo eliminar o consumo de álcool.

É verdade que a ingestão excessiva de álcool representa um perigo à saúde pública por constituir a razão de muitas mortes que poderiam ser evitadas em acidentes de tráfego e também porque faz as pessoas perderem as inibições, o que gera riscos desnecessários e violência. O álcool também aumenta o risco de cirrose e câncer de fígado. O consumo de muito álcool durante longos períodos causa tanta deterioração ao cérebro quanto aos músculos do coração, levando à demência e a ataques cardíacos e aumentando ainda a incidência de certos tipos de derrame.

O álcool é tóxico, mas nosso fígado pode suportar pequenas quantidades dele sem maiores problemas. Se você, no entanto, ingerir mais que uma ou duas doses de bebida alcoólica por dia – ou quantidades maiores durante os fins de semana, como fazem muitas pessoas –, seu fígado não será capaz de trabalhar com eficiência. O alto consumo de álcool significa um contínuo envenenamento do organismo: pode danificar o fígado, o coração e a maior parte dos demais órgãos, inclusive o cérebro. Mulheres grávidas devem evitar o consumo de álcool devido ao dano potencial ao desenvolvimento dos órgãos do feto. Uma taça ocasional de vinho durante a gravidez, porém, não é um crime.

O álcool favorece a obesidade porque a capacidade do fígado de queimar gordura fica reduzida: enquanto existir álcool na corrente sanguínea, o fígado vai preferir queimá-lo, e não à gordura. O consumo simultâneo de álcool e de comidas gordurosas acarreta ao fígado dois trabalhos de uma só vez: atacar o álcool como prioridade e armazenar a gordura para uma ocasião posterior. O álcool favorece ainda a obesidade porque fornece calorias vazias (em outras palavras, que não contêm nenhum benefício nutricional). Se você consumir muito álcool, exercitar-se raramente e sua alimentação não for balanceada (combinação que não é nada incomum), isso aumentará o risco de desenvolver as chamadas doenças modernas.

Existe alguma coisa positiva a dizer sobre o álcool? Sem dúvida que sim. É uma substância natural presente em pequenas quantidades nas frutas muito maduras e em algumas frutas silvestres, e nosso organismo possui as enzimas necessárias para lidar com ele e até mesmo fazer uso da energia que contém. O vinho era consumido na Grécia Antiga durante os banquetes, ou *symposia,* que literalmente significa "beber juntos". A maioria das pessoas já experimentou sensações de relaxamento ao saborear uma taça de vinho na companhia de boa comida e de bons amigos – isso contribui para o bem-estar.

É importante saber, contudo, que o consumo moderado de álcool traz alguns efeitos positivos à saúde. Está comprovado que a ingestão de uma ou duas doses de bebida alcoólica por dia – falamos no equivalente a uma taça de vinho para as mulheres e a duas para os homens – pode reduzir substancialmente o risco de doenças cardíacas, derrames isquêmicos (coágulos sanguíneos formados nas artérias do cérebro) e diabetes. Essa redução, para os homens, é de cerca de 30% a 40%.

Esse índice é quase o mesmo para as mulheres, entretanto existe uma evidência de que, na pré-menopausa, elas terão de conviver com um pequeno aumento do risco de desenvolver câncer de mama se consumirem mais de um drinque por dia – a menos que o compensem elevando a ingestão de ácido fólico. Como as mulheres, nessa fase, já são aconselhadas a tomar suplementos de ácido fólico, essa é outra boa razão para fazer isso de fato. Os efeitos benéficos do álcool em termos de doenças do coração, derrame e diabetes são mais relevantes nas pessoas idosas e de meia-idade, cuja faixa de risco é maior.

O consumo de uma ou duas doses de bebida alcoólica por dia pode aumentar consideravelmente os níveis do colesterol benéfico (HDL). Atente, porém, para o fato de que os exercícios físicos apresentam muitos outros pontos positivos (veja capítulo 6), e não existe desculpa para trocá-los por um drinque.

É o álcool em si que traz os benefícios mencionados, e não somente o vinho. O vinho tinto contém certos antioxidantes (também presentes nas uvas), substâncias essas que protegem as células contra o envelhecimento precoce e as doenças, mas ainda não ficou provado que ele proporcione efeito substancial na proteção contra doenças cardíacas em comparação aos efeitos do álcool de modo geral.

Em termos de consumo de álcool, a palavra-chave é moderação. É óbvio que, se você for incapaz de limitar-se a um ou dois drinques por dia, será melhor não beber nenhum. Conforme a ingestão de álcool aumenta, a mortalidade por doenças do coração declina, mas todas as outras causas de morte também aumentam – lentamente no início e depois com maior rapidez. O consumo ideal de álcool depende do sexo, da idade, da ingestão de ácido fólico e de outros fatores, como a constituição genética. Como regra geral, os homens devem limitar o consumo diário a dois drinques, e as mulheres, a um.

A palavra final? Mantenha o consumo de álcool em níveis moderados caso você já tenha esse hábito e o aprecie. Se não gostar disso, porém, não se sinta forçado a começar. Existem muitas outras maneiras de reduzir o risco de doenças cardíacas, diabetes e derrames – exercícios, uma dieta saudável, redução do estresse e, o mais importante, a eliminação do tabagismo.

Lembre-se: não existe bebida melhor que a água!

A revolução dos *slow-carbs* 4

Índice glicêmico e carga glicêmica são princípios científicos que podem ajudar você a escolher os carboidratos que, em conjunto com as proteínas certas e as gorduras saudáveis, permitirão que seu organismo obtenha saúde equilibrada e se mantenha naturalmente magro.

Índice glicêmico e sensibilidade à insulina

O índice glicêmico (IG) determina a condição dos carboidratos com base em seu efeito sobre os níveis de açúcar do sangue e é de grande importância para o equilíbrio hormonal, o metabolismo, o peso e a saúde. Os carboidratos absorvidos rapidamente e convertidos em açúcar têm alto IG. Os carboidratos decompostos e absorvidos lentamente, pelo contrário, apresentam baixo IG e causam aumento menor, porém mais estável, dos níveis de açúcar do sangue. São esses carboidratos "lentos", de baixo IG, que devem formar a base de cada refeição e de cada lanche – sempre balanceados pela quantidade apropriada de proteínas.

Para saber como o índice glicêmico pode ajudá-lo a perder peso e tornar-se mais saudável, você também precisa entender a conexão existente entre o IG e o hormônio insulina. A produção de insulina aumenta quando você ingere carboidratos. Alimentos de baixo IG provocam menor produção de insulina. Alimentos de alto IG, pelo contrário, favorecem a geração de altos níveis de insulina no sangue. Quanto mais insulina houver em seu sangue, mais gorduras ficarão armazenadas, e em conseqüência você as queimará menos.

Além de tornar a perda de peso quase impossível, o excesso de insulina também pode causar danos irreversíveis ao organismo. Quanto maior for a freqüência com que o corpo mantiver altos níveis de insulina, mais difícil será, para a insulina, baixar os níveis de açúcar do sangue. O pâncreas tentará compensar isso secretando mais insulina. Quanto mais alimentos de elevados índices glicêmicos você consumir, mais insulina seu corpo produzirá – e, como resultado, logo você estará preso em um círculo vicioso de hiperinsulinemia (alta produção de insulina) e de reduzida sensibilidade à insulina (resistência a esse hormônio). Quando isso ocorre, os níveis de insulina permanecem sempre altos, com ou sem alimentação. O problema é que somente a capacidade da insulina de reduzir o açúcar do sangue fica deteriorada, uma vez que ela continuará a promover o armazenamento de gordura. Você ganhará peso e estará exposto a riscos maiores de desenvolver diabetes do tipo II, altos níveis de colesterol, hipertensão sanguínea e doenças cardiovasculares, bem como certos tipos de câncer.

Índice glicêmico – uma revelação

O doutor David Jenkins, professor de Nutrição da Universidade de Toronto, no Canadá, apresentou o conceito de IG em 1981. Ele foi usado inicialmente para determinar os tipos de alimento mais favoráveis aos diabéticos. Jenkins queria examinar o efeito de diferentes tipos de alimento sobre os níveis de açúcar do sangue em vez de adotar as listas de carboidratos medidos em gramas do sistema usado pelos diabéticos. E logo descobriu a existência de grandes variações até mesmo entre alimentos similares que continham o mesmo teor de carboidratos.

Antes da criação do índice glicêmico, os carboidratos eram geralmente divididos em dois grupos: simples e complexos. Os carboidratos simples, ou açúcares (glicose, frutose, lactose, sacarose e maltose), são formados por uma ou duas moléculas de açúcar. Os carboidratos complexos, ou amidos (encontrados principalmente em grãos, batatas, massas, feijões e lentilhas) e fibras, consistem da união de muitas moléculas simples de açúcar. Acreditava-se que os amidos fossem digeridos e absorvidos mais lentamente que os açúcares, e os nutricionistas recomendavam o alto consumo deles, restringindo o uso de alimentos doces. Recentemente, porém, descobriu-se que alguns alimentos de teor relativamente alto de carboidratos simples (frutas) são digeridos mais lentamente do que outros, compostos de carboidratos complexos (pães). Graças ao índice glicêmico, estamos agora muito mais bem equipados para escolher os tipos de carboidratos mais adequados para nossa dieta.

Esse método tem sido testado desde a década de 1980 e aplicado em renomadas universidades e centros de pesquisa do mundo todo. Uma associação entre a Organização Mundial de Saúde e o Departamento de Agricultura das Nações Unidas (FAO) produziu um relatório sobre o papel dos carboidratos na nutrição humana no qual se recomenda a aplicação do índice glicêmico como um instrumento de promoção da saúde. As normas oficiais para diabéticos do tipo II na Europa, emitidas pela Associação Européia para o Estudo do Diabetes, também recomendam o uso do IG. Na Austrália, o IG é endossado pela Fundação Nacional Australiana de Diabetes, e o símbolo IG tem sido acrescentado aos rótulos de muitos produtos desde outubro de 2001. Na Inglaterra, na Alemanha, nos Estados Unidos e na África do Sul, mais e mais produtos estão sendo rotulados com o símbolo IG – de acordo com o crescimento da atenção popular com relação às vantagens apresentadas pelos *slow-carbs*, isto é, alimentos de baixo teor glicêmico.

O que é índice glicêmico?

Índice glicêmico (IG) é um método de classificação dos alimentos de acordo com seu impacto nos níveis de açúcar do sangue. O que determina o IG de um alimento é a velocidade com que seus carboidratos podem ser digeridos e absorvidos. Quanto mais depressa eles forem digeridos e absorvidos pelo intestino delgado, mais rápido e maior será o aumento dos níveis de açúcar do sangue e, conseqüentemente, o IG. A glicose pode ser absorvida diretamente pela corrente sanguínea, produzindo assim efeito imediato sobre os níveis de açúcar do sangue. Em uma escala de 0 a 100, a glicose tem IG de 100. O IG compara os alimentos com base no volume igual de carboidratos, e não na quantidade ingerida: 50 gramas de glicose são puro carboidrato, enquanto o IG da cenoura é baseado na quantidade de cenouras que contém 50 gramas de carboidratos.

Os alimentos que não contêm carboidratos não exercem influência direta nos níveis de açúcar do sangue, conseqüentemente seu IG é zero. Por essa razão, não existem classificações de IG relativas a alimentos que consistem basicamente de proteínas, como ovos, frangos, carnes e peixes. O mesmo se aplica aos alimentos compostos de gordura, como manteiga, margarina, óleos e azeites. A maioria dos vegetais tem conteúdo de carboidratos muito baixo, normalmente menos de 5%. Dessa maneira, seria preciso comer muitos tomates ou talos de salsão, por exemplo, para ingerir as 50 gramas de carboidratos necessárias à mensuração de seu IG. Por essa razão, você não encontrará o IG de muitos vegetais nas listas apresentadas no final deste livro.

O IG de um alimento não pode ser previsto, deve ser medido através de testes em seres humanos. O procedimento é caro e requer de oito a dez pessoas para testar cada alimento. Já foram testados internacionalmente de 600 a 800 tipos de alimento.

Admito que o conceito de índice glicêmico pode parecer um pouco complicado, mas se trata realmente de uma questão de hábito. Afinal, você tem ouvido falar de calorias durante toda a sua vida, e o IG é simplesmente outra maneira de encontrar os alimentos mais saudáveis.

Nunca julgue um livro pela capa

O índice glicêmico pode nos reservar algumas surpresas. A glicose e a frutose são ambas açúcares simples. Você pode compará-las grama por grama, pois ambas são carboidratos puros. Ambas possuem sabor doce, mas a frutose, apesar do fato de ser 100% mais doce que a glicose, tem IG de 19, enquanto esta tem IG de 100! Assim, se você ingerir 50 gramas de glicose, o nível de açúcar de seu sangue aumentará cinco vezes mais do que se ingerir a mesma quantidade de frutose (veja os gráficos na página a seguir).

Purê de lentilhas vermelhas e purê de batatas são outro bom exemplo. Ambos parecem quase iguais e têm sabor similar. O purê de lentilhas, entretanto, tem IG de 30, enquanto o IG do purê de batatas é de 90!

Alimentos que contêm exatamente o mesmo teor de carboidratos

Embora certos alimentos pareçam iguais e tenham sabores semelhantes, seu efeito no organismo é bastante diferente.

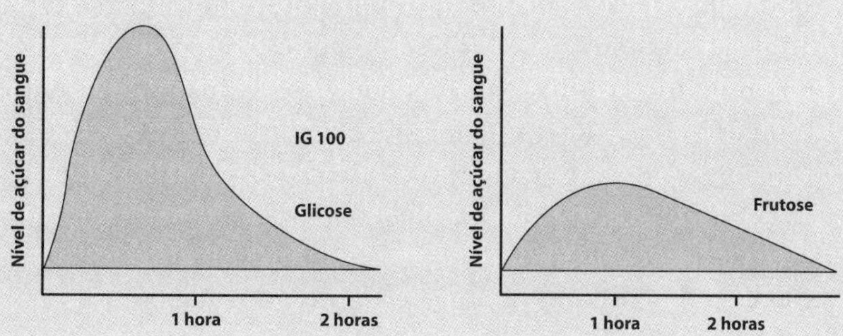

O que influencia o IG?

Carboidratos: o tipo de carboidrato obviamente tem seu impacto – os alimentos doces que contêm alto teor de frutose apresentam IG mais baixo do que os alimentos que têm alto índice de glicose. Dentre os vegetais, existem dois tipos de amido: amilose e amilopectina. Os alimentos ricos em amilose e pobres em amilopectina têm IG menor.

Cozimento e processamento: a estrutura do amido se altera durante o cozimento e o processamento, tornando-se mais facilmente digerível. Cenouras cruas, por exemplo, possuem IG muito mais baixo do que cenouras cozidas, mas isso não quer dizer que você deva eliminar estas últimas de sua dieta, pois têm relativamente poucos carboidratos e será preciso consumir uma quantidade considerável delas para que causem impacto significativo sobre os níveis de açúcar do sangue.

Proteínas e gorduras: uma vez que apenas os carboidratos têm influência direta sobre os níveis de açúcar do sangue, os alimentos que combinam carboidratos e proteínas ou gorduras (como o chocolate) algumas vezes possuem IG mais baixo que os alimentos que contêm muito pouca proteína ou gordura (como a melancia).

Fibras: os alimentos que naturalmente apresentam alto teor de fibras solúveis, como feijões, lentilhas, aveia e maçãs, apresentam também, quase sempre, IG entre baixo e médio. Farinhas e grãos integrais são sempre preferíveis aos produtos refinados, praticamente desprovidos de fibras. Em termos de farinhas integrais, parece-nos que o tamanho dos grãos, determinado na moenda, é muito mais importante para o IG do que o conteúdo de fibras. A razão disso está no fato de que a maioria dos grãos de cereais, exceção feita à aveia, contém principalmente fibras solúveis, o que não afeta o IG.

Acidez: as pesquisas mostram que a acidez dos alimentos (como a do limão e de outras frutas cítricas e a do vinagre) reduz o IG. A acidez retarda a absorção de carboidratos pelo intestino, e isso leva a um IG mais baixo. Dessa maneira, recomendo o limão para temperar saladas, peixes, vegetais, frangos e carnes grelhados. Para obter melhores resultados, coma a salada com azeite e vinagre ou limão antes do prato principal.

Frutas

Muitas frutas contêm IG bastante reduzido porque são ricas em fibras e seu açúcar natural é a frutose. A frutose tem IG de 19, portanto baixo, embora seja o adoçante natural mais doce que existe (a glicose tem IG de 100 e o açúcar de mesa de 68). As bananas e algumas outras frutas tropicais contêm IG relativamente alto em virtude de seu elevado volume de amido. Em razão disso, é melhor evitar o consumo freqüente dessas frutas. Dê preferência a frutas de baixo IG, tais como cerejas, morangos e outros frutos silvestres, ameixas, peras, pêssegos, maçãs, laranjas e uvas. Não tenha medo da melancia, que apesar de possuir IG alto contém elevadíssimo grau de fluidos e índices de carboidratos muito baixos, o que significa que uma boa fatia dessa fruta não aumentará o nível de açúcar de seu sangue de forma significativa.

Pães

Grãos e sementes integrais pesam mais do que a farinha refinada: quanto mais pesado for o pão e mais áspera sua aparência, mais baixo será o IG. Nem os pães mais ásperos, porém, apresentam IG menor que 40 ou 45. Isso significa que o IG do pão pode variar de médio a alto, mas nunca será baixo. O tipo de grão também desempenha papel importante: o centeio e a cevada têm IG mais baixo que o trigo. A adição de nozes e sementes como girassol, gergelim, linhaça e abóbora reduzirá o IG do pão e ao mesmo tempo adicionará proteínas, gorduras saudáveis e fibras. O pão feito com fermento possui IG menor que o pão normal, pois a acidez reduz esse índice dos alimentos. Quando você quiser pães crocantes, procure pelas variedades feitas de centeio ou cevada por causa do baixo IG que apresentam.

Cereais

O milho possui IG muito alto. É fundamental consumir flocos minimamente processados e adoçados. Cereais ricos em fibras, como os do tipo *All-Bran* e os *müsli* (feitos à base de nozes e frutas secas, com grãos e sementes), são escolhas excelentes. O IG desses produtos será ainda menor se você adicionar leite e frutas silvestres, amêndoas ou nozes picadas. Se desejar, use adoçantes à base de frutose.

Massas

Muitas pessoas ficarão surpresas ao saber que as massas têm IG mais baixo que os pães (entre 35 e 50). Isso ocorre porque elas são normalmente feitas de trigo rico em semolina, substância áspera que contém um pouco mais de proteína do que os trigos comuns. As massas feitas de semolina, portanto, contêm mais fibras, vitaminas e sais minerais que as massas feitas de outros tipos de trigo. O formato da massa também influi: o espaguete tem IG mais baixo do que as massas prensadas e lisas, como o talharim, embora os ingredientes sejam os mesmos. Isso acontece porque o espaguete é mais elástico, e as enzimas digestivas não conseguem decompor o amido tão rapidamente. As massas frescas têm, em geral, efeito glicêmico mais alto do que as massas secas, pré-preparadas.

Quanto menos você cozinhar as massas, mais baixo será seu IG. As massas *al dente,* que dão mais trabalho para mastigar, são melhores para os níveis de açúcar do sangue do que as massas cozidas durante mais tempo. Alguns tipos de massa têm IG ainda mais baixo que as de semolina. Existem massas preparadas com proteína enriquecida, às quais se adiciona entre 20% e 30% de proteína de soja. As massas também podem ser feitas de outros tipos de grão, como a cevada e o saudável trigo *spelt.*

Massas produzidas sem glúten têm normalmente milho em sua composição, o que aumenta o IG.

Arroz

O índice glicêmico do arroz varia de 40 a 100, dependendo do tipo de grão e também da forma como é preparado. A cor é menos relevante, embora o arroz integral, o *brown rice,* se revele mais saudável, pois é mais rico em fibras, vitaminas e sais minerais.

Como regra geral, quanto mais úmido o arroz ficar após o preparo, mais alto será seu IG. O arroz asiático, de grãos curtos, é rico em amido do tipo amilopectina, enquanto os grãos longos apresentam IG mais baixo porque contêm mais amido do tipo amilose. O arroz parboilizado é fervido a vapor antes do processamento. O vapor força os nutrientes da casca do grão para dentro, o que certamente aumenta seu valor nutritivo. Esse processo também torna o arroz menos úmido e lhe confere IG mais baixo.

O arroz selvagem não é de fato um tipo de arroz, e sim um grão integral proveniente de uma variedade de grama. Tem agradável sabor de nozes, muitas fibras e IG entre baixo e médio, de 57.

Sorvete é melhor que pão branco?

As pesquisas do doutor David Jenkins causaram grande interesse, bem como grande controvérsia, desde que o conceito de índice glicêmico foi apresentado. O sorvete, por exemplo, tem IG de cerca de 40, enquanto o IG do pão branco é de cerca de 70. Lembre-se, todavia, de que não falamos de 50 gramas de pão nem de 50 gramas de sorvete, e sim de cerca de 100 gramas (três fatias) de pão e de 200 gramas de sorvete (porque este contém menos carboidratos por 50 gramas do que o pão).

O IG não informa nada sobre a qualidade do alimento além de seu impacto nos níveis de açúcar do sangue. Alguns alimentos realmente maléficos à saúde podem ter IG baixo porque as gorduras não causam nenhum efeito sobre os níveis de açúcar do organismo. Assim, embora a farinha de aveia, por exemplo, tenha IG mais alto que a batata frita em pacote, isso não significa que a última seja uma opção nutricional melhor. Isso não é verdade, pois a batata frita contém altos teores de gorduras processadas. O chocolate possui IG mais baixo do que as cenouras cozidas, mas isso não o torna uma escolha mais saudável.

O que é alto nível glicêmico e o que é baixo nível glicêmico?

Até o presente momento não existe consenso com relação a essa pergunta. Eu diria que qualquer número acima de 55 é considerado alto, de 35 a 55 torna-se médio e um nível inferior a 35 constitui baixo índice glicêmico. É importante saber, porém, que não se deve ficar estritamente preso ao número exato do IG. É muito melhor pensar em termos de carboidratos com altos, médios e baixos índices glicêmicos.

Como regra geral, alimentos de baixo IG são uma boa escolha, mas existem sempre exceções, especialmente em alimentos ricos em gorduras saturadas. Você deve pensar bastante antes de ingerir um alimento de alto IG (o ideal seria não o ingerir se você pretende perder peso) e preferir mesmo os alimentos de médios teores ou, melhor ainda, de baixos teores. Isso, entretanto, não significa que você deva ficar obcecado. O consumo esporádico de pequenas quantidades de seu alimento favorito como parte de uma "recompensa", mesmo que ele tenha IG alto, não será uma ameaça à saúde e, na verdade, servirá como incentivo para balancear melhor sua dieta a longo prazo.

Como calcular o IG de uma refeição

Você encontrará uma lista detalhada de alimentos e de IGs e CGs (cargas glicêmicas) – que vamos focalizar em breve – no final deste livro. É possível calcular o IG de uma refeição completa desde que você conheça os índices de carboidratos de cada ingrediente. Mas essa é uma tarefa mais adequada para um nutricionista do que para uma pessoa leiga no assunto.

Você pode deduzir que, se todos os ingredientes de uma refeição têm IG baixo, a refeição inteira também terá. Essa é a melhor conduta caso deseje perder peso. Também é possível, entretanto, combinar ingredientes de baixo IG com pequenas quantidades de alimentos de alto IG, conseguindo uma refeição de IG médio.

Uma abordagem prática

Com a lista simplificada que apresento a seguir, quero mostrar como interpretar uma relação de índices glicêmicos e como aplicá-la na prática. A primeira coluna mostra variados tipos de alimento. Na segunda coluna, você poderá ver a quantidade (em gramas) que precisa comer de cada ingrediente para atingir 50 gramas de carboidratos. O número do IG (na terceira coluna) é calculado com base nessa quantidade.

Se você ingerir uma batata assada grande (200 gramas) ou uma porção grande de batatas cozidas (250 gramas), o nível de açúcar de seu sangue aumentará bastante.

Você pode comer 714 gramas de melancia e ter quase o mesmo aumento do nível de açúcar do sangue que teria se comesse apenas 100 gramas (ou três fatias) de pão, visto que ambos os alimentos possuem IG de cerca de 70.

Se você consumir 100 gramas de batatas fritas, o nível de açúcar ficará três vezes e meia mais alto do que se ingerisse 556 gramas de amendoins. Ambos os alimentos contêm altos teores de gordura, e eu não estou sugerindo que você coma meio quilo de amendoins, embora muita gente seja perfeitamente capaz de dar cabo de 100 gramas de batatas fritas em meio minuto. Mas você já entendeu o ponto: entre os dois alimentos, os amendoins são a opção mais saudável – desde que consumidos com moderação.

A lista a seguir servirá para mostrar os alimentos que você deve evitar, assim como aqueles que são mais adequados.

Lista de índices glicêmicos

A primeira coluna de números mostra a quantidade de alimentos (em gramas) que contém 50 gramas de carboidratos. A coluna seguinte indica o índice glicêmico.

	IG	
Arroz	179	109
Glicose	50	100
Batata cozida sem pele	250	88
Batata assada	200	85
Flocos de milho	59	81
Batata cozida com pele	357	80
Farinha refinada	91	75
Batata frita	152	75
Melancia	714	72
Farinha de milho	57	70
Pão branco	100	70
Açúcar (sacarose)	50	68
Melão	833	65
Passas	76	64
Batata-doce	250	61
Cenouras cozidas	833	58
Coca-Cola	455	58
Arroz branco de grão longo	217	56
Flocos de milho com açúcar	63	55
Mel	63	55
Biscoito aperitivo	67	55
Arroz integral	217	55
Farinha de aveia	109	55
Batatas *chips*	102	54
Pêssego	556	53
Kiwi	417	53
Milho doce	234	53
Banana	250	52
Pão de centeio	111	50
Pão integral	106	49

	IG	
Ervilha fresca	500	48
Pão de aveia	125	47
Uva	313	46
Suco de laranja	455	46
Laranja	556	42
Suco de maçã	294	40
Espaguete *al dente*	200	39
Maçã	417	38
Pêra	417	38
Sorvete de baunilha	200	37
Espaguete integral	294	37
Iogurte sem gordura	943	33
Feijão-manteiga	455	32
Damasco seco	79	31
Vagem	1.667	29
Feijão vermelho	294	28
Grão-de-bico cozido	227	28
Leite integral	1.000	27
Lentilha vermelha	294	26
Toranja *(grapefruit)*	500	25
Ervilha seca cozida	278	22
Chocolate (70% cacau)	156	22
Cereja	294	22
Frutose	50	19
Cenoura crua	714	16
Amendoim	556	14
Cebola	1.000	10
Alho	1.797	10

Carga glicêmica – como levar o IG um passo além

É tentadora a idéia de examinar a lista de índices glicêmicos e afirmar simplesmente que todos os alimentos de IG alto são ruins e todos os que têm IG baixo são saudáveis e devem ser consumidos. A verdade, porém, é mais complexa. Como você já deve ter percebido a esta altura, o IG não é a única ferramenta usada para medir a "saúde" dos alimentos. Se assim fosse, o queijo, com IG zero, se tornaria o alimento mais saudável dentre todos, mas esse não é o caso. Além do mais, não se pode dizer que bananas e mangas não sejam saudáveis, embora tenham IG relativamente alto.

Se nós nos concentrarmos unicamente no que é bom ou ruim para os níveis de açúcar do sangue – ignorando vitaminas, sais minerais e gorduras –, a quantidade de carboidratos que consumimos torna-se sem dúvida importante. O IG, entretanto, mede apenas a velocidade com que os carboidratos encontrados nos alimentos fazem subir os níveis de açúcar do sangue, mas não diz absolutamente nada sobre os carboidratos existentes nos alimentos em si, isto é, quanto é preciso ingerir para disparar a resposta orgânica sugerida pelo IG. Lembre-se de que a quantidade de insulina produzida se baseia no volume de carboidratos, bem como na velocidade com que eles são convertidos em glicose.

Pesquisadores da Universidade Harvard, em resposta a esse vácuo, criaram a carga glicêmica (CG). Apresentado em 1997, esse conceito tem ganhado reconhecimento como uma forma mais acurada de expressar os efeitos glicêmicos dos alimentos. A CG é em essência, como o IG, um índice que gradua os alimentos de acordo com seu efeito na corrente sanguínea em termos de níveis de açúcar. Enquanto o IG fornece informações referentes à velocidade com que o nível de açúcar do sangue aumenta após a ingestão de 50 gramas de carboidratos digeríveis, a CG leva em consideração tanto o IG quanto a quantidade de carboidratos existentes em 100 gramas ou em uma porção específica de alimento.

Para efeito de comparação, as listas encontradas no final deste livro baseiam-se na CG de 100 gramas de alimento. Nessas listas, você poderá observar que cenouras cozidas (que têm IG alto) apresentam carga glicêmica de apenas 4, e o mesmo ocorre com a melancia. Como se pode ver, não há razão para evitar melancia nem cenouras cozidas apesar de seu alto IG.

A diferença entre índice glicêmio (IG) e carga glicêmica (CG)

A análise da carga glicêmica por porções de 100 gramas permite uma comparação melhor dos alimentos, mais coerente com as informações nutricionais contidas nos rótulos das embalagens.

Alimento	IG	CG/100g	Alimento	IG	CG/100g
Glicose	100	100	Batata assada	85	17
Flocos de milho	81	70	Espaguete	39	10
Açúcar	68	68	Grão-de-bico	28	6
Pão (baguete)	95	48	Cenouras cozidas	58	4
Frutose	19	19	Melancia	72	4
			Lentilhas	26	3

A carga glicêmica dos alimentos que você ingere

É também importante considerar a quantidade normalmente ingerida de alimentos. Para calcular a CG, deve-se multiplicar o IG pela quantidade de carboidratos e depois dividir por 100 (porque o índice glicêmico é medido como porcentagem da glicose, cujo IG é de 100).

Uma fatia de pão branco (30 gramas), por exemplo, contém 14 gramas de carboidratos – essa informação pode ser facilmente encontrada nos rótulos nutricionais dos produtos. O IG do pão branco é de 70. A carga glicêmica da fatia de pão é calculada desta forma: 70 x 14 ÷ 100 = 9,8 (que arredondamos para 10).

O espaguete possui IG bastante baixo, de 39. Uma porção normal contém 180 gramas, que por sua vez tem 47 gramas de carboidratos. Encontramos a carga glicêmica desta forma: 39 x 47 ÷ 100 = 18,33 (que arredondamos para 18). O arroz e as batatas também apresentam CG de cerca de 20. Assim, embora as massas tenham CG mais baixa que o pão branco (por 100 gramas), o tamanho da porção que se ingere faz muita diferença. Uma porção de massa possui quase o dobro da CG de uma fatia de pão branco.

Um dia normal da dieta grega

Calculamos que um dia de alimentação baseada na dieta grega fornece 2 mil calorias (kcal) e uma média de CG de 35, enquanto uma dieta típica com o mesmo número de calorias, que abrange alimentos de taxas glicêmicas médias e altas em cada refeição, fornece uma média de CG de 135 – o que significa quase quatro vezes o volume de açúcar sanguíneo.

Já que é o total de carga glicêmica ingerida ao longo do dia que realmente importa – o que, por sua vez, depende de cada refeição e de sua constituição –, podemos categorizar a CG diária da seguinte forma:

CG 0-50/2 mil kcal/dia: baixa
CG 51-100/2 mil kcal/dia: média
CG superior a 100/2 mil kcal/dia: alta

Seguindo o modelo AB/C da dieta grega e o método da palma da mão e usando ainda as sugestões de cardápio apresentadas no final deste livro, você conseguirá elaborar uma dieta de baixos índices glicêmicos, bastante balanceada, sem necessidade de contar calorias a cada refeição.

Calorias semelhantes, cargas glicêmicas diferentes

As duas refeições sugeridas abaixo, com o mesmo conteúdo de calorias, têm CG bastante diferente. Isso nos mostra como pequenas mudanças de hábitos alimentares podem ter grande impacto sobre os níveis de açúcar do sangue.

Refeição 1

Alimento	**IG**	**CG**
150g de carne bovina	0	0
1 (60g) batata cozida com pele	80	5
300g de feijões vermelhos	28	12
200g de melancia	72	7
Total		24

Refeição 2

Alimento	**IG**	**CG**
150g de carne bovina	0	0
180g de arroz jasmim cozido	109	52
1 tomate	20	0
1 punhado de passas	64	19
Total		71

DEZ DICAS PARA REDUZIR A CARGA GLICÊMICA

- Coma pelo menos três porções de verduras ou legumes por dia.
- Reduza o consumo de pão, batatas, massas e arroz.
- Utilize suco de limão em peixes, vegetais e frutas tropicais, além de usar limão ou vinagre em molhos.
- Troque o pão branco por pão integral (dê preferência a ingredientes orgânicos).
- Coma alimentos ricos em proteínas em cada refeição e lanche.
- Evite bolos, rosquinhas, biscoitos e outros alimentos feitos com farinha refinada e açúcar.
- Coma sempre uma salada crua temperada com azeite e vinagre ou limão antes da refeição principal.
- Reduza a quantidade de alimentos altamente glicêmicos e aumente a quantidade de alimentos de IG baixo.
- O consumo de alimentos de IG baixo à noite, como lentilhas, reduz a carga glicêmica das refeições do dia seguinte.
- Adicione azeite de oliva ou uma colher de chá de óleo de sementes de linhaça a sopas, saladas e outras entradas, como petiscos, pouco antes de servi-las.

Equilíbrio hormonal: o segredo da boa saúde 5

Com que freqüência você pensa em hormônios enquanto come? Acredite se quiser, mas cada vez que você ingere um alimento diversos hormônios começam a trabalhar. Através da evolução, nosso organismo aprendeu a digerir e a metabolizar os alimentos, e essas funções fazem parte de um complexo sistema em que os hormônios desempenham papel central. Para ser mais preciso, os alimentos que você escolhe podem ter impacto positivo ou negativo nesse intrincado sistema.

A palavra hormônio deriva do grego *hormo,* que significa "mover-se rapidamente na direção de alguma coisa". Os hormônios são substâncias químicas produzidas pelas glândulas, mas atuam bem longe delas. São transportados das glândulas aos vários órgãos através da corrente sangüínea. De uma forma ou de outra, os hormônios são responsáveis por quase todas as funções do organismo. Com freqüência, dois ou mais hormônios trabalham em conjunto para assegurar o equilíbrio essencial à boa saúde.

A simples menção da palavra leva a maioria das pessoas a relacioná-la com os hormônios do sexo, como a testosterona e o estrógeno, ou aos hormônios da tireóide. Essa glândula, localizada na parte anterior do pescoço, produz diversos hormônios, e o mais conhecido deles, a tiroxina, é responsável pelo aumento da taxa metabólica e pelo controle do crescimento. Os hormônios, entretanto, desempenham muitos outros papéis no organismo: controlam os níveis de açúcar do sangue, o sal e o equilíbrio energético, afetam o apetite e são essenciais à capacidade de reagir ao estresse e a sinais de perigo. Qualquer desequilíbrio da produção hormonal, na maioria dos casos, leva de fato a algum tipo de doença.

Mas como os hormônios atuam? Seu trabalho básico é assegurar que determinados órgãos produzam substâncias características, que por sua vez cumprem sua parte. De que são feitas essas substâncias, assim como os próprios hormônios? Sim, você adivinhou – de *alimentos*. Tais substâncias compõem-se principalmente de aminoácidos (de proteínas), de ácidos graxos (de gorduras poliinsaturadas) e de colesterol.

Icosanóides: os super-hormônios do organismo

Em 1982, o Prêmio Nobel de Medicina e Fisiologia foi dado a Bengt Samuelsson, Sune Bergstrom e John Vane por sua contribuição à pesquisa de um então recém-descoberto grupo de substâncias, os icosanóides. Tais substâncias são produzidas em várias regiões do organismo sob a influência de outros hormônios. Sua vida útil é bastante reduzida em comparação com a dos demais hormônios, e seu efeito é rápido e poderoso.

Pode-se dizer que os icosanóides governam os detalhes relacionados com a saúde. O sistema cardiovascular, o cérebro e o sistema nervoso, além do sistema imunológico, são todos controlados pelos icosanóides. A vida seria impossível sem eles. Existem "bons" e "maus" icosanóides, mas, como tudo na natureza, o que realmente conta é o equilíbrio existente entre eles. Esse equilíbrio depende da estabilidade hormonal, que por sua vez depende de uma alimentação balanceada.

Apesar do enorme poder dos icosanóides, poucas pessoas já ouviram falar deles, principalmente porque se trata de uma área bastante recente e complexa da ciência. Muitos medicamentos prescritos atualmente, no entanto, atuam através da influência exercida, de uma maneira ou de outra, sobre os icosanóides. As prostaglandinas, por exemplo, são icosanóides, e muitos antiinflamatórios modernos, como a aspirina, influenciam a produção de prostaglandinas. Os icosanóides desempenham importante papel no tratamento das doenças inflamatórias (veja mais informações no capítulo 7).

Os icosanóides compõem-se principalmente de ácidos graxos essenciais (ômega-3 e ômega-6). Em conseqüência, é muito importante escolher bem os tipos de gordura que adotamos em nossa dieta, assim como é fundamental consumir o suficiente, mas sem exageros, dessas gorduras saudáveis. Na prática, isso significa dar prioridade à ingestão de ômega-3, pois já consumimos quantidades muito altas de ômega-6, e o equilíbrio é essencial. Mas o que determina os "bons" ou os "maus" icosanóides? A resposta está nos hormônios, tais como a insulina e o glucagon.

A insulina e o equilíbrio dos níveis de açúcar do sangue

A insulina é o hormônio mais importante em termos do metabolismo da gordura e do açúcar, bem como do equilíbrio energético. É produzida no pâncreas, que se localiza no abdômen, atrás do umbigo.

A insulina é um hormônio vital, mas, como você já deve ter percebido, seu excesso é prejudicial para o organismo. Não apenas tem impacto negativo sobre o metabolismo como também nos faz engordar, levando à produção de "maus" icosanóides, que prejudicam a saúde.

Esse importante hormônio assegura que as células recebam o açúcar, nossa principal fonte de energia, que é usado imediatamente e se transforma em glicogênio (armazenado no fígado para uso futuro) ou em gordura. Quanto maior for o teor de açúcar do sangue, mais insulina o organismo produzirá para compensar a situação. Nosso corpo depende de um suprimento contínuo de açúcar e, para manter seus níveis estabilizados, utiliza um intrincado complexo de hormônios, inclusive insulina, glucagon, cortisol, adrenalina e o hormônio do crescimento – para mencionar apenas alguns.

Como a insulina faz engordar

Vamos supor que você acabou de comer uma baguete com queijo ou uma pizza – alimentos que fornecem carboidratos (amido) vindos da farinha refinada e gorduras oriundas do queijo. Os carboidratos são rapidamente digeridos – processados – no estômago e no intestino delgado, transformando-se em muitas moléculas de glicose, que são, por sua vez, absorvidas bem depressa pela corrente sanguínea. Esse processo "comunica" ao pâncreas a necessidade de secretar insulina (os níveis de insulina durante os intervalos entre as refeições são normalmente baixos). Se você não praticou exercícios antes de comer nem enquanto comia (e quantos fazem isso?), a maior parte do açúcar produzido será armazenada como gordura, principalmente ao redor da cintura. E quanto ao queijo? A gordura do queijo é absorvida no intestino delgado na forma de triglicérides. Esses triglicérides entrarão mais tarde em contato com as células adiposas. Você acredita que essas células armazenam gordura de forma automática? O tecido adiposo é extremamente complexo e muito mais "inteligente" do que pensamos, além de bastante ativo em relação aos hormônios. As próprias células adiposas produzem um hormônio chamado leptina e uma enzima chamada lipoproteína lipase (LPL), importante no metabolismo da gordura. A tarefa dessa enzima é "abrir a porta" para que as células adiposas recebam a gordura a ser armazenada. Quanto maior for a quantidade de LPL produzida, mais gordura o organismo armazenará e maior será o ganho de peso. E o que determina o volume de LPL? A *insulina!* Dessa forma, não apenas o amido da baguete ou da massa da pizza se converterá em açúcar e depois em gordura como também essa nova gordura recém-formada e a gordura do queijo serão rapidamente armazenadas em razão dos altos níveis de insulina. Por isso é tão importante evitar o excesso de insulina e manter distância das combinações de carboidratos altamente glicêmicos e de gorduras como as do queijo. Se ambos os alimentos forem ingeridos separadamente, seu efeito não se tornará tão devastador.

A insulina tem, ainda, diversos outros efeitos. Na condição de hormônio anabólico (responsável pelo armazenamento de energia), ela regula o dispêndio de energia do organismo para evitar excessos. Isso quer dizer que, enquanto houver muita insulina no corpo, ele não queimará as gorduras – pelo contrário, vai armazená-las.

As células adiposas estão ainda sob a influência de outra enzima do tipo lipase, também sensível aos hormônios. Quanto mais houver essa enzima em seu organismo, mais gordura será liberada das células para queima e, conseqüentemente, mais peso você perderá. É óbvio também que, quanto maior for o teor de insulina de seu sangue, menos presente estará essa lipase e menos gordura haverá para ser queimada. Se você for obeso ou estiver nos estágios iniciais do diabetes do tipo II (resistência à insulina), seus níveis desse hormônio serão constantemente elevados mesmo antes de se alimentar. Isso explica por que o organismo se transforma em uma eficiente máquina de armazenar gordura. Se ficar preso no círculo vicioso do excesso de insulina – situação que se torna pior cada vez que consumir carboidratos de IG alto e muita gordura –, você estará destinado a ganhar peso, embora talvez coma menos do que antes. Para piorar as coisas ainda mais, saiba que níveis de açúcar flutuantes causam aumento significativo de apetite, especialmente por alimentos doces. Em resumo, muita insulina engorda!

Glucagon

O glucagon é outro hormônio produzido no pâncreas, mas tem efeito bastante diferente do da insulina. Sua principal função é aumentar os níveis de açúcar do sangue se estes estiverem reduzidos (entre as refeições, por exemplo), assegurando dessa maneira o fornecimento contínuo de energia ao organismo. O açúcar sanguíneo é liberado pelo suprimento de açúcar do fígado (glicogênio) e produzido com base em proteínas e gorduras. Quando ocorre o aumento dos níveis de açúcar, ocorre também a redução do glucagon, ou seja, o oposto do que se dá com a insulina. Isso significa que o glucagon permanece baixo quando consumimos carboidratos, mas aumenta drasticamente quando ingerimos proteínas. Excesso de glucagon significa redução de insulina e, como conseqüência, menor armazenamento e maior queima de gordura.

Além disso, o glucagon tem a propriedade de diminuir o apetite. Você talvez já tenha reparado no fato de que as fontes de proteínas, como ovos ou carnes, conseguem saciar a fome. Isso ocorre em razão da produção de glucagon e de colecistocinina. O glucagon, ao contrário da insulina, favorece a produção dos "bons" icosanóides.

Equilíbrio hormonal e boa saúde graças à dieta certa

Deve ter ficado bem claro até agora quanto é importante manter o equilíbrio correto entre a insulina e o glucagon. Excesso de insulina e tipos errados de gordura (muito ômega-6 e gorduras altamente processadas) levam à criação dos "maus" icosanóides, enquanto o glucagon e os tipos corretos de gordura (consumo adequado de ômega-3) promovem a criação dos "bons" icosanóides. O equilíbrio correto entre esses "bons" icosanóides é vital para a saúde.

Com uma dieta balanceada, você pode fazer com que isso aconteça. É possível assegurar o equilíbrio entre o consumo adequado de carboidratos evitando os altos níveis prejudiciais de insulina, e a ingestão suficiente de proteínas, aumentando o glucagon e os teores de hormônios do crescimento e promovendo o desenvolvimento dos músculos e a queima de gorduras. É igualmente importante consumir a quantidade e os tipos certos de gordura – ácidos graxos essenciais poliinsaturados presentes em vegetais, castanhas e peixes – para garantir aos "bons" icosanóides um volume suficiente de "material de construção". Apenas uma dieta bem balanceada, capaz de fornecer todas as vitaminas e sais minerais necessários, pode assegurar redução de peso e boa saúde.

Como os alimentos afetam os níveis de açúcar e os hormônios

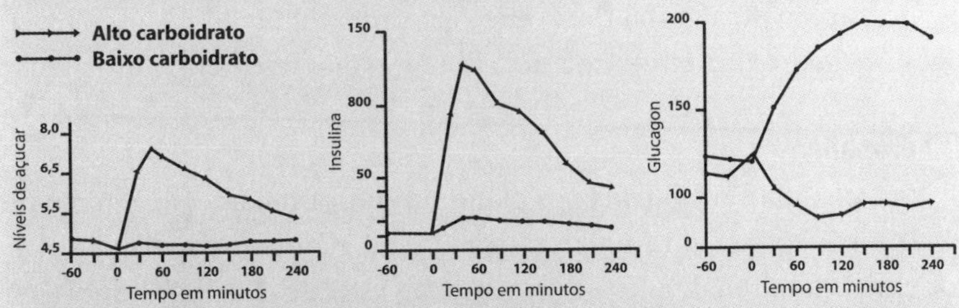

No exemplo dado acima pressupõe-se que os *slow-carbs* contêm altos teores protéicos.

Os alimentos controlam os hormônios, e os hormônios controlam o metabolismo e a saúde

Insulina	**Glucagon**
Reduz os níveis de açúcar	Aumenta os níveis de açúcar
Promove o armazenamento de gordura	Queima a gordura armazenada
É estimulada pelos carboidratos	É estimulado pelas proteínas
Provoca produção de "maus" icosanóides	Provoca produção de "bons" icosanóides

Outros hormônios importantes

Tiroxina

Esse hormônio é produzido na glândula tireóide, que tem a forma aproximada de uma borboleta e está localizada na parte ínfero-anterior do pescoço. A tiroxina influencia o metabolismo celular, mas isso não significa que seja o centro da queima de gorduras. Muitas pessoas que têm problemas de peso ou tendência a engordar acreditam que as funções de sua tireóide estejam lentas. Alguns podem ter pouca tiroxina (doença chamada de hipotireoidismo), mas a obesidade causada por baixos níveis de tiroxina é muito rara. A porcentagem de pessoas que sofrem de disfunção da tireóide não passa de 2%, mas pelo menos 10% sofrem de obesidade (e muitas mais estão acima do peso). O médico pode orientá-lo sobre os exames necessários para verificar as funções de sua tireóide. Se você sofrer de alguma disfunção, ele provavelmente vai prescrever a ingestão de tiroxina em forma de tabletes, o que resolverá o problema.

Adrenalina

A adrenalina é produzida nas glândulas supra-renais e no sistema nervoso simpático. As supra-renais são pequenas glândulas localizadas acima dos rins, e a adrenalina é o hormônio do estresse. Ela tem importância vital e é o mais relevante hormônio de sobrevivência. Se formos ameaçados, estivermos estressados ou sentirmos medo, a secreção de adrenalina vai aumentar, e isso nos porá em alerta. O nível de açúcar do sangue vai subir, bem como os batimentos cardíacos e a pressão sanguínea, o que nos prepara para lutar ou fugir. Esse hormônio tem impacto significativo sobre o metabolismo e os níveis de açúcar. A adrenalina estimula a liberação de açúcar do glicogênio armazenado no fígado, bem como a produção de glicose originada das proteínas e do glicerol encontrado na gordura. O propósito disso é garantir que o cérebro e o restante do organismo tenham o combustível necessário para reagir a uma situação de perigo. O capítulo 7 analisa melhor os efeitos do estresse e da adrenalina.

Existem diversas substâncias que tanto podem aumentar a secreção de adrenalina quanto atuar da mesma maneira. A mais comum é a cafeína, encontrada no café e em refrigerantes à base de cola. Mas não se engane acreditando que você pode perder muito peso se beber bastante café. Somente uma dieta balanceada, com exercícios adequados e o controle dos níveis de estresse, poderá dar bons resultados no longo prazo.

Cortisol

Você provavelmente já ouviu falar do hormônio cortisol. A forma medicinal sintética (cortisona) tem efeito similar, porém mais forte, que o cortisol natural, produzido nas glândulas supra-renais. A cortisona é normalmente receitada para inibir o sistema imunológico quando a pessoa sofre de doença auto-imune, problemas reumáticos ou asma. É também receitada para reduzir inflamações, o que ocorre quando ela inibe o sistema imunológico e alguns icosanóides (prostaglandinas).

Assim como a adrenalina, o cortisol é um hormônio do estresse. Sua produção aumenta quando o estresse emocional ou físico ocorre e quando o nível de açúcar do sangue está baixo. Você já sentiu os efeitos causados pela redução dos níveis de açúcar quando fica sem comer durante várias horas? São sintomas provocados pelo excesso de cortisol e de adrenalina: fome, irritabilidade e falta de concentração. Você pode entender, portanto, como é absurdo expor o organismo ao estresse desnecessário quando pula refeições ou se alimenta de forma indevida. Esses abusos nos deixam mais suscetíveis a infecções e outras doenças. Você provavelmente já observou que tem mais tendência a adoecer após um período estressante ou caso esteja exausto.

Altos níveis de cortisol durante períodos prolongados de tempo em razão do estresse crônico também causam acúmulo de gordura ao redor da cintura e do pescoço, além de aumento do crescimento de pêlos corpóreos. O fato de o cortisol elevar os níveis de açúcar agrava a resistência à insulina, o que pode eventualmente levar ao diabetes. A carência de cortisol, por outro lado, também não é saudável. Nós não podemos, na verdade, viver sem esse hormônio – o equilíbrio entre os níveis de sal e açúcar do organismo depende dele. Mais uma vez, equilíbrio é a palavra-chave! Veja outras informações sobre o assunto no capítulo 7.

Colecistocinina

Esse hormônio não tem efeito direto sobre a taxa metabólica, mas afeta o apetite. É produzido pelo intestino delgado após a digestão dos alimentos. O volume de produção depende da quantidade de proteínas e de gorduras ingeridas. Quanto maior for a produção de colecistocinina, mais saciada a pessoa ficará. Os carboidratos não causam o aumento desse hormônio. Isso significa que eles são digeridos e elevam os níveis de açúcar do sangue antes que o cérebro receba o sinal de que o alimento foi ingerido, o que causaria a sensação de saciedade. Proteínas e gorduras, por outro lado, provocam essa sensação logo após alcançar o estômago e o intestino delgado.

Leptina

Esse hormônio, descoberto na metade da década de 1990, causou sensação na área médica. A leptina é produzida pelas células adiposas. Quando a gordura fica armazenada e o volume das células aumenta, elas enviam um sinal ao cérebro para diminuir a ingestão de alimentos. Quando a massa de gordura do organismo está baixa, os níveis de leptina também se reduzem, e isso estimula o apetite – efeito que parece ser o mais importante.

Pesquisas feitas com ratos de laboratório revelaram que, quando eles não eram capazes de produzir leptina, alimentavam-se sem controle e ficavam com excesso de peso. Mas, quando receberam injeções de leptina, imediatamente o descontrole alimentar cessou e os ratos voltaram ao peso normal. Os cientistas pensaram ter descoberto a solução do problema da obesidade no mundo – bastaria administrar leptina nas pessoas obesas e os quilos extras simplesmente desapareceriam! Infelizmente, isso não se confirmou. Descobriu-se mais tarde que as pessoas obesas têm muita leptina, o que é natural considerando-se a quantidade de gordura existente nas células adiposas. Tudo indica que as pessoas obesas tornam-se insensíveis à leptina devido à ausência de sinais corretos enviados ao cérebro ou à existência de uma falha nos receptores de leptina do cérebro. Esse fenômeno é conhecido como resistência à leptina.

É interessante notar que pessoas que apresentam altos níveis de leptina também têm altos níveis de insulina e ainda resistência à insulina. Parece que esses dois hormônios estão intimamente relacionados – níveis normais de insulina significam níveis normais de leptina e vice-versa. Essa é mais uma razão para adotar uma dieta balanceada composta de alimentos de baixos índices glicêmicos.

Testosterona

Tanto o homem quanto a mulher produzem testosterona, embora essa produção seja bem maior no organismo masculino. A testosterona é produzida nos testículos do homem, enquanto, na mulher, é gerada nas glândulas supra-renais. A presença maior desse hormônio explica por que os homens têm mais pêlos corpóreos e faciais que as mulheres, além de voz mais grave. A testosterona também aumenta a libido e previne a osteoporose (enfraquecimento dos ossos), e essa é provavelmente a razão pela qual tão poucos homens apresentam esse problema em comparação com sua incidência entre as mulheres.

Esse hormônio é anabólico, e isso significa desenvolvimento muscular e ósseo, além de aumento da queima de gorduras. É interessante notar que as gorduras poliinsaturadas e o colesterol contidos nos alimentos aumentam a testosterona, o que nos faz lembrar que um pouco de gordura é essencial para a boa saúde. É importante que o organismo tenha quantidade suficiente de testosterona – nem muito nem pouco. A carência de testosterona significa massa muscular menor e baixa queima de gorduras. Seu excesso aumenta o risco de incidência de câncer de próstata. O excesso de testosterona nas mulheres pode provocar infertilidade, menstruação irregular e aumento do crescimento de pêlos corpóreos.

O nível de testosterona que circula no sangue (a chamada testosterona livre) é indiretamente afetado pela insulina e, em conseqüência, pela ingestão de carboidratos. Altos níveis de insulina provocam o aumento dos índices de testosterona livre, e esse desequilíbrio pode trazer graves conseqüências para o organismo feminino, causando baixa fertilidade e uma doença chamada de síndrome do ovário policístico, que ataca cerca de 10% das mulheres que habitam os países industrializados.

Estrogênio

O estrogênio é um hormônio feminino gerado nos ovários. O homem também produz pequenas quantidades de estrogênio tanto nas glândulas supra-renais quanto como resultado da conversão da testosterona em tecido adiposo. O estrogênio promove a queima de gorduras, mas também pode aumentar o armazenamento de gordura em volta dos quadris e das coxas, provocando o formato de "pêra", comum a tantas mulheres. Após a menopausa, quando a mulher produz menos estrogênio, existe uma tendência de aumento de gordura no abdômen, e então se manifesta o formato de "maçã", típico dos homens que estão acima do peso. O estrogênio previne a osteoporose e aumenta a libido da mulher. O excesso desse hormônio (oriundo da longa utilização de certos tipos de pílula contraceptiva) pode aumentar o risco de incidência de câncer de mama e de útero, elevando também o risco de aparecimento de doenças cardíacas.

Tire o máximo de seu metabolismo 6

O homem tem dois médicos fantásticos, sua perna esquerda e sua perna direita.
Anônimo

Você provavelmente já ouviu ou até mesmo disse isto antes: "Há alguma coisa errada com meu metabolismo ou com meu apetite, eu engordo apesar de comer menos ou o mesmo que outras pessoas da minha família". Peço desculpas, mas é muito improvável que exista algo errado com seu metabolismo ou seu apetite. Seu problema é fazer escolhas erradas com relação à alimentação, causando um caos hormonal que resulta em altos níveis de insulina e, conseqüentemente, em maior armazenamento de gordura. Você pode, entretanto, pertencer a um grupo de pessoas que produzem mais insulina que outras (até mesmo aquelas que fazem as mesmas escolhas erradas) e ter tendência para a resistência à insulina. Mas seu metabolismo e seu apetite voltarão ao normal assim que você ajustar seus hábitos e seu estilo de vida.

Biorritmo metabólico

O metabolismo abrange todas as reações químicas que ocorrem no organismo e resultam no crescimento e no reparo das células, bem como na produção de energia. O corpo usa energia durante todo o tempo, até mesmo quando dorme, nos batimentos cardíacos, na respiração, na manutenção da temperatura e em uma série de processos intercelulares. A taxa metabólica basal (TMB) é a energia que despendemos quando estamos completamente imóveis, sem nenhuma atividade física e sem alimentação.

Como quase tudo na natureza, nosso metabolismo possui seu biorritmo. Isso significa algumas mudanças ao longo do dia, das estações e dos anos. O estudo da biologia do tempo chama-se cronobiologia e é extremamente importante para nós, seres humanos. Ignore a cronobiologia e você tornará sua vida muito mais difícil. Neste capítulo, vamos aprender algumas maneiras de usá-la em nosso favor.

Enquanto dormimos, o cérebro (nosso órgão mais ativo metabolicamente falando) e grande parte dos outros órgãos operam em ritmo bastante lento, e a TMB permanece muito baixa. Se não nos alimentarmos nem nos exercitarmos logo após acordar, será preciso algum tempo para que a TMB aumente. Isso está demonstrado nos gráficos contidos neste capítulo. Se continuarmos deitados depois de acordar, a TMB aumentará gradualmente até atingir o pico, à noite, entre 20 e 23 horas.

A TMB diminui com a idade – essa é a razão por que muitas pessoas engordam quando envelhecem mesmo que não alterem seus hábitos alimentares. Conforme envelhecemos, enfrentamos a tendência de perder massa muscular, e isso reduz a TMB. O aumento do volume de tecido adiposo também contribui para a redução da TMB. Podemos usar esse conhecimento para mantê-la elevada por meio da prática de exercícios – com a finalidade tanto de perder peso quanto de ganhar massa muscular.

A TMB também se reduz quando comemos menos (devido a uma dieta alimentar) ou, pior ainda, quando ficamos longos períodos sem alimentação. O corpo vai tentar manter o peso, o que resulta na diminuição da TMB. Por que isso acontece? Porque nossos genes ainda vivem na Idade da Pedra. O organismo não sabe que a causa do jejum é uma dieta nem que o alimento talvez esteja escasso e, portanto, apela para o instinto ancestral de preservação da vida.

O efeito termogênico dos alimentos

Acredite se quiser: nosso metabolismo aumenta cada vez que nos alimentamos. Isso é muito importante para a manutenção do peso no dia-a-dia. A palavra *termogênese* significa "produção de calor" e deriva do grego: *thermos* quer dizer "calor", e *genesis*, "formação". Como ocorre com todos os outros mamíferos, o corpo humano mantém estável sua temperatura independentemente da temperatura ambiente. Após milhões de anos de evolução, o homem se adaptou à temperatura de 37 graus centígrados, pois é com ela que seu organismo funciona da melhor maneira.

Mas o que produz o calor necessário? Nós produzimos! Todas as reações químicas que nos mantêm vivos e ativos (em outras palavras, nosso metabolismo) liberam energia – parcialmente na forma de calor. Durante uma refeição, por exemplo, queimamos o alimento que ingerimos, produzindo assim mais calor. O calor relacionado à combustão de alimentos é chamado de "efeito termogênico". Trata-se de energia que "doamos" a nosso organismo e não é, portanto, armazenada como gordura. Quanto maior for a termogênese, menor será o teor de gordura armazenada. A maior produção de calor deriva das proteínas: de 25% a 30% de toda a energia nelas contida é liberada para a produção de calor. Os carboidratos também fornecem considerável produção de calor, embora menos que as proteínas. Seu efeito termogênico é de aproximadamente 12%. A gordura saturada, por outro lado, gera muito pouco calor, apenas 3%, e seu metabolismo requer ainda pouco gasto de energia. Nesse aspecto, as gorduras saturadas são o nutriente menos desejável, mas seria incorreto enfatizar somente seus efeitos termogênicos e esquecer, por exemplo, a sensação de saciedade que proporcionam e o fato de que são o tipo de gordura que menos produz oxidação no organismo. Diferentes tipos de gordura atuam de forma distinta: as gorduras poliinsaturadas, por exemplo, o tipo encontrado nos peixes, têm efeito termogênico maior que as saturadas.

No tocante à produção de calor, o álcool é o grande campeão. Quase metade de sua energia se transforma em calor quando ele é metabolizado no fígado. Conseqüentemente, fornece muito menos que as sete calorias por grama que seu modelo calórico sugere. O álcool, porém, não é um alimento, e sua contribuição à boa saúde é muito pequena. Note que a ingestão de álcool em conjunto com algumas gorduras é uma combinação particularmente infeliz e perigosa: o organismo vai preferir queimar o álcool, e a gordura será totalmente armazenada.

Os chás, especialmente os verdes, aumentam o metabolismo. Com seu alto teor antioxidante, também protegem contra o câncer e as doenças cardiovasculares.

Adivinhe o que mais aumenta a produção de calor e, por conseqüência, o metabolismo? Os temperos. Muitos temperos, principalmente aqueles que apimentam os alimentos, aumentam o metabolismo: gengibre, pimenta vermelha, páprica e mostarda, por exemplo. O alho também tem esse efeito, além de diversas outras propriedades medicinais benéficas. Assim sendo, fique à vontade: use quantos temperos desejar. Eles não somente tornam seus pratos mais saborosos como também fazem você queimar bem mais gorduras.

O café da manhã – sua refeição mais importante

Vamos retornar ao assunto do biorritmo. Um café da manhã reforçado aumenta o metabolismo. O terceiro dentre os gráficos a seguir mostra como a curva do metabolismo atua após a ingestão do café da manhã e algum exercício matinal. É também melhor um almoço reforçado (com pratos quentes) e um jantar mais leve, contrariando o hábito da maioria das pessoas. Você deve evitar comer duas ou três horas antes de deitar-se, pois o metabolismo é mais lento durante o sono e não aumenta com a ingestão de alimentos.

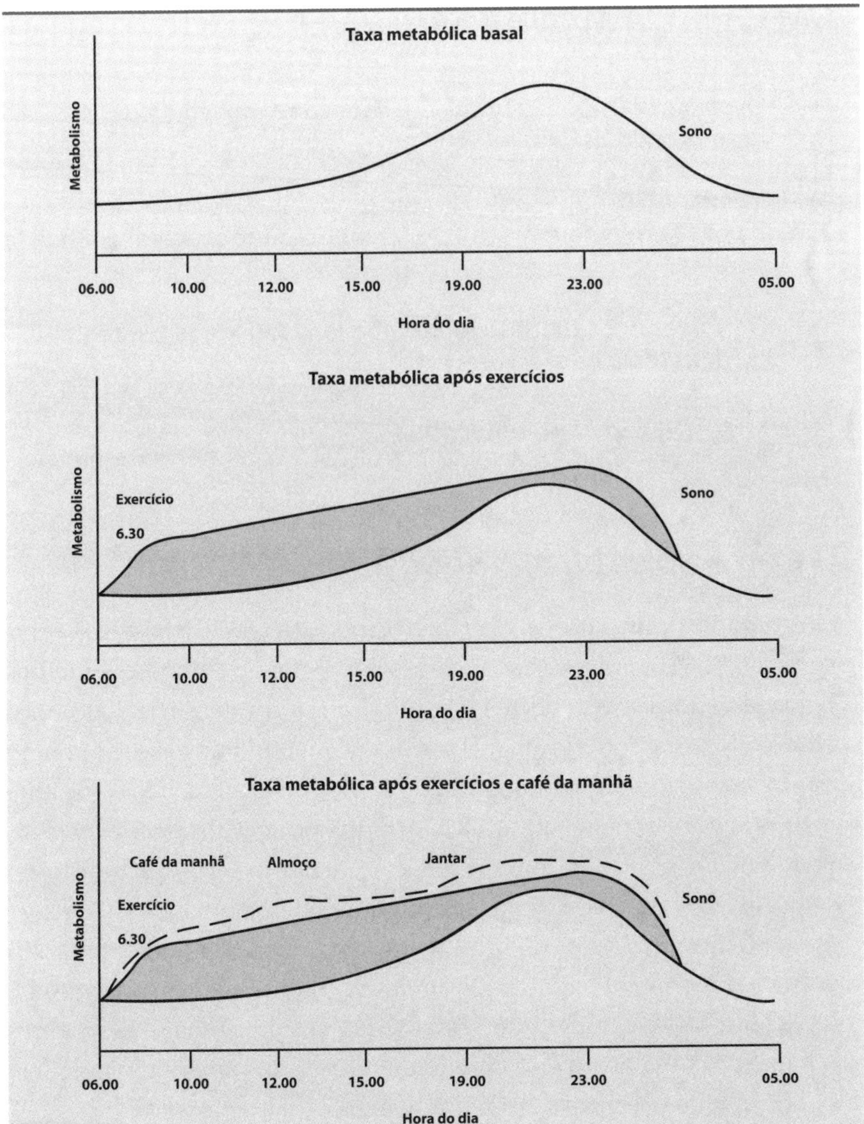
Taxa metabólica basal
Metabolismo
Sono
06.00
10.00
12.00
15.00
19.00
23.00
05.00
Hora do dia
Taxa metabólica após exercícios
Metabolismo
Exercício
6.30
Sono
06.00
10.00
12.00
15.00
19.00
23.00
05.00
Hora do dia
Taxa metabólica após exercícios e café da manhã
Metabolismo
Café da manhã
Almoço
Jantar
Exercício
6.30
Sono
06.00
10.00
12.00
15.00
19.00
23.00
05.00
Hora do dia

UM CAFÉ DA MANHÃ SAUDÁVEL

- Ovos mexidos ou uma omelete feita com um ovo e duas claras ou com dois ovos inteiros.
- Espinafre e cogumelos fritos com uma colher de chá de azeite de oliva em uma frigideira de teflon ou outro material antiaderente.
- Dois pãezinhos de centeio ou uma fatia fina de pão integral ou de centeio bem escuro.
- Chá de ervas, verde ou comum, ou café descafeinado sem açúcar. Leite magro, se preferir, e um ou dois copos de água.

O exercício e seu metabolismo

Outro importante fator de aumento da taxa metabólica basal é o exercício. Se a TMB se reduz bastante durante o sono, obviamente o melhor horário para praticar exercícios é o matinal, de preferência logo após acordar (veja o segundo gráfico à página 95). Pesquisas mostram que o efeito do exercício matinal aumenta e mantém elevada a TMB durante dez ou doze horas, e isso é muito importante. Se você praticar exercícios à noite, seu metabolismo aumentará e se manterá alto por quatro ou cinco horas, mas depois se reduzirá enquanto você repousa e dorme.

Após uma noite de sono (durante a qual você não se alimentou), seu organismo já consumiu bastante glicogênio (carboidratos armazenados no fígado). Tanto os níveis de açúcar quanto os de insulina estarão nos pontos mais baixos. O organismo terá de queimar gorduras para se movimentar. Mas lembre-se: o exercício deverá durar mais de vinte minutos.

O ideal é beber um copo de água grande e comer uma fruta de baixo índice glicêmico imediatamente após levantar-se e em seguida praticar exercícios durante vinte ou trinta minutos (uma caminhada vigorosa é um exercício esplêndido, e você pode praticá-lo em qualquer lugar). Para potencializar o efeito desse exercício matinal, você pode ainda ingerir algumas proteínas (iogurte sem açúcar, queijo *cottage* ou uma bebida energética à base de soja ou proteína láctea, por exemplo) pouco depois de iniciar a prática ou no máximo uma hora e meia após seu término. Isso aumenta a produção de glucagon e dos hormônios do crescimento, desenvolvendo portanto o tecido muscular e promovendo a queima de gordura. Após os exercícios, você deve tomar um saudável e bem balanceado café da manhã. A grande lição da prática de exercícios é: cada dia é um novo dia para o organismo.

O exercício matinal diário é o melhor presente que você pode dar a si mesmo e a seu metabolismo. Na verdade, qualquer exercício feito em qualquer hora do dia é sempre melhor que nenhuma atividade física. Esse investimento de trinta minutos diários em sua saúde é algo de que você jamais se arrependerá.

Movimente o corpo e aprimore a saúde

Nosso corpo tem a incrível capacidade de melhorar à medida que o movimentamos. Isso se deve ao fato de que nossos genes ainda são os mesmos desde a Idade da Pedra. Nessa época remota, era preciso ser muito ativo fisicamente para conseguir o alimento diário, e aqueles que não o conseguiam não sobreviviam. O significado disso é claro: nossos genes nos recompensam quando nos exercitamos. Nossa saúde se aprimora e o metabolismo se torna mais eficiente.

Muitas pessoas acreditam que é necessário um programa rigoroso e prolongado de treinamento se desejarmos perder peso e manter a saúde. Isso não é verdade. Sem mudança de hábitos alimentares, a perda de peso decorrente dos exercícios é mínima: a maioria dos estudos demonstra que não passa de três ou quatro quilos. Somente quando você altera sua dieta os resultados derivados das atividades físicas começam a aparecer e, o que é mais importante, a composição do organismo muda. Não é necessário treinar duramente para obter os resultados positivos da prática de exercícios: você não é obrigado a suar na academia nem a pedalar até não agüentar mais na bicicleta ergométrica. O grande problema da maioria das pessoas é a determinação de objetivos muito altos, o que as leva a desistir após algum tempo. É fundamental estabelecer uma rotina de atividades físicas que você aprecie e se torne parte integrante de seu dia-a-dia.

O exercício traz de fato benefícios maravilhosos para a saúde independentemente do peso. Você talvez esteja um pouco acima do peso e queira reduzir o risco de sofrer de certas enfermidades apenas com exercícios diários. A inatividade física é um risco para a saúde muito maior do que o excesso de peso. Infelizmente a combinação de sedentarismo e obesidade não é rara – e potencializa os riscos à saúde. Isso nos leva ao ponto-chave: você deve exercitar-se moderadamente, mas todos os dias.

A evolução do exercício

Se quisermos identificar que tipo de atividade física é mais recomendável para nós, deveremos considerar o estilo de vida da Idade da Pedra, que durou cerca de 3 milhões de anos, quando nossos ancestrais levavam uma vida natural, como a dos animais. Os seres humanos e os animais precisavam movimentar-se (exercitar-se) para conseguir alimento. Em conseqüência, nem precisamos dizer que é natural praticar exercícios com o estômago vazio. Um leão que acabou de se alimentar não terá a preocupação de caçar novamente durante algumas horas. De fato, todos os animais (inclusive os seres humanos) preferem descansar após uma refeição não só para auxiliar a digestão como também porque não faz sentido gastar energia quando não é estritamente necessário. É natural, portanto, que o sofá da sala seja um lugar tentador após uma bela refeição. Afinal, o leão não tem garantia de uma boa caçada todos os dias, o que torna importante a economia do máximo de energia possível. Isso explica por que os seres humanos são "preguiçosos" por natureza: nossos genes ainda vivem na Idade da Pedra – eles não sabem que podemos conseguir comida a qualquer momento simplesmente abrindo a geladeira ou fazendo compras no supermercado mais próximo. Assim, a freqüência à academia após o trabalho ou, pior ainda, após o jantar, quando deveríamos dar tempo ao processo de digestão e poupar energia, não faz o menor sentido. Nenhum animal deve comer e em seguida começar a correr enquanto seu organismo digere o alimento que ele levou horas para caçar.

Qual é então a melhor hora para praticar exercícios? As atividades físicas do homem da Idade da Pedra eram determinadas pela luz do dia. Por não enxergar muito bem no escuro, ele precisava procurar abrigo e proteger-se dos outros animais. Aos primeiros sinais da luz do dia, estava faminto após nove ou dez horas de jejum. Era preciso então caçar ou procurar plantas e frutas, o que nem sempre era fácil. O homem da Idade da Pedra tinha de andar em média trinta quilômetros por dia para encontrar alimento, e algumas vezes em vão. Após conseguir comer alguma coisa, o mais importante era ficar quieto até a fome surgir novamente, e isso o obrigava a sair para caçar uma vez mais. Por essa razão, faz mais sentido praticar exercícios pela manhã, com o estômago vazio: isso condiz com nossos hormônios e nosso biorritmo. Quando acordamos, praticamente não há carboidratos armazenados no fígado, a pressão sanguínea está relativamente baixa e os níveis de insulina estão muito reduzidos. Baixos índices de insulina tornam o corpo apto à queima de gorduras armazenadas como combustível. Lembre-se de que altos níveis de insulina provocam o armazenamento de gorduras, enquanto baixos níveis favorecem a queima eficaz dessas gorduras.

É uma boa idéia, portanto, praticar exercícios pela manhã. Talvez isso seja impossível porque você não tem tempo e há muitas coisas a fazer antes de sair para o trabalho. Talvez você só disponha de vinte minutos, mas se puser a saúde e o bem-estar na lista de prioridades de sua vida passe a começar o dia praticando exercícios. Você talvez precise deitar-se um pouco mais cedo, deixando até de assistir a seu programa de TV preferido, e levantar-se trinta ou quarenta minutos antes da hora habitual. Talvez você tenha de preparar tudo o que for necessário – roupas e café da manhã, entre outras coisas – na noite anterior. Talvez encontre formas de se exercitar no caminho para o trabalho caso seja possível ir a pé ou de bicicleta. Talvez ainda você passe a descer do ônibus ou do metrô antes do ponto para caminhar um pouco. Como tudo na vida, o hábito de exercitar-se requer apenas um pouco de prioridade e planejamento. De qualquer maneira, é importante lembrar que uma caminhada matinal lhe trará melhores resultados.

Qual é o tipo ideal de exercício? Ao contrário dos outros animais, os seres humanos não são muito bons em corrida de alta velocidade. O que sabem fazer melhor é andar, bem como praticar algumas atividades breves que requerem força. Até a pessoa mais preguiçosa do mundo, que tenha todos os problemas de saúde, conseguiria andar bastante se estivesse com fome. Não é mais necessário fazer isso, entretanto, e paradoxalmente esse é o maior desafio que encontramos hoje em dia.

Por que praticar exercícios se isso não é mais necessário para obter alimento? É importante compreender que, se desejarmos uma vida longa e saudável, torna-se absolutamente vital a prática de atividades físicas. Compreendo que não é fácil deixar o conforto da vida sedentária diante da TV ou do computador. Muitos tentam, em vão, rigorosos programas de treinamento intensivo, pagam altas mensalidades nas academias da moda e sofrem muitas dores devido a longas horas de exercícios. Mas falham com freqüência porque estabelecem expectativas e metas muito altas. Qualquer tipo de atividade física é bom para a saúde. Não há necessidade de gastar muito dinheiro para freqüentar academias nem de correr durante horas transpirando por todos os poros. É muito mais produtivo escolher uma atividade que você aprecie e pratique com prazer, de preferência na companhia de um amigo. Andar pelo menos durante vinte ou trinta minutos todos os dias e fortalecer alguns grupos de músculos duas ou três vezes por semana será o bastante, especialmente se você aprimorar sua dieta e reduzir o estresse.

O combustível certo para seu motor

Imagine um atleta famoso, talvez um maratonista. Você pensa que ele nasceu pronto? Não existem super-homens. Os atletas de elite são indivíduos que atingiram o sucesso determinando objetivos muito claros e específicos, usando seus conhecimentos e suas habilidades e, acima de tudo, trabalhando muito. Eles na verdade podem ser comparados a carros de Fórmula 1, pois aperfeiçoam ao máximo seu metabolismo para conseguir o melhor desempenho. Os atletas treinam durante muitos anos. Alguns recebem ajuda de profissionais experientes, que têm amplos conhecimentos sobre nutrição e técnicas eficazes de treinamento. Preparar-se para uma maratona, por exemplo, é bastante diferente de preparar-se para uma corrida de 100 metros rasos. As necessidades dietéticas antes e depois de cada sessão de treinamento também são diferentes.

No lado oposto à eficiência metabólica, encontramos os obesos. Devido a fatores genéticos ou a um estilo de vida menos ativo, essas pessoas têm um "motor" menos eficaz e um metabolismo mais lento, parecido com o de um trator. Os atletas obtêm bons resultados com uma alimentação adequada e com exercícios. Os indivíduos obesos, para aperfeiçoar seu metabolismo e perder peso, precisam ser tão determinados em seus objetivos quanto os atletas. Talvez você já tenha ouvido este comentário de sua família, de seus amigos ou de seu médico: "Coma menos e pratique mais exercícios se quiser perder peso". Mas é preciso saber qual é o tipo de alimento e de exercício mais adequado para você. O consumo dos grupos certos de alimentos é importante para tirar o máximo proveito da atividade física. Afinal, não se deve usar óleo diesel em um motor movido a gasolina – mesmo que o carro seja um Porsche.

Exercícios aeróbicos versus *exercícios anaeróbicos*

A maioria das pessoas que estão acima do peso já ouviu estes conselhos em algum momento: "Use as escadas, passeie com o cachorro, caminhe um pouco mais e perderá peso". Se pouca atividade física é melhor do que nenhuma, você pode esperar perder peso com esse tipo de exercício? Uma pessoa obesa pode ser comparada a uma pessoa de peso normal quando carrega uma bagagem de, digamos, trinta quilos. Para uma pessoa de peso normal, andar e subir escadas é uma atividade aeróbica. Isso significa usar altos níveis de oxigênio e, de certo modo, queimar gorduras para gerar energia – ou combustível. Quanto mais longa for a atividade, mais gordura será consumida. A mesma atividade, no entanto, representa uma carga muito maior para uma pessoa obesa e mesmo para uma pessoa de peso normal que se exercita com intensidade maior que a habitual. Imagine-se subindo escadas enquanto carrega uma bagagem de trinta quilos. Esse é um trabalho considerável, um esforço real para os músculos das coxas e das costas. O levantamento de peso é uma atividade anaeróbica. Se for repetida com freqüência, levará ao aumento da massa muscular, embora muito pouca gordura seja queimada nesse processo. Por outro lado, há a queima de glicogênio, que é a forma pela qual os carboidratos são armazenados nos músculos. Caso os músculos não estejam acostumados a esse tipo de exercício, os suprimentos de glicogênio se esgotarão rapidamente. O organismo começará então a produzir ácido láctico, a pessoa se sentirá cansada e sua musculatura vai endurecer. O que podemos concluir disso tudo? Se você estiver muito acima do peso, deverá começar a praticar exercícios de menor impacto do que os executados pelas pessoas de peso normal quando se dedicar a atividades aeróbicas como andar, correr e pedalar. Aumente a intensidade aos poucos, à medida que perder peso e se sentir melhor. Você deverá também fazer treinamento de resistência duas ou três vezes por semana para estimular o desenvolvimento muscular.

Uma de minhas pacientes, que era obesa, freqüentava uma academia duas vezes por semana. Um dia ela se exercitou de forma bastante intensa na esteira durante cinqüenta minutos. Como era previsível, ficou exausta e seus músculos estavam doloridos no dia seguinte. Ela, na verdade, praticara um exercício anaeróbico (para fortalecer os músculos das coxas e das costas) em vez de dedicar-se à prática aeróbica. No dia seguinte, faria exercícios com pesos. Ela manteve essa prática durante vários anos, mas não conseguiu emagrecer. O exercício anaeróbico constrói massa muscular e aumenta a queima de gordura – mas somente de forma indireta. Em lugar de trabalhar de modo tão duro, e por tanto tempo, minha paciente deveria ter praticado exercícios de menor impacto com mais freqüência, durante trinta minutos por dia, além do exercício rotineiro de resistência.

Como queimar gorduras com a prática de exercícios

Se você estiver acima do peso e quiser fazer os exercícios corretos, deverá realizá-los de quatro a cinco vezes por semana – ou diariamente, se for possível. Uma caminhada vigorosa é excelente. Qualquer prática superior a vinte minutos vai ajudá-lo a queimar gorduras. Como disse, é melhor praticar os exercícios pela manhã em razão do biorritmo metabólico, de preferência pouco depois de levantar-se. Comece aquecendo-se e faça uma caminhada de dez minutos. Aumente gradualmente o período de caminhada para quarenta minutos. Evite andar com um ritmo que lhe tire o fôlego. Após a caminhada de dez minutos, você deverá sentir-se apenas um pouco cansado, mantendo, porém, a capacidade de falar sem nenhuma anormalidade no ritmo respiratório. Se tiver dificuldade de falar, mesmo que poucas palavras, provavelmente estará trabalhando anaerobicamente.

Você pode controlar a intensidade de seus exercícios de modo mais eficaz com o uso de um monitor de batimentos cardíacos. Depois de dez a quinze minutos de caminhada, deverá alcançar entre 50% e 60% de sua frequência cardíaca máxima (no início, quando ainda não estiver no auge da boa forma). Aumente gradualmente para 75% ou 85% à medida que sua resistência se desenvolver. O meio mais simples de encontrar sua frequência cardíaca máxima (FCM) é subtrair sua idade de 220. Você poderá, assim, trabalhar dentro da zona de conforto multiplicando sua FCM pelos índices cardiorrespiratórios apropriados – o mais baixo e o mais alto. Uma pessoa de 45 anos de idade, por exemplo, tem FCM de 175 (220 - 45 = 175), e 60% desse número seria 105 (175 x 0,60 = 105), enquanto 85% seria 149 (175 x 0,85 = 148,75). Lembre-se, porém, de que quaisquer números decorrentes da utilização dessa fórmula devem ser usados apenas como referência, uma vez que as pessoas reagem de forma diferente aos exercícios.

Treinamento de resistência e queima de gordura

O treinamento de resistência, como o levantamento de peso, é uma forma anaeróbica de exercício e afeta o metabolismo apenas indiretamente. Durante um exercício anaeróbico, você usa o glicogênio existente nos músculos como combustível, e não a gordura. Após o término da sessão de exercícios, entretanto, a queima de gordura deve aumentar, visto que você utilizou seus depósitos de carboidratos (glicogênio) e o organismo terá de recorrer às gorduras armazenadas como fonte de energia. O mais importante, porém, é o fato de que seus músculos se desenvolverão gradualmente e passarão a queimar mais energia ao longo do dia (porque sua taxa metabólica basal vai aumentar). Assim, se você consumir alimentos adequados e evitar altos níveis de insulina, essa energia virá dos depósitos de gordura de seu organismo.

O que comer antes e depois dos exercícios?

O nível de insulina cai durante a prática de exercícios aeróbicos (uma caminhada vigorosa, por exemplo) e permanece baixo por várias horas. Essa é uma informação valiosa, especialmente se você sofrer de resistência à insulina. Níveis mais baixos de insulina tornam possível a queima de gordura, e você passará também a armazenar menos gordura após as refeições.

Se você for portador de diabetes do tipo II, os exercícios aeróbicos representam uma forma fantástica de obter melhor controle sobre os níveis de açúcar do sangue, uma vez que esses exercícios aumentam a sensibilidade à insulina. Se, além disso, consumir carboidratos de baixos teores glicêmicos e escolher os tipos corretos de gordura, a probabilidade de obter ótimos resultados será maior. Você talvez nem precise de insulina, ou bastarão doses reduzidas – e, como vantagem adicional, perderá peso.

Muitas pessoas cometem o erro de ingerir carboidratos demais, comendo bananas, massas ou pães antes de exercitar-se. Isso aumenta o nível de açúcar do sangue, bem como a insulina, reduzindo o poder de queima de gorduras. Uma vez que o organismo não pode queimar gorduras como combustível de modo eficiente durante a prática de exercícios, ele se vê obrigado a queimar carboidratos, dos quais apenas uma pequena parcela fica armazenada. Os níveis de açúcar diminuem quando estamos cansados e com fome – e o mesmo acontece quando nos exercitamos.

Evite carboidratos, em especial os altamente glicêmicos, antes dos exercícios. Após a prática de atividades *intensas*, a ingestão de alimentos de IG alto vai ajudá-lo a recuperar-se mais depressa. Trata-se da ocasião ideal para comer esses alimento sem culpa, pois você sabe que isso evitará danos à saúde.

Outro aspecto a ser lembrado é o fato de que os exercícios surtirão mais efeito se você suprir o organismo com uma carga suficiente de proteínas. A atividade física promove a produção dos hormônios do crescimento, que constroem os músculos, mas isso somente ocorrerá se houver "tijolos" suficientes – ou seja, proteínas. Você deve, portanto, ingerir proteínas pouco após o início dos exercícios ou no máximo uma hora e meia depois – principalmente se praticar levantamento de pesos.

Perda de gordura versus *perda de peso*

Nosso objetivo é a perda de gordura ou a perda de peso? Se você perder peso em conseqüência da perda de massa muscular, sua taxa metabólica basal se reduzirá e, após algum tempo, seu peso aumentará. Por outro lado, se você ganhar peso em razão do aumento de massa muscular, seu metabolismo também se elevará, e isso representa um resultado positivo. Não é, portanto, o peso que importa, e sim aquilo que o constitui.

O organismo é composto de água, ossos, órgãos, músculos e gordura. A quantidade de gordura varia bastante dentro da faixa considerada normal. Isso significa, para os homens, entre 16% e 18% de gordura. Somente atletas de alta performance apresentam índices inferiores a esses números. Nas mulheres, a proporção de 20% a 22% de gordura é considerada ideal. A análise do percentual de gordura, e não do peso absoluto, é uma forma muito mais correta de avaliar a saúde. O meio mais simples de determinar se você perdeu gordura é a análise do índice de massa corporal e a medida de sua cintura, especialmente se você apresentar muita gordura abdominal. Após essa explicação, continuarei a me referir à perda de gordura como perda de peso, que é uma expressão mais familiar, mas espero que você tenha compreendido e recorde a importância da diferença.

7 Doenças da vida moderna

Se mais pessoas dessem aos alimentos, à alegria e às canções valor maior que ao ouro acumulado, este seria um mundo mais feliz.
J.R.R. Tolkien (1892-1973)

O número de pessoas portadoras das chamadas doenças da vida moderna aumenta a cada dia – mesmo nos países em desenvolvimento. A Organização Mundial da Saúde (OMS) alerta: a obesidade, em termos mundiais, é um problema muito maior que a desnutrição. Além da ameaça representada pela obesidade, verifica-se o crescimento do número de pessoas que sofrem de diabetes do tipo II – tantas, na verdade, que o fato ganha, justificadamente, as proporções de uma epidemia.

Grande parte do mundo ocidental segue as tendências dos Estados Unidos, cuja população tem mais obesos que qualquer outro país. Estudos recentes demonstram, entretanto, que essa característica não apenas afeta as nações industrializadas como também países que até pouco tempo atrás adotavam um estilo de vida mais tradicional. Cerca de 44% das mulheres negras da África do Sul, por exemplo, estão acima do peso. Na Noruega, estudos feitos em 1986 e 1997 mostraram que, de meados dos anos 1980 até meados dos anos 1990, a obesidade dos indivíduos cuja idade se situava na faixa dos 20 anos aumentou de 7,5% para 14% entre os homens e de 13% para 17,8% entre as mulheres. Cerca de 10% de todos os noruegueses são obesos.

A obesidade infantil é ainda mais estarrecedora. Cerca de 75% de todas as crianças entre 10 e 11 anos de idade que apresentam índice de massa corporal (IMC) superior a 23 terão sérios problemas de peso quando atingirem a idade adulta. E, conforme demonstram muitos estudos, crianças obesas correm maior risco de desenvolver diabetes e doenças coronarianas também na idade adulta.

Índice de massa corporal (IMC)

O IMC é um indicador geral das condições do peso. Leva em conta a altura, mas não considera a composição do peso. Uma pessoa que tem muitos músculos – um halterofilista, por exemplo – talvez apresente IMC acima da média, mas isso não significa que precisa perder peso.

Esta é a forma de calcular o IMC:
O peso em quilogramas dividido pela altura ao quadrado.
Assim, uma pessoa de 100 quilos e 1,80 metro de altura tem IMC de 31 (1,80 x 1,80 = 3,24; 100 ÷ 3,24 = 30,86).

Definição de sobrepeso e obesidade:
IMC entre 19 e 25: peso normal.
IMC entre 25 e 30: sobrepeso.
IMC entre 30 e 35: estágio 1 de obesidade.
IMC entre 35 e 40: estágio 2 de obesidade.
IMC acima de 40: estágio 3 de obesidade.

Obesidade – um problema maior que a desnutrição
A obesidade se relaciona a:

diabetes do tipo II;
doenças coronarianas;
hipertensão sanguínea;
colesterol e triglicérides altos;
problemas de vesícula;
inflamação das articulações (como a artrite);
algumas formas de câncer.

O diabetes e o excesso de peso

A explicação para a correlação entre obesidade e diabetes do tipo II é simples: ambos são causadas pelo mesmo distúrbio hormonal – a resistência à insulina. A maioria dos portadores de hipertensão sanguínea, alta contagem de lipídios no sangue e doenças coronarianas pertence a um grupo de pessoas predispostas ao diabetes e à obesidade. O diabetes é a doença de maior custo por paciente devido à longa duração do tratamento, além de levar a uma série de outras complicações, o que gera a necessidade do uso de recursos de alta tecnologia.

O diabetes e os problemas coronarianos são as doenças que têm mais possibilidade de alastrar-se mundialmente por volta de 2020. Existiam, no ano 2000, 130 milhões de diabéticos no planeta. A estimativa para 2025 é estarrecedora: 300 milhões. Esse aumento é mais significativo nos países em desenvolvimento, onde o número de diabéticos provavelmente vai triplicar no período de 1997 a 2010. Nos Estados Unidos, cerca de 50% da população tem problemas de saúde em razão de excesso de peso e obesidade. Mas a obesidade, as doenças coronarianas e o diabetes podem ser prevenidos! É alarmante constatar como se investe pouco dinheiro na prevenção dessas doenças – em contraste com as gigantescas somas gastas no tratamento delas. As pesquisas mostram que as pessoas que apresentam sobrepeso e emagrecem entre 5% e 15% obtêm benefícios substanciais, como redução dos índices de lipídios e de açúcar do sangue, além de diminuição da pressão sanguínea.

Eu costumo recomendar àqueles que precisam perder mais de 10 quilos que o façam sob orientação médica, dando preferência a um especialista na área de nutrição e metabolismo. É importante que o médico demonstre interesse genuíno por seu caso, sobretudo se você estiver muito acima do peso ou for obeso (IMC superior a 30) ou ainda se tiver algum outro problema, como diabetes e doenças cardiovasculares. Nesse caso, é quase sempre necessário recorrer a especialistas de outras áreas, além de seu médico. Um nutricionista clínico, um psicólogo e um terapeuta comportamental, bem como um *personal trainer*, podem ser de grande ajuda.

O diabetes e o controle dos níveis de açúcar

Enquanto a perda de peso é um objetivo importante para as pessoas que apresentam sobrepeso e diabetes do tipo II, o controle dos níveis de açúcar é vital – e, nesse caso, a utilização do índice glicêmico tem mostrado excelentes resultados com relação a ambos os tipos de diabetes.

O tipo I é causado pela redução da produção de insulina, e seus portadores são dependentes de injeções desse hormônio. O diabetes do tipo I é normalmente diagnosticado em crianças e adolescentes, mas aparece também em adultos. Os diabéticos do tipo I são, de modo geral, magros, mas podem ser também geneticamente propensos à resistência à insulina. Nesse caso, a pessoa requer uma dose muito mais alta do hormônio para manter os índices de açúcar do sangue dentro dos limites de segurança e corre o risco de acumular gordura em torno do abdômen em razão dessa condição, além de desenvolver outros problemas inerentes à resistência à insulina. A dieta grega, cuja carga glicêmica é baixa, assegura a estabilidade da curva dos níveis de açúcar após as refeições, e isso torna muito mais fácil a previsão das dosagens necessárias de insulina. Essa forma balanceada de alimentação também evita grandes variações dos níveis de açúcar e, conseqüentemente, elimina maiores flutuações da necessidade de insulina, bem como o perigo da hipoglicemia (drástica redução dos níveis de açúcar).

A resistência à insulina – ou seja, a falta da atuação correta desse hormônio – é a principal causa do diabetes do tipo II, antigamente chamado de diabetes adulto. Sua origem é em parte genética e em parte relacionada a estilos de vida inadequados: poucos exercícios e alimentação mal balanceada. Após muitos anos de resistência à insulina e de superprodução desse hormônio, algumas pessoas desenvolvem diabetes quando o pâncreas começa a falhar. Se você tem algum parente com diabetes do tipo II, sua chance de desenvolver a doença é de cerca de 40% – e por isso um estilo saudável de vida, com boa alimentação, exercícios regulares e baixo estresse (bem como a eliminação do tabagismo e do excesso de bebida alcoólica), é tão importante.

Seguindo a dieta grega, os diabéticos ganham amplo controle sobre os níveis de açúcar do sangue, o que, por sua vez, reduz a necessidade de insulina, tanto a derivada de injeções quanto a produzida pelo próprio organismo. Isso significa que muitas pessoas portadoras de diabetes do tipo II são capazes de sobreviver normalmente sem nenhum tipo de tratamento com insulina mesmo após o uso prolongado da substância. Outras conseguem sobreviver sem medicação para diabéticos. É possível também evitar o aparecimento de complicações relacionadas à doença, tais como problemas nos rins, nos olhos, nos nervos e doenças cardiovasculares.

A síndrome X e a resistência à insulina

Sessenta anos atrás, um médico chamado H.P. Himsworth escreveu um artigo no jornal *The Lancet* a respeito de uma disfunção hormonal que batizou de "hiperinsulinemia hiperativa crônica" (elevada produção de insulina) e resistência à insulina (defesa do organismo contra a produção excessiva de insulina). De acordo com Himsworth, a superprodução do hormônio insulina era a causa de diversas doenças. Cinqüenta anos se passaram até que essa teoria fosse cientificamente comprovada pelas pesquisas médicas. Em artigo publicado na revista de medicina *Diabetes* em 1988, G.M. Reaven descreveu as formas como a produção excessiva de insulina e a resistência a esse hormônio estavam conectadas a várias doenças. Ele deu a essa condição o nome de síndrome X. Após a publicação do artigo, houve grande avanço nas pesquisas sobre a relação entre a hiperinsulinemia e a resistência à insulina – bem como as doenças que elas acarretam. Em 1983, cerca de 300 artigos científicos foram publicados ligando a insulina a diversas doenças. No final de 2004, mais de 21 mil artigos já haviam sido publicados sobre o assunto. A disfunção recebeu outros nomes além de síndrome X, tais como síndrome metabólica e síndrome de resistência à insulina.

Estudos recentes realizados na Inglaterra mostram resultados surpreendentes: uma pequena elevação dos níveis de açúcar do sangue leva ao aumento da taxa de mortalidade até mesmo entre aqueles que não sofrem de diabetes. Um artigo publicado no *British Medical Journal* em janeiro de 2001 sobre um estudo feito com 4.662 homens monitorados de 1995 a 1999 detectou forte relação entre elevados níveis de açúcar e doenças coronarianas. Muitas pessoas saudáveis, que não sofrem de diabetes, apresentam pequeno ou moderado aumento dos níveis de açúcar do sangue, e isso é considerado normal. A causa do fenômeno é uma dieta rica em alimentos de alto teor glicêmico. Esse estudo demonstra que existe relação mais forte entre níveis elevados de açúcar e o aumento dos índices de mortalidade do que os casos que apresentam altos níveis de colesterol.

O que exatamente um pequeno aumento dos níveis de açúcar causa em nosso organismo? Esse pequeno aumento estimula a produção de insulina e, ao longo do tempo, favorece a resistência a esse hormônio, além de acelerar o processo de envelhecimento. A alta produção de insulina e a resistência a ela são as causas de uma série de doenças conhecidas, várias das quais podem resultar em morte prematura.

Problemas associados com a resistência à insulina

- Obesidade (especialmente excesso de peso em torno do abdômen mesmo que o resto do corpo tenha aparência normal).
- Diabetes do tipo II nos estágios iniciais (reduzida tolerância à glicose).
- Hipertensão sanguínea.
- Altos níveis de triglicérides (teor de gordura do sangue) ou baixos índices de colesterol HDL (o "bom" colesterol).
- Altos níveis de ácido úrico (doenças renais e gota).
- Aumento do risco de trombose (ataque cardíaco e derrame).
- Infertilidade feminina, cistos ovarianos, menstruação irregular e produção elevada de pêlos corporais.

A hiperinsulinemia e a resistência à insulina são também apontadas como causas do aumento do risco de incidência de diversas formas de câncer (a insulina, como fator de estímulo do crescimento celular, pode levar à formação de tumores). Está bem documentada, entre outras, a incidência de câncer de mama e de cólon.

Devido ao aumento dos "maus" icosanóides, a insulina favorece a manifestação de doenças inflamatórias, como asma, alergias, problemas reumáticos, musculares e ósseos, psoríase, mal de Crohn, colite, enxaqueca e pré-eclampsia. Tais sintomas pioram com o consumo exagerado dos tipos errados de gordura (excesso de ômega-6 e de gorduras muito processadas em relação ao ômega-3).

Remédios que podem causar resistência à insulina

Alguns medicamentos de uso bastante difundido podem agravar os sintomas ou até mesmo causar a resistência à insulina e os problemas dela decorrentes, inclusive o aumento de peso. Isso abrange remédios comuns, vendidos sem necessidade de receita médica, analgésicos e antiinflamatórios para aliviar dores de cabeça, febre, dores reumáticas, certos tipos de medicação para pressão alta, alguns diuréticos, hormônios femininos prescritos durante e após a menopausa, injeções de insulina ou medicamentos para diabetes que aumentam a produção de insulina. Diversos remédios para tratamentos nervosos podem também elevar os níveis de insulina e aumentar o apetite. Você nunca deve alterar a dosagem nem suspender a administração dessas drogas sem consultar seu médico. Talvez existam substitutos, mas se houver de fato necessidade de consumir esses remédios será ainda mais importante manter uma alimentação saudável e a prática de exercícios.

O que provoca a síndrome de resistência à insulina?

Há grande volume de informações sobre essa síndrome. Sabemos, entre outras coisas, que existe uma condição genética, mas, embora esse seja um fator importante, os maus hábitos alimentares e a falta de atividade física determinam as possibilidades de a pessoa desenvolver a síndrome e até que ponto será afetada por ela.

A resistência à insulina é uma doença comum?

Diversos estudos indicam que pelo menos de 25% a 30% das pessoas de origem caucasiana são geneticamente predispostas ao aumento da produção de insulina e à resistência a esse hormônio. Os habitantes da Índia, da África e da América do Sul têm inclinação muito maior para a resistência à insulina. Oitenta por cento de algumas dessas populações apresentam predisposição à síndrome. Em artigo publicado em 1998 na revista *Diabetes*, E. Bonora e sua equipe chegaram aos seguintes dados em relação à resistência à insulina (homens e mulheres entre 40 e 79 anos de idade):

- 65,9% de todos os indivíduos têm baixos níveis de tolerância à glicose (estágio inicial do diabetes do tipo II).
- 83,9% de todos os indivíduos apresentam diabetes do tipo II.
- 53,5% das pessoas têm altos níveis de colesterol.
- 84,2% das pessoas apresentam índices altos de triglicérides.
- 88,1% dos pesquisados têm baixos níveis de colesterol HDL.
- 62,8% dos indivíduos revelaram índices altos de ácido úrico.
- 58,0% das pessoas sofrem de hipertensão sanguínea.

De todos os pesquisados, 9,6% têm resistência à insulina sem apresentar nenhum dos sintomas mencionados acima. Todos os anos, mais da metade das mortes ocorridas nos Estados Unidos está relacionada com a resistência à insulina.

Você tem resistência à insulina?

Existem muitas formas de medir a resistência à insulina. A mais fácil é olhar-se no espelho. Se seu abdômen for protuberante em relação ao resto do corpo, você pode estar predisposto ou até mesmo já ter desenvolvido a doença.

Outra forma é utilizar uma fita métrica. Meça sua cintura, colocando a fita métrica sobre o umbigo, e tome nota. Meça agora os quadris, colocando a fita sobre a articulação com o fêmur, e anote. Agora divida a medida da cintura pela medida do quadril. Se o resultado for maior que 0,85 e você for mulher ou maior que 1,0 e você for homem, provavelmente sua produção de insulina é excessiva ou você tem resistência à insulina.

Se seu IMC for superior a 30, será mais que provável que você apresente resistência à insulina. O mesmo se aplica caso esteja nos estágios iniciais do diabetes do tipo II ou já tenha desenvolvido a doença.

Peça ao médico para mapear os níveis de açúcar de seu sangue durante determinado período de tempo (exame conhecido como HBA1C) e também em jejum (peptídeos C – exame que mede a produção de insulina e deve ser realizado pela manhã, com o estômago vazio. Os níveis normais são de 240 a 720 pmol/L) e talvez ainda os níveis de ácido úrico, produto derivado do metabolismo que aumenta em razão da resistência à insulina. Esses exames são mais relevantes do que os testes que medem os níveis de colesterol. Se fizer exame de colesterol, entretanto, peça os níveis de HDL, LDL e triglicérides (não somente o colesterol total). A resistência à insulina está associada à incidência de altos níveis de triglicérides e de baixos níveis de colesterol HDL (o tipo benéfico).

O paradoxo americano

Até 1997, quando a Organização Mundial da Saúde disparou o alarme e apontou a obesidade como uma epidemia mundial, acreditava-se que esse fosse um problema exclusivamente dos Estados Unidos. Embora a obesidade ainda seja um grande problema para a população americana, os demais países rapidamente chegam aos mesmos níveis.

No começo do século XX, entre 20% e 25% da população norte-americana estava acima do peso. Em 1930 esse número chegou a 35%, e havia 8% de obesos.Um estudo mais aprofundado feito nos Estados Unidos pelo Centro Nacional de Estatística da Saúde, órgão do Centro de Controle e Prevenção de Doenças (CDC, entidade mundialmente reconhecida), mostrou que de 1960 a 1980 cerca de 25% dos americanos eram considerados obesos. Esse número elevou-se drasticamente para 33% entre 1980 e 1991 – o que representa um aumento de 32% em apenas dez anos. Ainda que o consumo de gordura tenha diminuído, essas porcentagens são estarrecedoras – para dizer o mínimo.

Faça o teste: você está no grupo de risco da síndrome X?

Este teste pode ajudá-lo a descobrir se você tem alta produção de insulina ou resistência à insulina ou ainda se existe essa predisposição em seu organismo. Faça um círculo em torno da opção que mais se aproxima de seu caso e depois some os pontos.

Parte 1: histórico familiar e médico

Um ou mais dentre meus pais ou avós têm ou tiveram:

Hipertensão sanguínea	3
Diabetes do tipo II	3
Derrame	3
Doenças cardíacas	3
Câncer (de ovário, mama ou útero)	3
Excesso de gordura abdominal	3
Rápido aumento de peso	3
Altos níveis de colesterol ou triglicérides	3

Eu tenho ou tive:

Hipertensão sanguínea	4
Diabetes do tipo II	4
Derrame	4
Doenças cardíacas	4
Câncer (de ovário, mama ou útero)	4
Excesso de gordura abdominal	4
Rápido aumento de peso	4
Altos níveis de colesterol ou triglicérides	4

Eu tenho:

Menos de 35 anos de idade	0
Entre 35 e 49 anos de idade	2
Entre 50 e 64 anos de idade	4
65 anos de idade ou mais	6

Eu estou:

Com peso normal	0
Cerca de 10 quilos acima do peso	2
Entre 10 e 20 quilos acima do peso	4
Mais de 20 quilos acima do peso	6

Eu tomo diariamente os seguintes medicamentos:

Hormônios	3
Antiinflamatórios sem esteróides	3
Diuréticos	3
Betabloqueadores (para o coração)	3

Parte 2: nutrição

Eu freqüentemente me canso ou sinto fome no meio do dia	3
Eu freqüentemente faço um lanche no meio da noite	3
Eu freqüentemente como doces com ou sem açúcar	3
Eu bebo café ou chá com leite, açúcar ou adoçante entre as refeições	2
Costumo beber refrigerantes entre as refeições	2
Fico faminto a toda hora e por isso como batatas fritas, biscoitos ou doces	4
Costumo ingerir alimentos de altos teores de gordura quase todos os dias	2

Eu costumo comer todos os dias, em cada refeição: pão, massa, arroz ou outra fonte de amido, frutas ou doces	4
Eu freqüentemente me alimento sem estar com muita fome	2
Se eu começar a comer alimentos ricos em açúcar ou amido ou guloseimas, acho difícil parar	2
Uma refeição composta somente de carne e vegetais não me satisfaz	2
Sempre que me sinto cansado, um biscoito ou um pedaço de bolo me faz sentir melhor	2
Em geral não como vegetais nem salada se houver batatas, massas, pães ou sobremesa	2
Fico cansado, preguiçoso até, após uma refeição farta em pães, massas ou batatas e sobremesa, mas sinto mais energia se comer carne ou peixe e uma salada verde	3
Se eu tiver de pular ou atrasar uma refeição, fico bastante irritado	2

Parte 3: nível de atividade (circule a opção que melhor se aplica a você)

Eu sou fisicamente ativo	0
Eu sou moderadamente ativo	2
Eu não sou fisicamente ativo	6
Eu me sinto cansado e fisicamente fraco	3

Parte 4: nível de estresse (circule apenas as opções com as quais você concorda)

Sempre sinto confusão mental ou cansaço	2

Passo por situações de estresse na vida cotidiana:

Nunca ou raramente	0
No trabalho, mas não em casa	2
Em casa, mas nunca no trabalho	3
Tanto em casa quanto no trabalho	6

Eu fumo:

Nunca	0
Menos de um maço de cigarros por dia	2
Entre um e dois maços por dia	4
Mais de dois maços por dia	8
Charutos ou cachimbo	2

Eu bebo cerveja, vinho ou outras bebidas:

Raramente	0
Às vezes, e em grande quantidade	1
Uma ou duas vezes por semana	1
Uma vez por dia	2
Duas ou mais vezes por dia	4

Parte 5: sistema imunológico (circule apenas as condições que afetam você)

Indigestão	4
Sinusite crônica	3
Rinite alérgica	3
Alergias em geral	3
Infecções	3
Sensibilidade a substâncias químicas	3
Eczema ou pruridos, psoríase ou assaduras	3
Asma	3

Agora some seus pontos

O resultado indica as probabilidades de você ter resistência à insulina:

0-16: provavelmente fora de risco.
17-20: baixo risco.
21-25: entre médio e alto risco.
Acima de 26: alto risco.

Durante os últimos cinqüenta anos, os alimentos de baixos índices de gordura têm sido considerados saudáveis nos Estados Unidos. As normas oficiais de nutrição recomendam que as fontes de energia sejam principalmente os carboidratos, na proporção de 55% a 60%, 15% de proteínas e entre 25% e 30% de gordura, de preferência gordura insaturada (de óleos vegetais e peixes). A atenção se concentra na quantidade de calorias e de gordura, e não no tipo de alimento nem em suas funções. O resultado disso foi o lançamento, pela indústria alimentícia (capitaneada pelos Estados Unidos e seguida por fabricantes do mundo todo), de uma enorme gama de produtos de baixos teores de calorias, principalmente de teores de gordura baixíssimos ou inexistentes. Em diversos produtos de baixas calorias, a gordura foi substituída por uma proporção maior de carboidratos (amido e diversos tipos de açúcar). O aumento da obesidade e das doenças da vida moderna, apesar do menor consumo de gordura, é conhecido como "o paradoxo americano".

A conexão do colesterol

Tanto na Europa quanto nos Estados Unidos, a ingestão de gorduras tem diminuído, desde o início do século XX, como resultado de uma campanha contra os riscos dos altos níveis de colesterol. Estudos iniciais sobre o problema sugeriam um risco maior de doenças cardíacas, e as pessoas começaram, portanto, a evitar os alimentos que pudessem elevar o colesterol, como gemas de ovos, carne vermelha, frango e frutos do mar.

Certas quantidades de colesterol são necessárias, e o próprio organismo as produz, pois ele faz parte da membrana celular e é também usado na formação dos hormônios, entre outras funções. Mas o excesso do tipo de colesterol chamado de lipoproteína de baixa densidade (LDL) tem sido relacionado ao risco de arteriosclerose (endurecimento das artérias), condição que pode resultar em ataque cardíaco. Quando o colesterol LDL se oxida, tem início um processo inflamatório que, por conseqüência, forma placas, ou seja, depósitos de material endurecido que se prendem às paredes das artérias e bloqueiam o fluxo normal do sangue. Isso significa que a mera existência de níveis elevados de colesterol LDL não basta para desenvolver doenças cardíacas. Se a oxidação do organismo aumentar, então, sim, o colesterol LDL se tornará um problema.

O colesterol encontrado naturalmente nos alimentos é absorvido e reduz as quantidades de colesterol produzido pelo fígado. A diminuição do consumo de alimentos ricos nessa substância, portanto, não resultará na redução dos níveis de colesterol sanguíneo. O fígado simplesmente aumenta a produção de acordo com a necessidade. As novas e potentes drogas chamadas "estatinas" influenciam diretamente o colesterol produzido pelo organismo e, o que é mais importante, são também potentes antioxidantes que reduzem a quantidade de colesterol LDL oxidado. Se o colesterol contido nos alimentos fosse um fator decisivo, não seria possível reduzir os níveis de produção do organismo com a utilização desses novos medicamentos.

É quando o organismo produz colesterol em excesso que o problema realmente aparece, e agora sabemos que o hormônio insulina estimula a produção de colesterol, aumentando a atividade da enzima que as "estatinas" inibem. Quando ingerimos os tipos errados de carboidrato, além de gorduras saturadas e superprocessadas, estimulamos a produção de insulina, que por sua vez leva à produção elevada de colesterol, principalmente das pequenas e densas partículas de LDL, tão problemáticas em termos de doenças cardíacas. É o excesso do consumo de carboidratos altamente glicêmicos, além de *fast food* e refrigerantes, que está na raiz da explosão de problemas relacionados com a obesidade mundial.

A dieta mediterrânea

É bem conhecido o fato de que as pessoas originárias da maioria dos países mediterrâneos são mais magras, especialmente em comparação com os habitantes dos países do norte e da região central da Europa (embora a globalização do *fast food* americano talvez em breve mude isso). Os países mediterrâneos também têm baixa incidência de doenças coronarianas. Os habitantes da ilha grega de Creta apresentam a menor taxa de obesidade e de doenças cardíacas. Isso gerou enorme interesse da comunidade científica mundial, tanto de médicos quanto de cientistas, e por fim resultou em grande número de pesquisas.

Um extenso estudo feito nos anos 1970 (chamado de "o estudo dos sete países") concluiu que o estilo de vida da região mediterrânea é a razão das boas condições de saúde de seus habitantes.

A dieta dos povos do Mediterrâneo se caracteriza pela baixa ingestão de gorduras saturadas (laticínios e carnes), pela ausência de consumo de gorduras processadas, pelo baixo consumo de gorduras ômega-6 e pelo alto consumo de gorduras monoinsaturadas (azeite de oliva e castanhas, por exemplo) e de gorduras ômega-3 (peixes). Acima de tudo, eles comem grande quantidade de sementes (feijões, ervilhas, lentilhas) e fibras vegetais. Alimentam-se ainda de massas e de arroz, mas sua dieta contém pouca batata e pouco pão (que é consumido *com* as refeições, e não como refeição).

A baixa incidência das doenças da vida moderna nos países mediterrâneos, apesar da ingestão de gordura relativamente alta (embora insaturada), é comumente conhecida como "o paradoxo mediterrâneo". Tudo isso prova que existe muito mais na base da epidemia mundial de obesidade e de diabetes do que apenas o alto consumo de gordura.

Estresse – o assassino dos dias atuais

Você se sente estressado de vez em quando ou durante a maior parte do tempo? Não se preocupe, você não está sozinho. É impossível sobreviver nos dias de hoje sem experimentar o estresse. E essa é exatamente a razão pela qual ele se desenvolveu através da evolução das espécies: como um mecanismo de sobrevivência. Vamos supor que você seja um antílope que está pastando calmamente na savana africana, sem incomodar ninguém, quando de repente é atacado por um leopardo. Você tanto pode atacar o leopardo (uma decisão não muito sábia, convenhamos) quanto fugir, que é a única forma de garantir sua sobrevivência. Para escapar, você precisa correr muito depressa e ficar extremamente alerta. Isso seria impossível se seu organismo não estivesse pronto para reagir apropriadamente ao perigo. Você não é um antílope, claro, mas todos os animais, inclusive os seres humanos, possuem esse mesmo mecanismo de reação ao perigo.

Quando nos encontramos frente a frente com um perigo potencial – ou, do ponto de vista do leopardo, com uma oportunidade –, o corpo reage liberando uma série de hormônios cujo objetivo é auxiliar a sobrevivência. Quase na velocidade da luz, as grandes quantidades de reações químicas que ocorrem no organismo fazem parte dessa reação de atacar ou fugir. O coração bate mais rápido, a pressão sanguínea dispara, começamos a transpirar e ficamos em atitude muito alerta. Todos esses sinais fazem parte da fase de "alarme" da reação do estresse, "patrocinada" por um hormônio produzido na camada interna (medula) das glândulas supra-renais, a boa e velha adrenalina, também chamada de epinefrina.

Vamos ver agora o que mais é preciso para correr bem depressa e escapar do leopardo – ou alcançar o antílope. Você adivinhou: energia. Ela é fundamental para toda e qualquer reação química que ocorre no universo, até mesmo as reações que liberam energia como resultado. De onde vem nossa energia? Bem, já que não nascemos com uma tomada elétrica presa no corpo, nós mesmos devemos fornecer a ele a energia necessária. De acordo com uma das mais importantes leis da física, a energia não pode ser criada nem extinta – pode apenas ser convertida de uma forma a outra. A energia necessária para o funcionamento do corpo, para atacar ou fugir, terá de vir de alguma fonte – e essa fonte são os alimentos. Quando encontramos uma situação de estresse, precisamos de um suprimento imediato de energia para lidar com o perigo ou a oportunidade iminente. Mas para o antílope (e nossos ancestrais) essa não é uma boa hora para comer, portanto a energia precisa vir de outro lugar. Essa é uma das razões por que armazenamos energia. Quando estamos sob estresse, o corpo libera essa energia extra necessária graças ao efeito de outro hormônio, o cortisol, produzido na camada externa (córtex) das glândulas supra-renais. Esse é o hormônio primário do estresse, sem o qual a sobrevivência seria impossível na savana africana.

Mas espere um minuto: o que acontece quando você fica estressado porque vai chegar atrasado ao trabalho ou porque somente agora percebeu que não conseguirá entregar aquele relatório no prazo determinado? Você também fica estressado quando está preso no trânsito, cheio de contas para pagar ou seus filhos fazem muito barulho? Bem, o organismo reage da mesma maneira que o antílope quando enfrenta o leopardo. O único problema é que você não pode fugir do trânsito, de suas crianças, das contas nem dos problemas de trabalho. A fuga fornecia ao antílope (e aos primeiros seres humanos) a reação necessária para resolver a situação de estresse e encontrar alívio.

Após conseguir escapar do perigo, nosso antílope voltaria ao pasto calmamente, e a reação de estresse se tornaria coisa do passado. A diferença com relação a nós e à vida moderna é o fato de que nossas reações mais comuns de estresse raramente nos dão oportunidade de atacar ou fugir, ou seja, a parte física que deveria completar tais reações. Isso provoca a elevação constante dos níveis dos hormônios do estresse, a adrenalina e o cortisol. Ficamos gradualmente presos à situação de estresse crônico. Os sintomas lentamente começam a tomar conta de nós: uma gordurinha extra em volta da cintura, a redução do apetite sexual, baixos níveis de energia, dificuldade de concentração e até a memória, que já não é a mesma de antes. Você talvez pense que tais sintomas são apenas o resultado inevitável do envelhecimento. Pense de novo: esses são sinais de estresse crônico, pois há de fato muitas crianças e pessoas jovens que sofrem com o mesmo problema nos dias de hoje.

O estresse e as doenças crônicas

O estresse crônico, com a constante elevação dos níveis de cortisol que lhe é característica, tornou-se uma das principais causas de muitas doenças da vida moderna. Você encontrará em seguida uma relação rápida, e incompleta, das doenças e condições médicas associadas à superprodução desse hormônio:

- Forte desejo de comer carboidratos e aumento de apetite (obesidade).
- Aumento da gordura abdominal (diabetes do tipo II, obesidade, doenças cardíacas e câncer).
- Hipertensão sanguínea (doenças cardíacas).
- Altos níveis de triglicérides e baixo colesterol HDL (doenças cardíacas).

- Redução de massa muscular e de metabolismo (obesidade e osteoporose).
- Ansiedade, depressão e mudanças de humor.
- Redução da libido.
- Redução de massa óssea (osteoporose).
- Dificuldade de aprendizado e perda de memória (mal de Alzheimer).
- Enfraquecimento do sistema imunológico e infecções freqüentes.
- Aumento de sintomas de TPM, bem como de sintomas de menopausa.

Como os alimentos causam estresse

Você sabia que os alimentos podem, de fato, causar estresse? Quando você ingere alimentos que provocam rápido e agudo aumento dos níveis de açúcar de seu sangue (que têm alta carga glicêmica), a insulina é produzida em excesso para assegurar que esses níveis voltem ao normal rapidamente. O cérebro depende de um fluxo estável de açúcar para produzir energia e não se dá bem com níveis altos nem baixos. Níveis de açúcar que caem com rapidez no período de 45 minutos a duas horas após a ingestão de alimentos de alto teor glicêmico são potencialmente perigosos para o cérebro. De fato, os níveis de açúcar caem com freqüência, pouco abaixo dos níveis encontrados durante o jejum, duas horas após a ingestão de alimentos altamente glicêmicos, e essa reação se chama "hipoglicemia pós-refeição". Se não se fizer alguma coisa para estabilizar os níveis de açúcar rapidamente, a situação poderá agravar-se para uma hipoglicemia mais profunda, e haverá o risco de sofrer tonturas e desmaios. O corpo interpreta essa situação como estresse – e (você acertou) as glândulas supra-renais começam a produzir adrenalina e cortisol, a reação universal ao perigo.

Lembra-se do que eu disse antes sobre esses hormônios? Eles nos fornecem a energia extra necessária para reagir durante o estresse.

Mas de que forma fazem isso? Para estabilizar os níveis de açúcar em queda, a adrenalina e o cortisol decompõem glicogênio do fígado (açúcar armazenado) para liberar glicose, tecido adiposo para liberar ácidos graxos *e* tecido muscular para liberar aminoácidos, que são então convertidos em glicose para gerar energia. Se você sempre consome alimentos altamente glicêmicos, vai acarretar uma montanha-russa para os níveis de açúcar do sangue e provocar o estresse crônico, reduzindo a massa muscular e, em conseqüência, o metabolismo. Isso monta o cenário perfeito para o aumento de peso, o diabetes, as doenças cardíacas e o câncer.

Mas isso não é tudo: como os níveis de adrenalina e cortisol aumentam em resposta ao estresse, os índices de outro hormônio das supra-renais, o DHEA, e da testosterona se reduzem, o que leva à diminuição do apetite sexual e à perda de massa muscular e óssea, desacelerando o metabolismo e elevando o risco de osteoporose.

Talvez você se pergunte se não estaríamos melhor sem o cortisol e sem a insulina. Níveis normais desses hormônios, no entanto, não acarretam nenhum problema, na verdade não conseguiríamos sobreviver sem eles. A insulina é necessária para o controle dos níveis de açúcar e o armazenamento de energia e o cortisol é indispensável para a restauração do suprimento da energia gasta com o estresse. É o excesso crônico desses hormônios que causa todos os males.

O ponto essencial, portanto, é o equilíbrio, que mantém tanto a insulina quanto o cortisol em níveis nem muito altos nem muito baixos. Índices constantemente elevados de cortisol e insulina nos conduzem a um ciclo de armazenamento de gordura e redução de massa muscular, reduzindo gradualmente o metabolismo e talvez provocando resistência à insulina. Creio que todos podemos concordar num ponto: não faz sentido expor nosso organismo ao estresse apenas porque escolhemos os alimentos errados.

Alimentos reconfortantes

Elevados níveis de cortisol aumentam o apetite e o desejo de consumir açúcar, bem como alimentos de alto teor glicêmico em combinação com gorduras (sorvetes, chocolates e outros doces). Você provavelmente já notou que é capaz de ficar o dia todo sem se alimentar para comer, em excesso, as coisas que mais aprecia quando pode relaxar, à noite, na frente da TV. Esse é o resultado dos altos níveis de estresse e de cortisol ocorridos durante o dia de trabalho. Os alimentos ricos em carboidratos e gorduras são relaxantes, calmantes e até antidepressivos. Eles aumentam os níveis de serotonina e endorfina do cérebro, que caem quando os índices de cortisol se elevam.

É interessante observar que existe apenas um alimento natural para nós, seres humanos, tão rico em carboidratos e gorduras: o leite materno. Cerca de 50% das calorias encontradas no leite materno derivam de gorduras (em proporções bastante equilibradas entre saturadas, monoinsaturadas e poliinsaturadas), 42% derivam de carboidratos de médio teor glicêmico (lactose) e 8% de proteínas. Os alimentos naturais integrais são ricos em carboidratos e pobres em gorduras (frutas silvestres, grãos e sementes), ricos em gorduras e pobres em carboidratos (castanhas, azeitonas e abacates) ou ricos em proteínas e em gorduras, com ausência quase total de carboidratos (carne vermelha, carne de peru, ovos, peixes e frutos do mar).

Você somente encontrará uma combinação de alto teor de carboidratos e também de gorduras nos alimentos processados, feitos pelo homem. Assim como o leite materno, esses alimentos nos fornecem uma sensação gostosa de prazer e calma, e é claro que gostamos de experimentá-la com freqüência. O estresse e os altos níveis de cortisol provocam o desejo de comer sempre essas coisas, o que gera altos níveis de insulina, armazenamento de gordura abdominal e risco de desenvolver diabetes, doenças cardíacas e câncer.

O cortisol e o relógio biológico

A produção de cortisol segue um ritmo cíclico natural: os níveis mais altos ocorrem pela manhã bem cedo, quando acordamos, e caem gradualmente ao longo do dia, chegando aos índices mais baixos no final da tarde e na primeira parte da noite. Os obesos e os diabéticos não têm necessariamente uma produção total de cortisol mais elevada, mas podem apresentar padrões alterados, com um ou mais picos durante o dia e à noite. Isso interfere no metabolismo normal e atrapalha a produção de neurotransmissores como a serotonina e o hormônio do sono, a melatonina, o que resulta em variações de humor e insônia, favorecendo o aumento do apetite, a obesidade e as doenças crônicas.

A conexão entre estresse e inflamação

Além de fornecer ao corpo o combustível necessário para atacar ou fugir em situações de perigo, o cortisol também tem efeitos profundos no controle de vários aspectos do metabolismo, do humor, do sistema imunológico e das reações inflamatórias, da pressão sanguínea, das contrações e dilatações das artérias e da manutenção de músculos, pele, ossos e demais tecidos. A maioria desses processos é mediada pelos icosanóides, os super-hormônios segregados por todas as células do corpo.

Em um organismo normal e saudável, esses processos se desenvolvem suavemente desde que não haja superprodução de cortisol como resultado do estresse crônico. O cortisol suprime a produção tanto de bons quanto de maus icosanóides. Durante períodos de estresse intenso, provavelmente se manifestam sintomas de asma e alergias, psoríase e eczema, enxaqueca, artrite reumatóide e inflamações intestinais. Todas essas condições podem ser aliviadas graças ao simples controle do equilíbrio dos icosanóides, que pode ser obtido com uma dieta balanceada de baixo teor glicêmico, altos níveis de proteína e sem gorduras processadas (óleos vegetais parcialmente hidrogenados encontrados em alimentos industrializados), e graças também ao consumo adequado de ácidos graxos essenciais, como o ômega-3 e o ômega-6.

Até que ponto você está estressado?

Faça este teste para obter uma idéia geral de seu nível atual de estresse. Responda a todas as questões e marque 0 para "não" ou "nunca", 1 para "ocasionalmente" e 2 para "sim" ou "freqüentemente".

Com que freqüência você se sente:

Ansioso ou deprimido?
Agressivo ou zangado?
Confuso ou sobrecarregado?
Inadequado?
Cansado sem razão aparente?

Com que freqüência você:

Fica exposto a situações de estresse (em casa, no trabalho ou em qualquer lugar)?
Tem dificuldade de dormir?
Não consegue dormir oito horas ininterruptamente?
Apresenta baixa libido?
Faz dieta para controlar o peso ou emagrecer?
Sente vontade de comer doces, carboidratos refinados e guloseimas?
Tem memória fraca ou dificuldade de concentração?
Sente dor de cabeça, no pescoço ou nos ombros?
Sofre de azia, enjôo, gazes, diarréia ou prisão de ventre?
Tem infecções como gripes, resfriados, sinusites e problemas de pele?

Você recebeu diagnóstico de:

Altos níveis de açúcar?
Hipertensão sanguínea?
Altos níveis de triglicérides?
Altos níveis de colesterol total e baixos níveis de colesterol HDL?

Um resultado entre 0 e 6 pontos indica níveis baixos ou normais de estresse.
Um resultado entre 7 e 12 pontos indica nível moderado de estresse e necessidade de algumas mudanças no estilo de vida.
Um resultado de 12 ou mais pontos põe você na faixa de risco de desenvolvimento de doenças crônicas devido aos altos níveis de estresse. Seria recomendável buscar ajuda para controlar a situação.

Como lidar com o estresse

De que maneira você lida com o estresse da vida moderna? É óbvio que a tentativa de reduzi-lo é muito importante. Nenhum de nós, entretanto, está imune a situações desgastantes, de modo que aprender a lidar com o estresse é tão importante quanto reduzi-lo ou evitá-lo. Todos os efeitos negativos do excesso de cortisol, bem como da superprodução de insulina, podem ser evitados com técnicas de controle dos níveis de estresse (como meditação, ioga e *tai chi*) e exercícios físicos (para resistência e desempenho), além de uma alimentação saudável, equilibrada e de baixos teores glicêmicos: a dieta grega.

Oxidação e inflamação: a causa de todas as doenças crônicas

A oxidação é basicamente o processo pelo qual as membranas das células ficam danificadas pelo avanço da degeneração. Assim como o ferro se oxida em razão da exposição ao oxigênio, nosso corpo passa por um processo similar. Precisamos de oxigênio para sobreviver, portanto certa degeneração é inevitável e, na verdade, é isso que nos leva à morte natural. Essa degeneração, no entanto, também pode ser causada por uma série de fatores externos, tais como tabagismo, exposição à poluição e consumo de alimentos altamente processados, quimicamente alterados. Ingerindo grande quantidade de alimentos que se oxidam com rapidez, nós envelhecemos prematuramente e ficamos cronicamente doentes. Com isso, aumenta a necessidade de alimentos antioxidantes, tais como castanhas, vegetais, frutas silvestres, ervas e temperos – alimentos esses que trocamos, em nossa dieta moderna, pelo *fast food*.

Envelhecimento, dieta e antioxidantes

Você já se perguntou por que nós envelhecemos? Existem algumas teorias, mas uma das mais importantes e mais plausíveis está centrada nos chamados “radicais livres”. Para compreender essa teoria, é preciso saber como o organismo produz energia. Cada célula contém estruturas microscópicas, as mitocôndrias. Elas são nossas “fábricas de energia”, em que o alimento é processado por meio do oxigênio para fornecer energia. Sem oxigênio e sem alimentos, não haveria metabolismo. Do mesmo modo, porém, que um veículo produz resíduos – fumaça, por exemplo – no processo de utilização do combustível, o organismo também produz dejetos quando metabolizamos os alimentos.

Durante esse processo de oxidação, formam-se substâncias chamadas de radicais livres. Quando o metabolismo funciona perfeitamente, muito poucos resíduos e radicais livres se formam, e o corpo está preparado para absorvê-los sem nenhum dano. Se, por outro lado, ingerimos alimentos inadequados, com muitos aditivos artificiais ou sem as vitaminas e os sais minerais necessários para compensar o dano causado pelos radicais livres, nós produzimos mais toxinas e radicais livres para o organismo combater. Além do mais, esse efeito se multiplica se o organismo for atacado diariamente por substâncias perigosas, como fumaça e produtos químicos.

O que são radicais livres? Para entendê-los melhor, precisamos analisar nossas células. As células do organismo são constituídas de moléculas, que por sua vez são feitas de átomos. Como sabemos, os átomos consistem de prótons e elétrons, que possuem cargas elétricas opostas – os prótons têm carga elétrica positiva, enquanto os elétrons têm carga elétrica negativa. Ambos se atraem mutuamente, como dois ímãs. Quando existe equilíbrio entre eles, todo o sistema externo se encontra eletricamente neutro. Para que a vida ocorra, entretanto, esse sistema necessita ser "perturbado" para liberar energia. Os elétrons são normalmente movidos de um átomo para outro de maneira ordenada e controlada graças à "orientação" que recebem de várias enzimas corporais, nosso sistema interno antioxidante.

Quando o equilíbrio é rompido e um átomo perde um elétron, esse átomo se torna instável e positivamente carregado – e se transforma em um radical livre. Os radicais livres são bastante ativos eletricamente e buscam juntar-se a outro elétron, formar um par e recuperar o equilíbrio. Quando um radical livre "rouba" um elétron da vizinhança, um novo radical livre se forma – e assim o processo continua. Enquanto esse processo ocorre de forma controlada, tudo está normal. Se, entretanto, muitos radicais livres se formarem (em razão da presença de substâncias tóxicas ou de outras fontes de degeneração), o sistema perderá o controle. Os resultados podem ser danos celulares, doenças, envelhecimento e eventualmente a morte, já que as células se desgastam mais depressa.

O que são então os antioxidantes? Imagine a vida como uma lareira cuja chama arde enquanto vivemos. Nós metabolizamos os alimentos e o oxigênio da mesma maneira que a lareira faz com a madeira e o oxigênio. Nesse processo, faíscas aleatórias ocorrem. O tipo errado de madeira, o excesso de ar ou a adição de óleos – tudo isso pode aumentar o número de faíscas. Se não houver nada para nos proteger das faíscas, um incêndio talvez tenha início. É por isso que usamos uma proteção. Se pensarmos na lareira como se fosse nosso organismo, na chama como se fosse o metabolismo e nas faíscas como se fossem os radicais livres, a proteção será proporcionada pelos antioxidantes. Eles "capturam" os radicais livres de modo a torná-los inofensivos.

Alguns exemplos de substâncias antioxidantes ou necessárias para que o próprio organismo produza antioxidantes são vitamina C, vitamina E, betacaroteno (pró-vitamina A), bioflavonóides, coenzima Q10 e selênio. A baixa ingestão dessas substâncias devido a uma dieta pobre, altos níveis de degeneração causada por toxinas ambientais ou ainda um estilo de vida pouco saudável pode resultar em um suprimento inadequado de antioxidantes, o que favorece o envelhecimento precoce e a manifestação de doenças.

A resposta seria então o consumo desses antioxidantes como suplementos alimentares? Essa não é uma solução fácil, como talvez pareça inicialmente. Vários antioxidantes dependem uns dos outros para atuar de forma ideal. A vitamina E, por exemplo, necessita de vitamina C suficiente para fazer seu trabalho com eficácia. Em razão disso, é extremamente importante a ingestão de uma ampla gama de vitaminas e sais minerais, bem como de outros antioxidantes, de preferência por meio de uma dieta natural balanceada, rica em vegetais, sementes, frutas, grãos integrais e castanhas, além de proteínas de alta qualidade, como peixe, frango e carne.

Isso não significa que os antioxidantes, na forma de suplementos alimentares, não tenham valor. O trio formado por vitamina C, vitamina E e betacaroteno, além de selênio, garante boas condições ao organismo para enfrentar a eterna luta contra os radicais livres. Em combinação com uma dieta natural balanceada, esses suplementos podem prevenir doenças cardiovasculares, diabetes e câncer – para mencionar apenas algumas.

Inflamações

Nós já vimos até que ponto o estresse e uma dieta desequilibrada estão relacionados tanto à obesidade quanto a doenças crônicas devido aos efeitos de hormônios como o cortisol e a insulina. Vamos agora analisar o que ocorre nas células. Você provavelmente já passou pela experiência de um tornozelo torcido ou de uma queimadura leve. Deve ter reparado que a região afetada ficou avermelhada, sensível e quente – sinais clássicos de inflamação. Essa reação é causada por substâncias similares aos hormônios chamadas icosanóides. O propósito desses elementos bioquímicos, produzidos dentro do organismo com base nas gorduras, é lutar contra invasores. Essa é uma reação natural e necessária, bastante similar à produção de adrenalina e de cortisol como resultado do estresse agudo, e seu objetivo é promover a cura. Sob certas condições, entretanto, a inflamação pode tornar-se permanente e exacerbar um problema já existente ou causar doenças crônicas.

Devido ao estresse da vida moderna, à alimentação inadequada e à falta de atividade física, bem como à exposição à fumaça do tabaco e a outros poluentes ambientais, muitos pessoas sofrem de uma ou várias disfunções inflamatórias crônicas. As mais comuns são gastrite, dermatite, osteoartrite, bronquite asmática (asma) e vasculite, termo geral que designa o grupo de doenças caracterizadas pela inflamação dos vasos sanguíneos que podem afetar o coração, o cérebro, os rins, os olhos e outros órgãos (a enxaqueca, por exemplo, é uma forma de vasculite). As inflamações estão de fato ligadas a todos os tipos de doenças crônicas. As únicas variáveis estão no órgão e no tipo de célula que são afetados. Milhões de pessoas que vivem no mundo ocidental sofrem de doenças inflamatórias e fazem uso de algum tipo de medicação antiinflamatória – como aspirina ou cortisona – todos os dias.

Uma inflamação crônica significa que alguma coisa está muito errada com a saúde. Em vez de ajudar o organismo – que é o propósito das inflamações temporárias e localizadas – a inflamação crônica o prejudica, acelera o processo de envelhecimento e causa outras moléstias. As doenças inflamatórias têm aumentado drasticamente nas últimas quatro ou cinco décadas – em sintonia com o elevado consumo de alimentos e de gorduras superprocessados e de carboidratos e açúcares refinados, bem como com o declínio do consumo de alimentos naturais, como vegetais e frutas secas.

Alguns alimentos promovem inflamações (são chamados de pró-inflamatórios), enquanto outros as reduzem (recebem o nome de alimentos antiinflamatórios). Tudo aquilo que você come – proteínas, gorduras essenciais, vitaminas e sais minerais – afeta diretamente o número de inflamações de seu organismo. Se a ingestão de alimentos pró-inflamatórios for regularmente mais alta que a de alimentos antiinflamatórios, você estará preparado para uma doença inflamatória crônica. Infelizmente, as inflamações crônicas, como a asma, aumentam muito o risco de desenvolver outras doenças no futuro.

Alimentos pró-inflamatórios

Os alimentos apresentados a seguir são conhecidos por promover inflamações no organismo, aumentando os níveis de ácido araquidônico, um ácido graxo ômega-6, ou reduzindo os efeitos antiinflamatórios do ácido graxo ômega-3.

- **Óleos vegetais, alimentos processados e margarinas**: quantidades excessivas de óleos vegetais, como de girassol, soja e milho, bem como todos os alimentos processados que contêm esses óleos (inclusive a maioria das margarinas e dos alimentos fritos), têm efeito pró-inflamatório. Isso se dá porque eles contêm altos níveis de ácidos graxos poliinsaturados ômega-6, que aumentam os índices de icosanóides inflamatórios existentes no organismo. Os ácidos graxos ômega-6 têm sido considerados, nas últimas décadas, uma gordura saudável. Embora realmente reduzam os níveis de colesterol total, diminuindo também, por conseqüência, o risco de doenças cardíacas, seu consumo excessivo pode acarretar inflamações e oxidação exacerbada. Note também que a gordura poliinsaturada (encontrada, por exemplo, em nozes, grãos de soja e peixes) se deteriora (oxida) muito mais depressa que a gordura monoinsaturada (encontrada no azeite de oliva, em abacates e amêndoas) ou a gordura saturada.

Ácido araquidônico

O ácido araquidônico é um ácido graxo ômega-6. Seu consumo excessivo causa a formação de várias substâncias inflamatórias (inclusive prostaglandinas série-2), que podem gerar hipertensão sanguínea, aumento do risco de trombose e condições inflamatórias como asma, alergias, artrite e problemas de pele.
O organismo pode produzir o ácido araquidônico por meio de outros ácidos graxos, não havendo, portanto, necessidade de ingeri-lo através dos alimentos. Observe que o consumo exagerado ou do tipo errado de carboidratos (altamente glicêmicos, como açúcar, batata, pão branco e outros produtos derivados de farinha refinada) também provoca maior produção do ácido araquidônico porque aumenta os níveis de açúcar do sangue e, conseqüentemente, eleva a produção de insulina. Altos níveis de insulina, por sua vez, favorecem a produção do ácido araquidônico e dos "maus" icosanóides.
Nem todos possuem a mesma sensibilidade aos perigosos efeitos do ácido araquidônico. Os principais sintomas de sensibilidade a ele, ou a níveis elevados dele, são: exaustão crônica, insônia, dificuldade de levantar-se da cama pela manhã, enfraquecimento dos cabelos, fraqueza das unhas, que se quebram com facilidade, indigestão, assaduras e descamação da pele.

- **Ácidos graxos superprocessados**: são encontrados nos alimentos que contêm gordura vegetal hidrogenada. Suas fontes mais comuns estão nos alimentos industrializados, como margarinas, cremes não derivados de laticínios, biscoitos, *croissants* e doces, pães, molhos para saladas e sopas prontas. As gorduras superprocessadas são quimicamente alteradas, e isso torna o organismo incapaz de metabolizá-las de forma correta. Elas interferem ainda no metabolismo das outras gorduras e em particular do ácido graxo ômega-3, um antiinflamatório benéfico. As gorduras superprocessadas estão associadas ao aumento do risco de doenças cardíacas, além de muitas outras moléstias inflamatórias e degenerativas.

- **Alimentos e substâncias pró-oxidantes**: são aqueles que aumentam a oxidação através da produção excessiva de radicais livres, elevando o risco de doenças crônicas e de envelhecimento precoce. Alguns exemplos: alimentos grelhados, gorduras superprocessadas, excesso de álcool, tabagismo e exposição à fumaça causada pela descarga dos veículos e a outras substâncias tóxicas.

Alimentos antiinflamatórios

Os alimentos mencionados abaixo são conhecidos pela capacidade de reduzir inflamações graças à elevação dos níveis de icosanóides antiinflamatórios.

- **Ácidos graxos ômega-3**: produzido no organismo por intermédio do ácido vegetal alfalinoléico, encontrado no grão-de-bico e nas castanhas ou fornecido por peixes, óleos de peixe ou óleo de fígado de bacalhau, o ácido graxo ômega-3 interfere positivamente no metabolismo do ômega-6, assegurando a produção mais baixa do ácido araquidônico e mais alta dos icosanóides antiinflamatórios. Ajuda ainda o organismo a interromper as reações inflamatórias quando não são mais necessárias, prevenindo dessa forma o risco de inflamações crônicas. A simples ingestão diária de 100 gramas de peixe e de uma ou duas colheres de chá de sementes ou de óleo de linhaça fornece ômega-3 suficiente ao organismo. A alternativa pode ser um suplemento diário de óleo de fígado de bacalhau ou de óleo de peixe com puro ômega-3 (veja mais informações sobre o assunto no capítulo 10). Se você sofre de algum processo inflamatório crônico, deve também aumentar substancialmente o consumo de ômega-3.

- **Ácidos graxos ômega-6:** as dietas ocidentais são normalmente muito altas em ômega-6 e baixas em ômega-3, o que explica a predominância de inflamações crônicas. O correto seria a ingestão de ômega-6 na proporção de duas a quatro vezes mais que o ômega-3, mas a realidade é bastante distinta: ingerimos de vinte a trinta vezes mais ômega-6. Com a substituição de óleos vegetais, como soja, milho, girassol e algodão (bem como dos alimentos processados baseados nesses óleos), além de margarinas, por azeite de oliva extravirgem (prensado a frio) ou óleo de canola e ainda com o consumo diário de nozes e outras frutas secas, você obterá doses suficientes, mas não excessivas, de ômega-6.

- **Alimentos ricos em antioxidantes**: sementes e frutas secas, em particular nozes, frutas silvestres (morangos ou framboesas), temperos, como canela e alho, e ervas, como orégano, previnem a oxidação e as inflamações. Suplementos antioxidantes, que em geral contêm vitamina C e E, além de selênio, são também largamente recomendáveis e bastante úteis caso você consuma muitos ácidos graxos ômega-6 ou sofra de algum tipo de inflamação crônica.

Icosanóides

Uma das mais importantes funções dos ácidos graxos essenciais é seu papel de "tijolos de construção" na formação dos icosanóides, moléculas compostas de vinte átomos de carbono (a palavra deriva do grego *eicosi*, que significa vinte). Os icosanóides são substâncias similares aos hormônios, biologicamente muito ativas, que todos os organismos multicelulares vivos produzem. Eles pertencem ao sistema nervoso e fazem parte de nossa "internet biológica", ou seja, o sistema de comunicação do organismo, que permite, aos muitos trilhões de células que o compõem, um funcionamento coordenado. Cerca de 100 icosanóides diferentes já foram identificados e são responsáveis pela regulação de quase todas as nossas funções fisiológicas, inclusive:

- reação inflamatória;
- coagulação sanguínea;
- reação imunológica;
- contração do tecido muscular (dores abdominais, cólicas menstruais etc.);
- função sexual (ereção);
- dores, febre e sono;
- produção de ácidos estomacais;
- contração e dilatação dos brônquios (asma);
- contração e dilatação dos vasos sanguíneos (hipertensão, enxaqueca);
- crescimento e divisão celular.

O equilíbrio dos icosanóides está relacionado à boa saúde, enquanto seu desequilíbrio se relaciona, de uma forma ou de outra, a todas as doenças. Em seguida, alguns problemas causados pelo desequilíbrio dos icosanóides:

- coágulos sanguíneos;
- asma e alergias;
- hipertensão sanguínea;
- reumatismo e outras moléstias das articulações;
- inflamações intestinais;
- eczema e psoríase.

Os icosanóides são compostos pelos ácidos graxos ômega-3 e ômega-6, e sua produção é influenciada pelo equilíbrio desses ácidos na dieta alimentar, pela ingestão de outras gorduras que interferem com a produção deles e pelo efeito de hormônios como a insulina, o glucagon e o cortisol. Outros fatores que podem influenciar negativamente o equilíbrio dos icosanóides são o envelhecimento, as infecções viróticas, o estresse e certas toxinas. Dessa maneira, torna-se muito importante:

- Assegurar o consumo adequado de ômega-3 e ômega-6 na proporção de 1:2-4 (normalmente é necessário um suplemento de óleo de peixe).
- Reduzir qualquer excesso de gorduras saturadas e de ômega-6 e, acima de tudo, eliminar as gorduras superprocessadas.
- Diminuir a produção de insulina graças ao consumo moderado de açúcares e de carboidratos altamente glicêmicos.
- Manter o consumo adequado de proteínas, vitaminas e sais minerais.
- Reduzir o consumo de álcool e o estresse.
- Evitar o tabagismo.
- Adotar suplementos vitamínicos que contenham zinco, cromo, magnésio e complexo B. As vitaminas C e E podem também ser benéficas (veja capítulo 10).

A dieta grega antiinflamatória

A dieta grega não apenas ajuda a manter níveis saudáveis de açúcar e de insulina, evitando alimentos causadores de estresse, como também auxilia na redução das condições inflamatórias. Seguindo essa dieta alimentar, você:

- Aumenta o consumo de vegetais (sem amido), grãos, frutas silvestres, castanhas, ervas, temperos e proteína magra, que fornecem antioxidantes poderosos e ajudam a manter saudáveis os níveis de açúcar, insulina e glucagon.
- Reduz o consumo de açúcar e grãos refinados, massas, pães, arroz e batatas, evitando altos níveis de açúcar no sangue, insulina e cortisol.
- Elimina o consumo de gorduras superprocessadas pró-inflamatórias e substitui os óleos ricos em ômega-6 por azeite de oliva monoinsaturado e óleo de canola.
- Aumenta a ingestão de ácidos graxos ômega-3 antiinflamatórios, encontrados em sementes de linhaça, castanhas e outras frutas secas, nos peixes, no óleo de fígado de bacalhau e em óleos de peixe em geral.

A sobrevivência do mais gordo – A revanche de nossos genes 8

Temos muito a aprender com nossos ancestrais da Idade da Pedra. Considera-se, geneticamente, que o homem e seus antecessores tenham cerca de 7 milhões de anos de idade, assim como se acredita que nossos genes permaneceram quase inalterados durante o período que abrange os últimos 10 mil a 40 mil anos. Você sabia que 98% de nossos genes são idênticos aos dos chimpanzés? Essa é uma das razões por que todas as vacinas são testadas nesses animais antes da aprovação de seu uso nos seres humanos. Estamos intimamente relacionados com todos os mamíferos e, se voltarmos bastante no tempo, notaremos essa ligação também com outros animais e até com as plantas. De fato, todos os seres vivos têm a mesma origem.

A maior parte dos animais sabe instintivamente o que deve ou não comer. Um leão, por exemplo, não se alimenta de capim quando não há caça disponível, e uma vaca não se alimenta de carne se não puder encontrar um bom pasto. Então por que nós, seres humanos, não sabemos mais o que podemos e devemos comer nem reconhecemos a melhor maneira de usar nosso corpo?

Até relativamente bem pouco tempo atrás, em termos evolucionários, o alimento era escasso e os seres humanos precisavam manter-se fisicamente ativos para consegui-lo – colhendo ou caçando. Os indivíduos que tinham capacidade de digerir e armazenar os alimentos com mais eficácia (e apresentavam, portanto, tendência à obesidade) levavam uma vantagem considerável porque podiam manter o peso normal comendo menos. A evolução das espécies se baseia nesse princípio de sobrevivência.

As infecções, de uma simples faringite a doenças como a tuberculose, eram as causas mais comuns de morte. E eram as pessoas magras, que tinham altos níveis de metabolismo, que morriam de infecção com mais freqüência. Foi só no século XX – quando os alimentos se tornaram abundantes e a medicina moderna, com o recurso dos antibióticos, possibilitou o tratamento eficaz de uma longa lista de doenças infecciosas – que nossos genes se voltaram contra nós. As pessoas de metabolismo geneticamente lento e com tendência a engordar com facilidade é que conseguiram sobreviver ao longo da evolução humana, e seus genes é que foram passados adiante.

Nós somos o que comemos

Como foi possível que essa grande vantagem genética se alterasse tanto a ponto de resultar em condições tão prejudiciais à saúde quanto a obesidade, o diabetes e outras doenças típicas da vida moderna?

Nossos genes evoluem há milhões de anos, e essa evolução determinou o modo como nos relacionamos com os alimentos e a necessidade que temos de certos nutrientes. Não somente somos o que comemos mas também o que nossos ancestrais comeram durante cerca de 7 milhões de anos de evolução da espécie humana. De fato, nossos genes ainda operam do mesmo modo desde a Idade da Pedra. As funções do coração, dos músculos, do sistema imunológico, dos órgãos reprodutores – de todo o organismo – baseiam-se em determinada dieta. Desde que forneçamos ao organismo os nutrientes de que precisa, ele fará um bom trabalho e nós nos manteremos saudáveis. Por outro lado, se consumirmos muitos alimentos sintéticos e refinados, enfim, se adotarmos uma dieta desbalanceada, o resultado serão as doenças e o envelhecimento precoce. É ridículo acreditar que podemos comer o que quisermos e apreciarmos sem pagar o preço dessa atitude. Pense na "doença da vaca louca", por exemplo. Não é de admirar que ocorram coisas desse tipo, quando alimentamos nossas vacas com carcaças de boi. Devemos respeitar a natureza para nos manter saudáveis. Mas, para conseguir isso, precisamos saber mais sobre os alimentos naturalmente benéficos para nós.

O homem da Idade da Pedra

A antropologia e a paleontologia estudam o comportamento humano de uma perspectiva histórica. Analisando resquícios de alimentos e ferramentas encontrados nos primeiros vilarejos humanos, é possível fazer uma idéia do que o homem da Idade da Pedra comia e de sua maneira de conduzir a vida. Outra fonte de informação é o conteúdo estomacal de múmias e corpos encontrados em bom estado de preservação. As pinturas existentes nas cavernas, chamadas de rupestres, também fornecem valiosas informações. Outra boa forma de aprendizagem sobre a vida de nossos ancestrais é a observação das sociedades aborígines existentes até hoje na Austrália e em algumas regiões da África e da América do Sul, onde a caça e a coleta de alimentos permanecem, até certo ponto, inalteradas.

Resumo da evolução do homem

- 98% de nossos genes são idênticos aos dos chimpanzés (mais de 7 milhões de anos de idade).
- Durante 3 milhões de anos (100 mil gerações), vivemos como caçadores e coletores de alimentos.
- Durante 10 mil anos (300 gerações), vivemos como agricultores.
- Durante 200 anos (menos de dez gerações), vivemos na era industrial.
- Durante 30 anos (uma geração), vivemos na era da comida industrializada e dos computadores.
- Nossos genes permaneceram quase inalterados durante os últimos 10 mil anos.

Os mais antigos resquícios dos hominídeos (criaturas semelhantes aos seres humanos), cuja idade está estimada em 7 milhões de anos, foram encontrados no Chade em 2002. O esqueleto de um hominídeo do sexo feminino, batizado de "Lucy" por seus descobridores, foi encontrado em 1974 na Etiópia, e calcula-se que tenha aproximadamente 3 milhões de anos. A idade do *Homo erectus*, nosso primeiro ancestral a assumir a posição ereta da coluna vertebral, foi estimada em cerca de 2 milhões de anos. Esses primeiros seres humanos já dominavam as técnicas do fogo e eram bons no manejo de ferramentas simples. Nos 100 mil anos seguintes, eles se difundiram da África até a Indonésia e a China. Traços de um homem das cavernas conhecido como *Homo heidelbergensis*, de pelo menos 500 mil anos, foram encontrados na Europa. Ele evoluiu para o homem de Neandertal, que viveu cerca de 200 mil a 300 mil anos atrás e se extinguiu há aproximadamente 30 mil anos. Os primeiros indícios do homem moderno, o *Homo sapiens*, apareceram cerca de 40 mil anos atrás. Ele coexistiu com o homem de Neandertal e, de acordo com muitos estudiosos, até mesmo causou sua extinção.

O homem é originário da África, onde o clima tropical proporciona abundância de frutas silvestres, vegetais e raízes. Nossos ancestrais também caçavam e pescavam, além de seguir as grandes manadas através das savanas. A disponibilidade de alimento variava de acordo com as estações do ano. Se observarmos com atenção um chimpanzé, nosso parente mais próximo, obteremos uma boa idéia do que o homem das cavernas comia. Os chimpanzés não são inteiramente vegetarianos. Na grande maioria das vezes, adotam uma dieta vegetariana, mas de tempos em tempos reúnem-se em grupos e partem em busca de carne. Eles também consomem certa quantidade de proteína animal graças à ingestão de insetos, encontrados entre as folhas, os frutos e os vegetais que normalmente comem.

O *Homo sapiens* demonstrou formidável capacidade de adaptação. Passaram-se somente 10 mil anos desde a última era glacial ocorrida na Europa. Nessa ocasião, nossos ancestrais europeus viram-se forçados a adaptar-se a uma dieta composta de menos frutas e vegetais e de mais proteínas, obtidas de peixes, aves e carne. Se observarmos as sociedades que hoje ainda caçam e colhem frutos silvestres e raízes para sobreviver, notaremos que sua dieta tem ampla composição. Noventa e cinco por cento da dieta dos esquimós se origina de animais (peixes, focas e baleias), e a dieta dos aborígines australianos consiste principalmente de vegetais e somente de 10% a 15% de carne. Nós somos uma das raras espécies que podem ser encontradas no mundo todo, das regiões árticas aos grandes desertos, e há poucas variações em nossa composição genética. Nossos genes ainda estão na Idade da Pedra, enquanto nós vivemos na era da internet.

A dieta da Idade da Pedra

Existe uma grande diferença entre a dieta da Idade da Pedra e o que comemos hoje. A dieta de nossos ancestrais caracterizou-se pela densidade de baixa energia, e isso significa que era rica em fibras e água e pobre em nutrientes provedores de energia. Como resultado, nossos ancestrais, que eram muito ativos, precisavam consumir quantidades relativamente grandes de alimento para obter nutrição suficiente. Os carboidratos encontravam-se principalmente nas frutas e raízes, e não nos vegetais, que contêm apenas baixos teores desses nutrientes. O amido, na forma de cereais e batatas, não estava disponível. Os carboidratos compunham, em média, de 40% a 45% de sua dieta, enquanto nossa dieta moderna contém o percentual de 52% a 55% – de um tipo muito diferente de carboidrato, porém.

A dieta da Idade da Pedra e a dieta moderna (em média)

Nossa dieta moderna torna-se cada vez menos saudável.

	Idade da Pedra	**Atualidade**
Proteínas	34%	13%
Gorduras	21%	35%
Carboidratos	45%	52%
Fibras	46g/dia	20g/dia
Açúcar (adicionado)	0%	14%
Sal (adicionado)	0g/dia	Cerca de 10g/dia

Cerca de 30% a 35% da energia obtida pela dieta da Idade da Pedra provinha das proteínas, que se encontravam principalmente em carnes, peixes e ovos. Alimentos de altos teores de gordura não são abundantes na natureza: gemas de ovos, nozes e peixes, bem como animais e aves caçados, eram a principal fonte de gorduras do homem da Idade da Pedra, que retirava de 25% a 30% de sua energia dessas gorduras – sobretudo insaturadas.

Faz apenas cerca de 10 mil anos que o homem começou a cultivar a terra e a domesticar animais (engordando-os com uma alimentação rica em grãos e com a restrição de seus movimentos). Foi nessa época que as pessoas (sobretudo na Europa e em outras regiões de clima frio) começaram a tomar leite de cabra, ovelha e vaca. Hoje em dia, a maior parte da população do planeta (cerca de 80%) não pode consumir leite sem sofrer algum tipo de distúrbio (em virtude da intolerância à lactose).

Nenhum outro animal de hábitos terrestres apresenta índices tão elevados de consumo de sal quanto o homem moderno. Nós necessitamos apenas de cerca de 1 grama de sal por dia, mas o consumo habitual vai muito além desse limite. O abuso crônico da ingestão de sal desde tenra idade pode explicar o problema que muitas pessoas apresentam com relação à hipertensão sanguínea.

O consumo de fibras derivadas de frutas e vegetais era consideravelmente maior no tempo das cavernas – pelo menos 45 gramas por dia em vez dos 10 ou 20 gramas que ingerimos atualmente. Antes da criação dos conservantes, os alimentos tinham de ser consumidos frescos. Era preciso comer as frutas e os vegetais logo após a coleta, enquanto estavam repletos de vitaminas e de antioxidantes. Além de tudo, nossos ancestrais mantinham-se em constante movimento e andavam cerca de 30 quilômetros por dia em busca de alimentação.

A dieta mediterrânea

As dietas variam de acordo com o país, e muitos fatores desempenham papéis diferentes no desenvolvimento das tradições alimentares. O mais importante é a disponibilidade dos vários tipos de alimento. Os primeiros seres humanos chegaram à Europa, oriundos da África e do

Oriente Médio, há mais de 500 mil anos. No início povoaram o sul do continente europeu, mas gradualmente uma parte deles se deslocou para o norte em busca de alimento.

O clima do Mediterrâneo e do norte da África é muito mais acolhedor que as condições climáticas dos países do norte europeu. O homem está geneticamente equipado para viver em latitudes de climas amenos e temperaturas de cerca de 25 a 35 graus centígrados. Essas condições abrangem os países do Mediterrâneo e do norte africano, a África do Sul, algumas regiões do sul dos Estados Unidos, a América Central e algumas regiões do norte e do centro da América do Sul – assim como, do outro lado do mundo, o norte da Austrália. Nessas latitudes, o ser humano pode viver sem a necessidade de roupas nem de aquecimento artificial, e os alimentos encontrados são aqueles que também estamos geneticamente programados para comer. A dieta do Mediterrâneo, que recentemente demonstrou ser tão benéfica à saúde, caracteriza-se pela grande variedade de vegetais e grãos, azeite de oliva, frutas frescas e secas, além de peixes.

Por que os alimentos doces e as gorduras são tão saborosos?

Nosso cérebro precisa de níveis estáveis de açúcar sanguíneo. O açúcar, em sua forma natural, é encontrado nas frutas, no mel e no leite materno, nosso primeiro alimento, que também o contém na forma de lactose. Seria, portanto, estranho se o açúcar não nos parecesse saboroso. Somos, de fato, programados para gostar de sabores doces e procurar por outros alimentos desse tipo (a maior parte dos venenos naturais é bastante amarga, o que facilitou a sobrevivência da espécie no processo evolucionário).

Do mesmo modo, a gordura é uma rica fonte de energia. Consumindo o máximo possível desse nutriente, podemos armazenar energia para uso posterior. Uma vez que a gordura é raramente encontrada na natureza, tornou-se importante para o homem da Idade da Pedra, e para suas chances de sobrevivência, aprender a reconhecer os alimentos gordurosos.

A revolução da agricultura

Cerca de 10 mil anos atrás, teve início uma experiência fabulosa na história da evolução humana. A necessidade de encontrar fontes de alimentos mais confiáveis levou o homem a domesticar os animais e a cultivar grãos e sementes. À medida que esse cultivo se disseminou, o homem aos poucos abriu mão de seu estilo de vida nômade e passou a estabelecer unidades sociais maiores e mais estáveis. O conhecimento e a cultura, a partir de então, desenvolveram-se rapidamente. A transição da caça e da coleta para uma vida baseada no cultivo de lavouras como meio de subsistência revolucionou o mundo. Mais tarde, os primeiros indícios de comércio (trocas) proporcionaram um contato mais próximo entre os vários grupos sociais existentes e favoreceram o nascimento e o desenvolvimento de civilizações mais avançadas, como China, Egito e Grécia.

O cultivo de cereais tornou possível o estabelecimento do homem em praticamente todos os pontos do planeta. Ao contrário das frutas e dos vegetais, os grãos são carboidratos densos, recheados de energia. Essa agricultura de cereais logo trouxe em sua esteira o drástico aumento do consumo de carboidratos pelo homem – em detrimento de outras fontes de energia, como proteínas e gorduras insaturadas. Os animais domésticos também eram alimentados com grãos, o que conseqüentemente aumentou o percentual de gordura de sua carne. Essa dieta, além do leite, elevou o volume de gordura saturada consumido pelas pessoas. Já que a necessidade de caçar e de procurar frutas, raízes e vegetais diminuiu, o homem também se tornou menos ativo fisicamente.

A Revolução Industrial – do natural ao refinado

Em termos de dieta, muito pouco mudou entre a época em que o homem passou a dedicar-se à agricultura e o século XVIII. O cultivo tornou-se mais especializado, mas praticamente os mesmos tipos de alimento eram consumidos. Com o advento da Revolução Industrial, as pessoas se tornaram ainda menos ativas fisicamente, visto que as tarefas pesadas passaram a ser feitas pelas máquinas. Ao mesmo tempo, três ingredientes começaram a conquistar espaço na dieta de vários países, e em quantidades sem precedentes: açúcar, batatas e farinha refinada. Eles são, em grande parte, a causa da obesidade e de muitas outras doenças relacionadas ao estilo de vida moderno. O açúcar e a farinha refinada são, de muitas maneiras, antinutrientes. Para queimá-los, o organismo necessita de vitaminas, sais minerais e antioxidantes, enquanto sua contribuição nutricional é muito pequena (no caso da farinha) ou nenhuma (no caso do açúcar).

Açúcar – doce, mas perigoso

Historicamente falando, o mel era o único adoçante disponível. As frutas, em especial as tâmaras, satisfaziam a necessidade que o homem tinha de açúcar. O mel não era encontrado em toda parte, e certamente não em grandes quantidades. Uma pintura rupestre datada de 10 mil a.C. encontrada em Valência, na Espanha, mostra duas mulheres coletando mel. Ele é rico em frutose e glicose, e seu índice glicêmico varia conforme a composição. As frutas contêm principalmente frutose, que apresenta baixos níveis glicêmicos.

O açúcar (sacarose), na forma como o conhecemos, é extraído da cana-de-açúcar ou da beterraba. A cana-de-açúcar é cultivada na Índia há cerca de 3 mil anos. No passado era consumida ao natural, como fruta (e fornecia fibras, vitaminas e sais minerais), mas técnicas básicas de refinamento de açúcar, que lhe davam a forma de xarope e de cristais, tornaram seu transporte mais fácil. O açúcar, assim, abriu caminho até chegar aos países do Mediterrâneo, entre os séculos VII e XI, e seu comércio desenvolveu-se através da Europa, embora se mantivesse como um produto de alto luxo. Cristóvão Colombo levou a cana-de-açúcar para as Américas e para as Índias Ocidentais no final do século XV, e muitos colonizadores espanhóis, portugueses, ingleses, franceses e holandeses logo expandiram o comércio do açúcar – simultaneamente ao de escravos. No começo do século XVIII, o açúcar ainda representava um artigo de luxo. Na época, a artrite úrica, popularmente conhecida como gota, era uma doença que afetava principalmente os mais abastados – e está relacionada ao alto consumo de açúcar. Durante o século XVIII, à medida que a importação de açúcar das colônias aumentava, o mesmo acontecia com seu consumo entre os burgueses. Após a derrota de Napoleão em Trafalgar, em 1805, um embargo das negociações forçou-o a encontrar novas formas de produzir açúcar. Um francês chamado Benjamin Delessert implantou a primeira fábrica de extração de açúcar de beterraba, em 1812 – o resto é História. Hoje em dia, 30% da produção mundial de sacarose origina-se da beterraba. Em 1789, o consumo anual médio de açúcar por pessoa na França não chegava a 1 quilo. Por volta de 1880, essa média atingiu 8,5 quilos por pessoa. Durante o século XIX, as fábricas de açúcar também passaram a produzir doces e refrigerantes açucarados.

Nos Estados Unidos (que todos os países ocidentais imitam cada vez mais), o consumo anual de açúcar alcançou inacreditáveis 65 quilos por pessoa – e grande parte disso está "escondida" em refrigerantes e alimentos processados.

A relação entre o açúcar e algumas doenças foi descrita no livro *Sugar Blues*, de William Dufty, publicado em 1976. Não deixa de ser curioso o fato de que essa relação é conhecida há mais de 150 anos. Por volta de 1850, os primeiros casos de doenças cardiovasculares foram registrados na Ilha de Santa Helena logo depois de a Inglaterra ter iniciado a importação de açúcar. Os esquimós nunca apresentaram nenhum tipo de cárie nem sofreram de nenhuma doença coronariana antes da introdução, em sua dieta, de alimentos ricos em açúcar, de farinha refinada e de gordura processada. Em muito pouco tempo, eles já haviam desenvolvido uma série de doenças típicas da vida moderna.

Batatas demais?

As batatas, nativas da América do Sul, foram introduzidas na Europa e em algumas regiões da Ásia no século XVI. Mais de 150 anos decorreram até que elas se tornassem realmente populares – mas agora são quase um acompanhamento obrigatório de qualquer refeição e um dos maiores petiscos conhecidos. A batata é uma planta robusta que pode sobreviver em climas hostis, e é fácil compreender por que uma fonte de energia tão eficiente se tornou tão popular. Boa parte da colheita de batatas é utilizada na alimentação de porcos. De fato, batatas e grãos são alguns dos alimentos mais utilizados na engorda de animais domésticos. A digestão da batata crua é impossível, mas, depois de cozida, o amido que a compõe é alterado e ela se torna facilmente digerível. A ingestão da batata provoca rápido aumento dos níveis de açúcar do sangue, bem como dos índices de insulina.

Nosso pão de cada dia

Até a metade do século XIX e a invenção de moendas de aço de alta velocidade, não era tecnicamente possível moer os grãos dos cereais de forma satisfatória. Pelo contrário, eles eram moídos entre pedras, que retinham a parte externa (o farelo e o germe de trigo, por exemplo) dos grãos – a parte que contém o maior número de proteínas, fibras, vitaminas e sais minerais. O refinamento da farinha em escala industrial resultou na perda das partes mais nutritivas dos grãos. A farinha refinada consiste quase inteiramente de amido de fácil digestão, o que provoca rápido aumento dos níveis de açúcar do sangue. O pão e outros produtos feitos de farinha refinada são, portanto, escolhas alimentares pouco saudáveis.

Não é comum encontrar pães integrais genuínos nos supermercados. Muitos pães escuros, na verdade, contêm certa proporção de farinha refinada e são escurecidos pela utilização de malte. Sabedor disso, não se deixe enganar pelas cores. O melhor pão é feito de grãos densos, como cevada, centeio e aveia, com pequenas quantidades de farinha integral e também farelo integral. Prefira os pães pesados, já que o pão feito de grãos integrais pesa mais que o pão branco. Certos tipos de trigo, como o *spelt*, o *emmer* e o *durum* gigante, têm maior valor nutricional, são freqüentemente orgânicos e provocam menos reações alérgicas e intolerância que o trigo comum. Esses produtos podem ser facilmente encontrados em lojas de alimentos naturais e nas grandes redes de supermercados. O pão de centeio é mais saudável do que muitos outros tipos de pão e apresenta índice glicêmico médio. Lembre-se de que o pão quase nunca possui IG baixo, mas já é possível produzir pães de reduzida carga glicêmica – graças à utilização de grãos mais grossos e à seleção dos que têm baixa CG, além da substituição de parte da farinha (carboidratos) por proteínas e fibras.

A geração junk food

Ao longo do século XX, especialmente após a Segunda Guerra Mundial, vivenciamos uma revolução em nosso estilo de vida. Somos menos ativos fisicamente do que em qualquer outra época da História, e nosso dia-a-dia é dominado pelos equipamentos eletrônicos. Andamos quase sempre de carro e nosso trabalho é predominantemente sedentário. A indústria alimentícia nos oferece produtos refinados carregados de energia e carboidratos altamente glicêmicos, além de consideráveis proporções de gorduras e óleos saturados, inclusive de gorduras superprocessadas. O acesso à *junk food* é muito fácil. O valor nutricional de frutas e vegetais é reduzido em função do transporte refrigerado, da produção em massa e da utilização de fertilizantes químicos (frutas e vegetais orgânicos têm qualidade nutricional muito mais alta. Lembre-se de que, um dia, toda a agricultura já foi "orgânica"). Nós nos tornamos vítimas do próprio progresso. Quanto mais tempo gastamos com o trabalho, com a internet ou com a TV, menos tempo temos para dedicar a atividades saudáveis como a culinária e a prática de exercícios – e para estreitar nossas relações com as pessoas.

Suicídio com garfo e faca

A Teoria da Evolução foi apresentada por Charles Darwin, em 1859, em seu livro *A Origem das Espécies*. Darwin alegava que todas as espécies competem por recursos naturais limitados – e, de acordo com as leis da natureza, as criaturas podem ou não desenvolver variações que lhes permitam adaptar-se melhor e, por conseguinte, procriar com mais êxito. À medida que esse processo evolucionário se desenrola, o mais forte sobrevive e o mais fraco perece – trata-se da sobrevivência daquele que melhor se adapta. Mas o que acontece quando a espécie humana altera a natureza e o equilíbrio natural dos recursos? O que acontece quando aqueles que supostamente são os mais bem preparados e os mais fortes tornam-se de repente os mais fracos? Hoje em dia parece que os indivíduos geneticamente privilegiados acabam por adoecer e morrer, vítimas das moléstias da vida moderna.

Terá o homem alcançado o final de seu ciclo evolucionário? Em cerca de 10 mil anos, passamos de caçadores a agricultores, chegamos a uma existência industrializada e finalmente a um estilo de vida fisicamente passivo. Nós avançamos da ignorância à energia nuclear e à internet, da superstição e dos remédios baseados nas ervas aos antibióticos e às modernas cirurgias do coração. Essas e muitas outras conquistas ao longo de nossa evolução foram responsáveis pela mudança irreversível de nossa vida, mas não ocorreram por meio da seleção natural e muito menos alteraram nossa composição genética. Nós desafiamos a evolução e transformamos o meio ambiente, mas permanecemos biologicamente os mesmos.

Podemos agradecer à medicina moderna pela sobrevivência de milhões de pessoas – apesar das leis da evolução. Quando desconsideramos a evolução dessa maneira, existe somente um caminho a seguir: é preciso aprimorar constantemente nosso conhecimento e utilizá-lo de forma correta para superar a evolução e sobreviver como espécie. Entre outras coisas, é preciso conhecer os alimentos geneticamente mais adequados e tentar ajustar nosso estilo de vida a esse conhecimento. A dieta de hoje está em conflito com nossos genes. O aparelho digestivo do homem foi criado para processar grande quantidade de alimentos naturais, mas atualmente está sucateado. E, o que é pior ainda, nossa dieta gerou um pesadelo hormonal: produção elevada de insulina e resistência à insulina.

9 Por que as dietas fracassam

Estou em dieta há duas semanas:
tudo o que perdi foram duas semanas.
Anônimo

Fazer dieta significa, de modo geral, mudar a forma de se alimentar, durante certo tempo, para perder peso. Esse tipo de dieta, porém, não dá resultado a longo prazo. Tanto é assim que 95% das pessoas que fazem dieta retornam, depois de um ano, ao peso original ou, pior ainda, *ganham* peso. Somente uma mudança de estilo de vida adequada e permanente pode ajudar a controlar o peso e os níveis de açúcar do sangue, proporcionando, ao mesmo tempo, saúde melhor. É interessante saber que a palavra "dieta" vem do grego antigo *diaita*, que significa "maneira de viver". Como você já deve ter percebido, este livro não fala de dietas, e sim da melhor forma de encontrar a razão por que as pessoas engordam e sofrem de doenças relacionadas ao peso.

Por que nos alimentamos

Os alimentos nos fornecem os nutrientes necessários para assegurar a boa saúde. Isso se aplica também a todos os animais. Nós evoluímos como espécie em conjunto com os alimentos, e nosso organismo depende deles para funcionar corretamente e sobreviver.

Ao contrário, entretanto, dos outros animais, nós comemos por várias razões, e não apenas pela sobrevivência. Existe uma importante ligação entre alimento e emoção, e um influencia o outro. Nosso primeiro contato com a alimentação é através do leite materno. Ele nos aquece, nutre e proporciona uma sensação de segurança, pois garante o contato com nossa mãe. É uma experiência prazerosa, que carregamos conosco pelo resto da vida. Para a maioria das pessoas, a alimentação e o ato de comer representam, inconscientemente, conforto e segurança.

A maioria concorda com o fato de que o chocolate é particularmente saboroso. O mesmo se aplica à combinação de açúcar e gordura encontrada em bolos e tortas ou de amido e gordura presente nas batatas *chips*. É interessante notar que o leite materno é o único alimento natural rico em carboidratos e gorduras. Os alimentos naturais integrais têm altos teores de carboidratos e baixos teores de gorduras (frutas frescas e silvestres, grãos e frutas secas), altos índices de gorduras e baixos índices de carboidratos (castanhas, azeitonas, sementes e abacates) ou altos níveis de proteínas e geralmente de gorduras, embora quase nenhum carboidrato (carnes, aves, ovos, peixes e frutos do mar).

Só encontraremos a combinação de altos níveis de carboidratos e de altos teores de gorduras em alimentos processados, feitos pelo homem. Tais alimentos causam mudanças químicas no cérebro, produzindo uma sensação de conforto, o que às vezes acaba conduzindo ao vício. O açúcar e o chocolate aumentam os níveis de serotonina presentes no cérebro, provocando uma sensação de bem-estar e atuando como um antidepressivo. O estresse pode nos induzir a consumir alimentos desse tipo com mais freqüência, o que, por sua vez, leva à produção de altos níveis de insulina e ao armazenamento de gordura abdominal, bem como a riscos maiores de incidência de diabetes, doenças cardíacas e câncer.

É comum o fato de comer porque estamos estressados ou porque comparecemos a um evento social, embora não tenhamos propriamente fome. Em certas ocasiões, a comida pode tornar-se um substituto de alguma coisa que não temos, dando-nos a sensação de conforto e compensando a falta de amor ou a solidão. Finalmente, recorremos aos alimentos para combater a ansiedade e a depressão.

Para as pessoas que estão acima do peso, as dietas freqüentes e a ocorrência do "efeito sanfona", o tão conhecido ciclo que leva a engordar e a emagrecer consecutivamente, podem agravar a situação. É importante, dessa forma, ter plena consciência do *que* você come, *quando* come e também do *motivo* que o leva a comer. Você está realmente faminto ou apenas zangado, entediado ou estressado? Existe enorme diferença entre a fome e o desejo emocional de comer alguma coisa. Se você estiver fisicamente com fome, vai perguntar: "Há algo para comer?". Se, porém, a manifestação do desejo de se alimentar for puramente emocional, você perguntará: "O que eu quero comer?". O processo de desenvolvimento da consciência do *motivo* que leva você a comer deve, muitas vezes, ser acompanhado por um terapeuta profissional, que o ajudará a obter resultados melhores do que aqueles que você conseguiria sozinho.

Você precisa perder peso?

Uma dieta talvez não seja uma boa idéia para determinadas pessoas, especialmente se a alimentação inadequada não for a única razão do excesso de peso. Auto-estima baixa, estresse e depressão podem e devem ser solucionados de outras maneiras. O fato de estar um pouco acima do peso (IMC entre 25 e 27) não representa propriamente uma ameaça à saúde – a menos que o excesso de gordura se concentre ao redor da cintura e você não pratique exercícios. É importante você se aceitar como é e não ficar obcecado por dietas. Afinal, a atividade física combate muitos – embora não todos – efeitos negativos do excesso de peso sobre a saúde.

Há pessoas de todas as formas, com tamanhos e pesos diferentes, e aquelas que estão acima do peso deveriam ser poupadas de todo estigma e discriminação social. Obesidade não tem nada a ver com falta de inteligência nem de força de vontade. Além do mais, quem disse que todos os seus problemas desaparecerão quando você atingir o peso "normal"? Você pode ser "gordinho" e muito feliz ao mesmo tempo, assim como outras pessoas magras são infelizes. Quanto mais você aprender e aceitar a si mesmo, menor será a possibilidade de seu peso se tornar um problema psicológico.

Por outro lado, o peso excessivo (IMC acima de 30) pode trazer conseqüências negativas para a saúde. Você talvez se considere saudável aos 20, 30 ou 40 anos, mas o fato é que a maioria dos problemas relacionados ao peso aumenta com a idade. Dessa maneira, se você quiser preservar a boa saúde, deverá tratar seu corpo com amor e respeito. A obesidade e as doenças relacionadas ao excesso de peso são responsabilidade sua – a menos que não saiba por que engorda. Tão logo descubra a razão, você se tornará responsável pela promoção das mudanças necessárias em seu estilo de vida. Se não fizer nada, sem dúvida sofrerá as conseqüências.

Em busca de uma solução rápida

Se existisse uma forma rápida, eficiente e permanente de perder peso e metabolizar a gordura com eficácia, por que haveria tantas dietas diferentes? Se alguém descobrisse exatamente a melhor "cura" para o excesso de peso, todos nós sem dúvida seguiríamos essa dieta. A verdade, entretanto, é que não existe solução rápida nem fácil que mantenha seus efeitos a longo prazo. Se você quiser manter a boa saúde, será preciso estudar o assunto e esforçar-se para mudar seu estilo de vida. Se desejar ser bem-sucedido nesse esforço, terá de cultivar um bom relacionamento consigo mesmo, com seu organismo e por último, mas não menos importante, com os alimentos.

O modelo calórico

Vamos analisar a teoria mais comum sobre perda de peso, aquela que muitos especialistas em nutrição do mundo todo parecem aceitar. Uma caloria é igual ao volume de energia necessário para aumentar a temperatura de 1 grama de água de 14 para 15 graus centígrados. Estritamente falando, a caloria não é uma medida de energia limitada aos alimentos – é uma medida universal de energia. Tudo na natureza possui energia e, conseqüentemente, calorias. Mas, quando se trata de nutrição, as calorias se tornaram a forma mais comum de medir o teor de energia dos alimentos desde o início do século XX. Os nutricionistas passaram a usar uma unidade mais moderna chamada *joule* ("quilojoule"), mas para a maior parte das pessoas a caloria (que, na verdade, deveria chamar-se "quilocaloria") permanece mais compreensível.

O modelo calórico se baseia no princípio do equilíbrio energético. A energia não pode simplesmente desaparecer. O modelo calórico, por conseqüência, indica que o equilíbrio energético é obtido quando a ingestão e o gasto de energia são iguais – em outras palavras, o consumo de energia. Cada indivíduo mantém determinada ingestão de energia (calorias), que deverá ser igual ao consumo. Isso, por sua vez, depende da taxa metabólica basal do organismo, do nível de atividade física e do efeito termogênico (produção de calor) dos diversos alimentos. Durante a infância e a gravidez, bem como durante as atividades físicas, a taxa metabólica do organismo se eleva. Uma das falhas do modelo calórico é não levar em consideração a forma como o metabolismo aumenta quando nos alimentamos – e aumenta mais depressa se comermos pratos apimentados, por exemplo – e diminui quando não nos alimentamos. O modelo calórico também não considera o fato de que o metabolismo se altera de acordo com as estações do ano e a hora do dia.

Para descobrir o volume de energia contido nos diversos nutrientes, é preciso pensar em energia como combustível e medir sua produção como calor quando esses nutrientes são queimados. Além disso, sabemos que 1 grama de proteína ou carboidrato contém aproximadamente 4 calorias, 1 grama de álcool contém 7 calorias e 1 grama de gordura contém 9 calorias. A teoria é a seguinte: todo alimento está disponível para oxidação (queima) no organismo, mas devemos também considerar as propriedades dos alimentos. Sabemos, por exemplo, que as fibras, que são carboidratos (e têm, portanto, o mesmo número de calorias do açúcar), não podem ser metabolizadas pelo organismo humano da mesma maneira que o açúcar e, em razão disso, não fornecem calorias.

A digestão faz a diferença

O grau de digestão e absorção do intestino delgado é um importante elemento a considerar. A facilidade com que um alimento é digerido não se baseia somente em seu teor de energia nem em sua composição. O que comemos como acompanhamento (e nossas refeições são quase sempre compostas de vários pratos) determina o nível de absorção dos alimentos e a forma como são processados pelo organismo. Quanto mais fibras e gorduras ingerirmos, menor e mais lenta será a capacidade de absorção do intestino delgado.

Em alguns casos, faz grande diferença ingerir alimentos crus ou cozidos. Nós temos, por exemplo, problemas para digerir batatas cruas. Isso significa que as batatas cruas não nos fornecem muitas calorias, enquanto as batatas cozidas, assadas ou fritas têm digestão mais fácil e, conseqüentemente, fornecem mais energia. As batatas cozidas e depois refrigeradas, no entanto, fornecem menos calorias e têm carga glicêmica 30% menor – e isso ocorre porque uma parte do amido comum se transforma em amido resistente durante o processo de resfriamento, o que torna sua digestão similar à das fibras solúveis.

Quais são os tipos mais importantes de caloria?

O tipo de caloria – o tipo de gordura, por exemplo – determina o que acontece no organismo após sua ingestão. As gorduras saturadas são facilmente armazenadas, ao passo que as gorduras poliinsaturadas podem ser usadas como "tijolos de construção" de vários hormônios e substâncias, como os icosanóides.

A glicose e a frutose são carboidratos e também açúcares simples. Ambas apresentam sabor adocicado e contêm número igual de calorias por grama. Elas são, entretanto, metabolizadas de forma bem diferente no organismo. Enquanto a glicose é rapidamente absorvida pela corrente sanguínea e pode ser usada de imediato como energia ou armazenada como glicogênio ou ainda como gordura, a frutose é convertida parcialmente em glicose no fígado – um processo que requer energia. Em razão disso, não fornece tantas calorias "eficientes" quanto a glicose. Em compensação, a frutose é 30% a 50% mais doce que o açúcar, o que torna seu uso bem mais econômico.

Coma regularmente

A freqüência com que nos alimentamos é muito importante. Ao que tudo indica, nosso metabolismo se torna mais eficiente de acordo com a regularidade de nossa alimentação. Isso também se aplica a outras espécies animais. Os chimpanzés, por exemplo, se alimentam continuamente ao longo do dia enquanto se movimentam (lembre-se de que 98% de nossos genes são idênticos aos deles). O ser humano não foi concebido para consumir três grandes refeições por dia intercaladas com longos intervalos de jejum e muito menos deve pular deliberadamente uma refeição. O modelo calórico, porém, não leva isso em consideração.

Não se engane com esse mito

Se você já esteve acima do peso, provavelmente já ouviu dizer que uma das causas mais comuns do problema é comer quando não se tem fome. Todas as dietas baseadas na contagem de calorias implicitamente sustentam essa teoria: se o sobrepeso é uma simples questão de excesso de calorias, certamente a resposta óbvia é cortar o excesso – e uma forma fácil de conseguir isso é pular uma refeição, deixando o consumo de calorias para depois.

Essa atitude não apenas é incorreta como também causa danos à saúde. Quando você pula uma refeição, os níveis de açúcar de seu sangue desabam. Diante da necessidade de estabilizar esses níveis, o organismo se prepara para reagir a uma situação de estresse, e o cérebro ordena o consumo de alimentos de altos teores de carboidratos e gorduras.

A mera redução da quantidade de comida já provoca a desaceleração de nosso metabolismo, o que é fundamental para a sobrevivência. A dieta grega dá bons resultados porque você se alimenta *antes* de sentir fome: os níveis de açúcar de seu sangue permanecem mais estáveis, e assim você não come demais durante as refeições. Além disso, a dieta grega favorece o consumo de maior quantidade de alimentos – que, no entanto, são mais saudáveis porque apresentam menor densidade energética e promovem o equilíbrio hormonal após as refeições.

O jejum e as dietas de baixas calorias podem fazer você engordar

Quando você repentinamente passa a comer menos devido a uma dieta ou, pior ainda, quando fica em jejum, seu organismo tenta preservar o peso, o que resulta na desaceleração do metabolismo. Por que isso acontece? Porque nossos genes ainda estão na Idade da Pedra! Seu organismo não sabe se você está jejuando ou comendo menos porque deseja perder peso ou porque a caça foi malsucedida e o alimento está escasso.

A tentativa de emagrecer através do jejum ou da redução drástica dos alimentos que você consome é uma idéia absurda. Nenhuma outra espécie animal faria nada semelhante. Quando você se cansar da dieta e desistir dela, seu peso vai subir como um foguete. Pare de comer menos e nunca mais pule uma refeição para perder peso! Refeições saudáveis, regulares e freqüentes são a melhor arma contra o excesso de peso.

O que acontece quando ficamos em jejum?

Quando estamos em jejum e não nos alimentamos mesmo depois que todo o açúcar existente em nosso sangue foi consumido, o organismo passa a produzir o açúcar necessário retirando-o da glicose armazenada no fígado (como glicogênio) – isso significa cerca de 50 a 80 gramas de glicose, que fornecem entre 200 e 320 calorias. Nossos músculos também contêm glicogênio, aproximadamente 200 a 400 gramas, embora um atleta, um halterofilista por exemplo, tenha em sua musculatura até 800 gramas, ou seja, de 800 a 1.600 calorias. O glicogênio contido nos músculos, entretanto, não fica disponível como energia durante o repouso, nem mesmo se estivermos em jejum, e somente poderá ser usado através dos próprios músculos (durante a prática de exercícios).

Sabendo-se que uma pessoa de 70 quilos consome cerca de 2 mil calorias por dia sem ser fisicamente ativa, não é preciso dizer que você não vai sobreviver por muito tempo apenas com glicogênio. Na verdade, bastarão dez ou doze horas para que essa fonte de energia se esgote. A única maneira de restaurar por completo o armazenamento de glicogênio é o consumo de carboidratos. O que pode fazer o organismo quando tanto o suprimento de açúcar sanguíneo quanto o de glicogênio se esgotam? A resposta é: proteína e gordura.

O organismo pode converter proteína (certos aminoácidos) e o glicerol da gordura em açúcar. Esse processo tem lugar no fígado e é chamado de glicogênese (nova produção de açúcar sanguíneo), mas não é muito eficiente, e muita energia se perde ao longo do caminho. Por outro lado, essa decomposição de proteínas, presentes em todas as células do organismo, é extremamente perigosa no longo prazo. Por essa razão é fundamental consumir proteínas suficientes todos os dias, assegurando-nos, dessa maneira, de que a única fonte alternativa de energia à disposição do organismo seja a gordura armazenada.

A dieta de baixos carboidratos

Conhecendo a necessidade que o organismo tem de proteínas, você poderia pensar: "Vou simplesmente evitar carboidratos, consumir bastante proteína e, dessa forma, favorecer a queima de gordura". Isso está apenas parcialmente correto. Embora muitas dietas se baseiem nesse princípio, é melhor examinar detalhadamente o que acontece quando as adotamos. Além disso, devemos refletir sobre a razão por que não é recomendável fazê-las durante longos períodos – apesar de darem resultado no início.

Quando é obrigado a queimar gordura como fonte de energia em razão da falta de suprimento suficiente de glicose, o organismo gera uma reação conhecida como cetose. O processo começa cerca de 24 horas após o início do jejum ou a ausência total de consumo de carboidratos. A decomposição das células de gordura pelo organismo leva à liberação de energia, bem como à formação de substâncias chamadas cetonas, que até mesmo o cérebro pode utilizar como energia no lugar do açúcar (até certo ponto). As cetonas são substâncias ácidas e têm odor parecido com o da acetona (removedor de esmalte). Assim, quando o corpo está em processo de cetose, o hálito também faz lembrar um pouco a acetona (ou o odor de maçãs muito maduras).

O organismo se livra do excesso de cetonas através da respiração e do aumento da freqüência urinária. Você pode verificar se está em processo de cetose por meio de um exame de urina especial. Além do hálito desagradável, a maior desvantagem dessa dieta é a perda excessiva de fluidos e de importantes sais minerais através da urina. É possível repor os sais minerais com a ingestão de suplementos, mas, em minha opinião, as dietas desse tipo somente deveriam ser adotadas com supervisão médica – e nunca devem ser feitas por mulheres grávidas nem por portadores de diabetes do tipo I.

Uma variação da dieta de baixos carboidratos é o chamado jejum modificado de poucas proteínas. Trata-se de uma dieta de baixíssima ingestão de calorias e de alto percentual protéico (não necessariamente de grande quantidade de proteínas). Essa forma de dieta, que consiste no consumo suficiente de proteínas e de apenas uma pequena quantidade de carboidratos (ou sua completa eliminação), além de pequenas porções de gordura saturada, é usada por muitas clínicas especializadas em redução de peso. É quase sempre adotada durante pouco tempo, seguida do aumento gradual do consumo de carboidratos energéticos. Uma de suas vantagens é a rapidez com que se perde peso. Outra vantagem é o fato de que, quando estamos em processo de cetose, não temos muito apetite, pois esse é um dos efeitos das cetonas.

Existem situações em que a dieta de baixos carboidratos pode trazer benefícios, mas sempre deve ser feita sob os cuidados de um médico ou nutricionista. É de vital importância o consumo suficiente de proteínas e fluidos. Haverá, provavelmente, necessidade de uma dose extra de potássio, bem como de vitaminas e outros sais minerais. Sem os cuidados médicos adequados, você corre o risco de engordar rapidamente após o término da dieta, bem como de sofrer de distúrbios causados pelo desequilíbrio de sais minerais. Lembre-se de que uma dieta alimentar sem carboidratos se torna extremamente sem graça após algum tempo. Quanto mais radical for a dieta, menor será a probabilidade de aderir a ela por muito tempo.

A dieta de altos carboidratos e poucas gorduras

A maioria das pessoas do mundo ocidental adota atualmente uma dieta de altos teores de carboidratos, quase sempre baseada em pão branco altamente processado, cereais matinais e outros produtos feitos de grãos refinados, farinhas, açúcares e batatas. Aqueles que desejam perder peso reduzem o consumo de gordura porque é muito conhecido o fato de que a gordura possui o dobro do total de calorias dos carboidratos. Mas essas mesmas pessoas vão comer ainda mais alimentos ricos em carboidratos na busca da sensação de saciedade. Muitos dos alimentos "livres de gordura" à venda em lojas de produtos naturais simplesmente passaram por um processo no qual seu conteúdo de gordura foi substituído por açúcar, farinha ou alguma forma quimicamente alterada de carboidrato.

Contrariando a crença popular, os habitantes da maioria dos países desenvolvidos consomem menos gordura nos dias de hoje do que no início do século XX ou mesmo há 25 anos. Ainda assim, já nas décadas finais do século passado, começamos a verificar um grande aumento da incidência de obesidade e das doenças típicas da vida moderna.

Se ingerirmos muitos alimentos com altos índices de carboidratos, nosso suprimento de glicogênio (glicose armazenada no fígado e nos músculos) estará sempre completo. Visto que a maioria das pessoas não permanece em jejum mais do que oito horas seguidas (durante o sono), nunca ficamos completamente sem reservas de glicogênio. Se nosso consumo de comida fosse dividido em refeições menores distribuídas por diversos horários (uma tendência de alimentação mais natural para os seres humanos) e estivéssemos em constante movimento, não haveria problemas. Mas, em vez disso, temos a tendência de consumir refeições substanciosas, evitando comer nos intervalos, e – como se não bastasse – a maioria evita atividades físicas. Considerando-se o fato de que temos seis litros de sangue criados pela natureza para conter somente uma colher de chá de açúcar, fica fácil entender onde acaba o excesso de carboidratos que consumimos – como gordura, particularmente ao redor da cintura. Se o suprimento de glicogênio estiver completo e não for queimado em atividades físicas, a maior parte dos carboidratos ingeridos se transformará em gordura corporal.

Os hormônios desempenham importante papel nesse processo. O organismo produz o hormônio da insulina (responsável pela regulação dos níveis de açúcar sanguíneo) assim que vemos os carboidratos e sentimos seu aroma e seu sabor. Muitos alimentos ricos em carboidratos que ingerimos provocam o rápido aumento dos níveis de açúcar, o que pode levar à superprodução de insulina. Quanto mais o organismo convive com altos níveis de insulina, mais difícil se torna, para esse hormônio, reduzir os níveis de açúcar do sangue. Esse fenômeno é conhecido como resistência à insulina: quanto mais insulina existir no sangue, mais gordura será armazenada no organismo, que, em conseqüência, queimará menos gordura. Mudanças agudas dos níveis de açúcar no sangue também aumentam o apetite e provocam desejo de consumir açúcar.

Além do ganho de peso, a resistência à insulina está também ligada a diversas condições de risco, inclusive diabetes do tipo II, hipertensão sanguínea e doenças cardiovasculares. É absurdo consumir alimentos que perturbam o equilíbrio hormonal. Os animais, instintivamente, sabem o que devem comer. Por que nós não sabemos?

Se você obtiver a maior parte dos carboidratos que consome de grãos, vegetais e frutas, o teor de açúcar de seu sangue permanecerá relativamente estável. Essa não é uma dieta rica em carboidratos, e sim uma forma natural de alimentacão, além de constituir a base da dieta grega.

Dietas de dissociação

Você provavelmente já ouviu falar nessas dietas, ainda que nunca as tenha adotado. Você pode, por exemplo, comer somente abacaxis durante alguns dias ou apenas ovos ou tomates no café da manhã, batatas no almoço e talos de salsão no jantar.

Infelizmente, tais dietas têm uma coisa em comum: não dão resultado e podem ser muitos perigosas. Elas são desbalanceadas, pois não suprem nosso organismo dos macronutrientes nem dos micronutrientes de que precisamos – e estou certo de que você não tem a menor intenção de passar o resto da vida comendo abacaxis. Quando a pessoa retorna a seus hábitos alimentares normais, verifica que não obteve nenhum resultado.

Dietas de substituição de refeições

Não existe nada de intrinsecamente errado com os substitutos das refeições, como *shakes* e barras de cereais, exceto pelo fato de que eles não são saborosos como os alimentos e não contêm a variedade nutricional necessária. Estão muito longe de ser naturais. Além disso, se você deseja manter-se magro durante muito tempo, é importante tomar uma atitude positiva em relação a sua alimentação.

Existem vários tipos de dieta que utilizam substitutos das refeições. Os mais comuns têm baixos índices calóricos e pouca gordura. Alguns são pobres em carboidratos, outros são ricos em proteínas. Mas a grande maioria fornece ao organismo todas as vitaminas e sais minerais necessários. Essas dietas surtem efeito se você estiver muito acima do peso e quiser começar a emagrecer gradativamente e podem ser mais seguras do que uma dieta sem supervisão. Antes de adotá-las, entretanto, você deve consultar seu médico. Eu, pessoalmente, não aconselharia dietas de substituição de todas as refeições, exceto se forem indicadas pelo médico e cuidadosamente acompanhadas.

A melhor maneira de perder peso

Se você se concentrar apenas na quantidade de alimento que come, nunca será capaz de manter-se magro no longo prazo. Se comer de forma inadequada, não conseguirá modificar seus hábitos alimentares. Se reduzir drasticamente o volume de calorias que ingere, com certeza sentirá fome e vai "beliscar" alguns petiscos. Antes de mais nada, você deve concentrar-se na escolha dos alimentos corretos, que trarão equilíbrio a seu organismo. Escolhendo os alimentos adequados, você educará seu apetite após certo tempo. A dieta grega fornece o consumo diário de 2 mil calorias, e grande parte das pessoas vai descobrir que isso pode saciar a fome. À medida que aprender a evitar alimentos de altos teores de açúcar e de amido, seu apetite e a sensação de saciedade passarão a atuar da forma como a natureza planejou, e você poderá comer quanto desejar – porque vai desejar comer menos.

Atenção

Se você deseja efetuar mudanças permanentes em seu estilo de vida, deve descobrir as necessidades reais de seu organismo. É importante não trabalhar contra o próprio corpo, como fazem tantas dietas de baixas calorias. Você precisa compreender a forma como diversos tipos de alimento afetam seu metabolismo e sua saúde – caso seu objetivo seja compor uma dieta balanceada.

Mas é fácil mudar a dieta? Você talvez imagine que, a partir do momento em que conhecer as necessidades de seu corpo, todos os seus problemas estarão resolvidos. Infelizmente não é tão simples. Todos sabem que fumar representa um risco potencial para a saúde, e mesmo assim 30% da população mundial fuma. O conhecimento é essencial, mas não é suficiente. Você também precisa de motivação.

Motivação

A maioria das pessoas tem desejos e sonhos sobre a própria vida. Nós adoraríamos mudar, mas odiamos o processo de mudança. Existe sempre um preço a ser pago para obter os resultados. Praticamente todas as pessoas adorariam ser atraentes, elegantes, saudáveis e ricas. Muito poucas, entretanto, realmente trabalham duro para atingir seus objetivos. É claro que esses objetivos não garantem a felicidade. Acredito que o único objetivo realmente importante é ser saudável.

Nas conversas que mantenho com meus pacientes, eles me dizem com freqüência que decidiram mudar seu estilo de vida, alimentar-se melhor e emagrecer, mas... Dizem também que o trabalho ou a família ocupam tanto tempo e energia, mas... Alegam ainda que é difícil praticar exercícios por causa de uma dor no joelho – e assim por diante. Quando ouço tantos "mas" durante a conversa, tenho sérias dúvidas sobre se meu interlocutor está verdadeiramente motivado e será capaz de dar os passos necessários para mudar de vida. Talvez existam de fato obstáculos práticos ou talvez esses obstáculos sejam mentais e psicológicos. É importante discutir e analisar objetivamente a situação. A mudança que você deseja e planeja é viável? Existe alguma coisa que possa fazer para remover alguns obstáculos? Você precisa de ajuda para conseguir isso? Talvez você tenha obtido muito sucesso em sua vida profissional, talvez tenha assumido muitas responsabilidades no trabalho e em casa, mas ainda não domina todos os aspectos de sua vida, como adotar uma dieta saudável, praticar exercícios adequados, parar de fumar e controlar o estresse. Um pedido de ajuda não deve ser considerado uma derrota – pode, pelo contrário, ser o primeiro passo rumo ao sucesso.

Você precisa de suplementos alimentares? 10

Vitaminas e sais minerais estão presentes, em pequenas quantidades, em vários alimentos. Sua função não é fornecer energia ao organismo, e sim tornar possíveis as numerosas reações químicas que preservam nossa saúde. Pode-se compará-los ao cimento que mantém juntos os tijolos de um prédio. Precisamos do tipo correto e da quantidade adequada não apenas de tijolos como também de cimento.

As vitaminas e os sais minerais não são varinhas mágicas que farão você sentir-se bem caso seu estilo de vida não seja saudável. O cimento não tem muita utilidade sem os tijolos. A escolha acertada e a combinação correta de proteínas, carboidratos e gorduras é vital (veja capítulo 2). Você não deve acreditar, nem por um segundo, que o elixir da vida pode ser encontrado em um frasco ou em uma cápsula. As pessoas têm muita fé nos suplementos alimentares e nas vitaminas, quando na verdade deveriam ter fé em uma alimentação saudável. Conhecer as substâncias contidas nos tomates ou nas cenouras que são benéficas à saúde e consumi-las por meio de cápsulas não é o mesmo que comer tomates e cenouras frescos. A indústria de suplementos alimentares prefere, obviamente, que as pessoas comprem pílulas, mas a adoção de uma dieta natural e balanceada é a melhor coisa a fazer para manter a boa saúde.

Pense antes de tomar um suplemento

O uso de suplementos alimentares é uma questão muito debatida. Algumas pessoas serão sempre as primeiras a experimentar as últimas novidades em termos de vitaminas e sais minerais. Por outro lado, existem também os céticos, que acatarão a necessidade de aderir a esses suplementos somente se um exame de sangue apontar sérias deficiências deles. Como em tudo na vida, a verdade está próxima do meio-termo. Se a maioria das pessoas consumir poucas frutas e vegetais, o que em geral é verdadeiro, o nível médio de vitaminas e sais minerais existente na corrente sanguínea será fatalmente baixo. E é esse tipo de média que forma a base do que se considera "dentro dos limites normais". A diferença entre "normal" e "ideal" ou "saudável" pode, portanto, ser enorme.

As mesmas "regras" estatísticas se aplicam aos suplementos alimentares. Algumas pessoas, especialmente aquelas que correm mais riscos de desenvolver certas doenças, quase sempre necessitam de doses maiores de vitaminas e de sais minerais do que outras. Apesar de nada ser capaz de substituir uma dieta natural e balanceada e um estilo de vida saudável, os suplementos alimentares, ou seja, pílulas de vitaminas e sais minerais, podem ser considerados um seguro de saúde barato. O problema é saber o que escolher. Existe uma variedade imensa deles – multivitamínicos, complexos de vitaminas e sais minerais específicos, medicamentos fitoterápicos e "extratos naturais" – e, além disso, todo fabricante alega que seu produto é indispensável.

Não é possível, infelizmente, ter certeza de que o frasco contém, com precisão, o que o rótulo indica. Os laboratórios farmacêuticos são obrigados a provar que os novos remédios são tão eficientes quanto seguros, mas os fabricantes de suplementos alimentares não têm a obrigação de fazer o mesmo – de acordo com a legislação em vigor. As pesquisas sobre suplementos alimentares normalmente não acompanham os altos padrões de controle característicos das pesquisas médicas. Além disso, já que muitos desses suplementos derivam de recursos naturais, não há como patenteá-los a menos que estejam misturados a outros componentes ou sua estrutura química seja alterada. Sem a proteção de uma patente, os fabricantes não demonstram grande interesse em financiar pesquisas graças às quais seus concorrentes possam lucrar. Finalmente, a maioria dessas pesquisas é patrocinada por verbas públicas, e todos nós sabemos que não há muito dinheiro disponível para tais estudos. Essas são algumas das razões por que se torna tão importante buscar informações confiáveis, baseadas em pesquisas idôneas, sobre os suplementos que poderão de fato proporcionar o efeito desejado. Outro cuidado indispensável é comprá-los apenas de fabricantes e distribuidores de boa reputação.

Este capítulo vai analisar diversos suplementos que podem ter interesse especial para aqueles que desejam acelerar seu metabolismo e talvez perder peso, prevenir ou reduzir a resistência à insulina. Se você for diabético, esses suplementos poderão ajudá-lo a ganhar mais controle sobre os níveis de açúcar e melhorar ainda os teores de lipídios do sangue. Lembre-se de que os suplementos alimentares devem ser usados como coadjuvantes de uma dieta balanceada, e não para substituí-la. Note também que se trata de substâncias químicas – tanto quanto os remédios. O fato de estar presentes na natureza não significa que sejam sempre apropriados nem que se possa consumi-los à vontade. Se forem usados incorretamente, eles poderão provocar efeitos colaterais. Nem todos devem recorrer a suplementos alimentares. Converse com seu médico antes de adotá-los, pois alguns deles são contra-indicados se você estiver tomando certos tipos de medicação. Lembre-se: o segredo da boa saúde não tem o formato de uma pílula.

Quem precisa de suplementos?

Existe alguma vantagem em tomá-los? Em primeiro lugar, muitas pessoas se acham, às vezes, em situações nas quais necessitam de suplementos especiais, seja devido a uma doença, seja por outras razões, como gravidez ou amamentação. Os vegetarianos deveriam tomar suplementos de vitamina B12, visto que ela só é encontrada em alimentos de origem animal. Em segundo lugar, a vida moderna expõe todos nós a poluentes ambientais e a situações de estresse não resolvidas, o que apenas aumenta nossas necessidades de vitaminas e sais minerais adicionais. Finalmente, a maior parte dos alimentos que consumimos hoje em dia não apresenta mais as mesmas qualidades nutricionais de antes. Para produzir alimentos de acordo com a quantidade, a qualidade e o preço exigidos pela demanda, alteramos a dieta dos rebanhos – gado, frangos e porcos já não comem a variedade de alimentos consumidos em circunstâncias naturais. Além disso, damos antibióticos a eles para controlar doenças. Nem mesmo um simples ovo contém o poder nutritivo que deveria oferecer.

Vitaminas: achados e perdidos

Se você já saboreou uma laranja fresca colhida diretamente do pé ou um tomate amadurecido naturalmente ao sol, sabe quanto podem ser mais saborosos. O que você não sabe é que, além de tudo, eles contêm seu teor completo de vitaminas. As frutas e os vegetais que compramos nos supermercados viajaram, às vezes, metade do mundo para chegar até nós. Em muitos casos, foram colhidos antes de amadurecer e armazenados em contêineres refrigerados em seu caminho até os revendedores. Após comprá-los, nós também os mantemos refrigerados por vários dias (senão congelados) antes do consumo. Esse processo dificilmente poderia ser chamado de natural, pois acarreta perda substancial de vitaminas e sais minerais. O ideal seria comprar alimentos frescos e consumi-los em seguida. Frutas e vegetais cultivados naturalmente, em locais próximos, seriam a melhor escolha.

E quanto a vegetais e frutas congelados? Eles são colhidos, lavados e congelados – e permanecem em ótimas condições até ser consumidos. Você já encontrou vegetais ou frutas estragados em uma embalagem de produtos congelados? O congelamento é muito melhor do que o transporte refrigerado do produto fresco, pois mantém as vitaminas e os sais minerais intactos. Seja, porém, qual for o processo de cultivo e transporte de frutas e vegetais, o consumo substancial deles é muito importante para a saúde.

Antioxidantes: os naturais são melhores

Antioxidantes são as vitaminas, os sais minerais e outros fitoquímicos (substâncias encontradas nas plantas, do grego *phyton*, que significa "planta") que protegem os vegetais e indiretamente o corpo humano contra o dano da oxidação – também conhecida como degeneração causada pelos radicais livres. Pode-se concluir, então, que os radicais livres são perigosos, já que precisamos de proteção contra eles? Bem, não exatamente. O corpo necessita de oxigênio para a geração de energia e de todas as reações celulares: sem ele, a vida é impossível. Quando o corpo queima oxigênio, isso resulta na criação de moléculas instáveis do próprio oxigênio, chamadas de radicais livres. O organismo é capaz de lidar com determinado número de radicais livres, mas não com o excesso deles nem com sua permanência prolongada.

Os radicais livres são também criados quando o organismo fica exposto à poluição causada pelo trânsito, por produtos químicos ou fumaça de cigarro e ao excesso de sol, entre outras coisas. Você conhece o efeito que o ar – isto é, o oxigênio – causa no ferro: ferrugem (oxidação). E também já observou como a gordura, especialmente a existente em nozes e óleos, fica rançosa após algum tempo. A ferrugem é a oxidação do ferro, e as gorduras rançosas podem também ser descritas como produtos da oxidação. O oxigênio causa efeito danoso similar no organismo, especialmente nos ácidos graxos insaturados que fazem parte da estrutura das células do corpo. Essa oxidação nada mais é que o processo de envelhecimento. Além do envelhecimento precoce, o excesso desses radicais livres pode provocar câncer, catarata, degeneração da retina, arteriosclerose (endurecimento das artérias), doenças cardíacas, artrite e muitos outros males. Os antioxidantes protegem o organismo contra esse processo de oxidação pela remoção dos radicais livres antes que permaneçam nas células por muito tempo.

A vitamina C, a vitamina E e o betacaroteno (também chamado de pró-vitamina A) são os antioxidantes mais conhecidos e mais pesquisados – alguns outros são o licopeno, pigmento vermelho que dá cor ao tomate, os flavonóides, encontrados nas cebolas e em muitos outros alimentos, além de vários compostos presentes nas frutas secas e silvestres, nos vegetais, nas ervas e nos temperos. É importante consumir os antioxidantes diretamente dos alimentos, já que estes contêm inúmeras substâncias que atuam em conjunto. Pesquisas indicam que os micronutrientes, em sua forma natural, são absorvidos com mais eficiência do que nas formas sintéticas.

É o equilíbrio entre os radicais livres (também chamados de pró-oxidantes) e os antioxidantes que determina a boa saúde. O excesso de antioxidantes, entretanto, especialmente se houver altas concentrações de um ou dois tipos, pode perturbar esse equilíbrio – mais uma boa razão para consumir grande variedade de frutas e vegetais.

O betacaroteno e a vitamina E são muito mais eficientes quando ingeridos com doses adequadas de vitamina C. Ao que tudo indica, 6 mil microgramas de betacaroteno, 500 miligramas de vitamina C e 100 miligramas de vitamina E fornecem uma boa proteção. Essas são dosagens bem mais altas que as recomendadas oficialmente, mas isso se justifica.

Os alimentos que contêm betacaroteno apresentam em geral coloração verde-escura, laranja ou amarela: espinafre, agrião, couve, repolho e outros vegetais folhosos, cenouras, melões, mangas e damascos. São boas fontes de vitamina C: brócolis, repolho e couve-flor, espinafre e agrião, pimentões verdes e vermelhos, tomates, kiwis, melões, frutas cítricas, amoras, morangos e framboesas.

O consumo de grandes quantidades de frutas e vegetais reduz a necessidade das vitaminas A e C, mas talvez não da vitamina E. A vitamina E é solúvel em gordura, e algumas boas fontes são azeite de oliva extravirgem, frutas secas, principalmente amêndoas e avelãs, sementes de girassol, abacates e grãos integrais. É também encontrada em algumas frutas e vegetais, mas se você estiver numa dieta baseada em consumo de gordura moderado ou baixo talvez seja difícil obter os 100 miligramas diários de vitamina E. Assim, pode ser uma boa idéia recorrer a um suplemento. A vitamina E auxilia a ação da insulina em pessoas saudáveis e também em portadores de diabetes do tipo II.

O organismo tem, atualmente, necessidade muito maior de antioxidantes do que em qualquer outra época. Os alimentos que consumimos, como verificamos neste capítulo, chegam até nós com níveis bastante reduzidos de vitamina C e de outros fitoquímicos úteis. Assim, é preciso repor continuamente os níveis de antioxidantes por meio de uma dieta adequada e, se necessário, de suplementos alimentares.

Ácidos graxos ômega-3

O óleo de fígado de bacalhau é um suplemento alimentar tradicional adotado em muitos países. Sua função é prevenir a deficiência de vitamina D, evitar resfriados e aliviar as dores causadas pela artrite. O óleo de fígado de bacalhau contém vitamina A e vitamina D, e recentemente ficou provado que é bastante benéfico à saúde porque contém grandes quantidades de ácidos graxos ômega-3.

Os ômega-3 são ácidos graxos essenciais: o organismo não pode produzi-los, mas são vitais ao funcionamento saudável do cérebro, do sistema nervoso e do sistema imunológico. Favorecem também a formação de articulações saudáveis, aprimoram a ação da insulina e amaciam a pele. A depressão e muitas disfunções do sistema nervoso – como a esclerose múltipla – estão relacionadas ao baixo consumo de ácidos graxos ômega-3. Um estudo realizado na Universidade de Bergen (Noruega) revelou que o aumento da ingestão de ômega-3, além de uma dieta rica em frutas e vegetais, pode ser mais eficaz na redução dos sintomas de pacientes portadores de esclerose múltipla do que medicações como a interferona. Sabe-se também que os ácidos graxos ômega-3 são transformados pelo organismo em "bons" icosanóides – substâncias que têm efeito antiinflamatório – e podem reduzir o risco de danos arteriais, derrames e doenças cardíacas, bem como de algumas formas de câncer (veja capítulo 7).

O ideal seria que comêssemos pelo menos 100 gramas de peixes como salmão, cavala, arenque, sardinha, truta ou atum todos os dias. Infelizmente, isso não acontece. Existe hoje uma crescente preocupação acerca de toxinas ambientais encontradas nos peixes, a tal ponto que agora nos aconselham a limitar o consumo desse alimento a três vezes por semana. Peixes mantidos em criadouros são nutridos com alimentos industrializados e vivem muito longe de um meio ambiente natural, enquanto os peixes silvestres, criados em liberdade, podem ter ficado expostos a toxinas durante seu ciclo de vida. Os peixes maiores, como o salmão e o atum, alimentam-se de peixes menores e vivem mais, e é, portanto, mais provável que acumulem toxinas como mercúrio em seu organismo. Peixes menores, como a sardinha e a cavala, correm menos risco de ser contaminados pelos mesmos motivos.

As mulheres grávidas têm necessidade ainda maior dos ácidos graxos ômega-3, vitais para o desenvolvimento do cérebro, dos olhos e do sistema nervoso central do feto. Devido aos altos níveis de toxinas, no entanto, recomendo que as gestantes evitem o consumo excessivo de peixes, optando por suplementos de boa qualidade de ômega-3.

Para os demais, recomendo que consumam peixes tanto de água salgada quanto de água doce, pois a variedade é importante – mas não exagerem no salmão! Mesmo que você coma peixe diariamente, é aconselhável tomar suplementos de ômega-3: de 5 a 10 mililitros (uma ou duas colheres de chá) de óleo de fígado de bacalhau, que fornece de 1,2 a 2,4 gramas de ômega-3. Se você optar por óleo refinado de peixe (com conteúdo de 60% de ômega-3), tome quatro colheres de chá de óleo líquido ou cápsulas de pelo menos 2 mil miligramas. Caso sofra de doenças inflamatórias ou tenha altos níveis de triglicérides (lipídios do sangue), você talvez precise de uma dosagem bem maior, mas consulte antes seu médico ou nutricionista. O ômega-3 derivado de fontes vegetais não pode ser prontamente utilizado pelo organismo como os óleos de peixe, mas boas fontes vegetais desses ácidos graxos são sementes ou óleo de linhaça (uma ou duas colheres de chá por dia) e nozes (cinco por dia), bem como óleo de nozes.

Quando aumentar o consumo de ácidos graxos ômega-3, lembre-se de limitar – mas sem eliminar – os ácidos graxos ômega-6. A dieta média atual tem excesso de gorduras ômega-6, encontradas no óleo de girassol, óleo de milho, óleo de soja e outros óleos poliinsaturados utilizados em margarinas e em muitos alimentos processados. Quando ingeridas em excesso, as gorduras ômega-6 podem aumentar as reações inflamatórias do organismo, trazendo resultados opostos aos do benéfico ômega-3.

Vitamina D

A vitamina D é solúvel em gordura, e muitas pessoas obesas apresentam deficiência dela, especialmente aquelas que vivem em países nórdicos, de latitudes mais altas. A vitamina D é produzida na pele pela exposição ao sol – e as pessoas obesas têm a tendência de expor-se ao sol menos do que as outras. Essa vitamina está presente em muito poucos alimentos, mas é possível obtê-la graças ao consumo de óleo de fígado de bacalhau e de alguns tipos de peixe (salmão, cavala, sardinha e atum), bem como de manteiga e gemas de ovos. Os vegetais normalmente têm pouca vitamina D.

A vitamina D – aliada ao cálcio e ao magnésio – é vital para a formação de uma estrutura óssea saudável, e sua falta, portanto, predispõe à osteoporose, entre outras coisas. Existe também relação entre a vitamina D e a resistência à insulina: quanto mais baixo for o nível de vitamina D, mais alto será o grau de resistência à insulina. Eu diria, então, que a luz solar é muito boa para a saúde: ajuda a prevenir diabetes, hipertensão sanguínea e doenças cardíacas.

Ácido fólico

Está provado que o ácido fólico é capaz de proteger contra danos o tubo neural embrionário do feto (região em que se forma o sistema nervoso central), por isso se recomenda a todas as mulheres em idade fértil um suplemento adicional diário de 400 microgramas.

Isso quer dizer que o ácido fólico é menos importante para os homens e as mulheres que já ultrapassaram a idade fértil? Em absoluto! O ácido fólico (aliado às vitaminas B6 e B12) reduz os níveis de homocisteína (um subproduto do metabolismo protéico). Elevados níveis de homocisteína podem danificar os vasos sanguíneos, além do fato de essa substância representar importante fator de risco no desenvolvimento de doenças cardiovasculares. Alguns médicos sugerem, aliás, que a verificação dos níveis de homocisteína do sangue é mais relevante que o exame dos próprios níveis de colesterol no que diz respeito ao risco de ocorrência de doenças cardíacas. Altos níveis de homocisteína também estão relacionados com o mal de Alzheimer.

O ácido fólico encontra-se, em sua forma natural, na maior parte dos vegetais verdes, particularmente aspargo, espinafre, brócolis, couve-de-bruxelas e alface. Suas propriedades ficam significativamente reduzidas pela ação do calor. Sugiro, portanto, não cozinhar demais os vegetais. Procure consumir pelo menos 200 microgramas por dia. Três ou quatro porções de vegetais e saladas devem ser suficientes.

Ácido nicotínico (niacina, vitamina B3), piridoxina (vitamina B6) e vitamina B12

Essas vitaminas são muito importantes na produção de "bons" icosanóides antiinflamatórios (veja capítulo 7). Acredita-se também que elas trabalhem em conjunto com o ácido fólico para reduzir os níveis de homocisteína do sangue.

O organismo pode produzir o ácido nicotínico por intermédio de um aminoácido, o triptofano, encontrado em quase todas as fontes de proteína. Se você ingerir alimentos suficientemente ricos em proteínas, será muito improvável que venha a sofrer de deficiência de ácido nicotínico. As vitaminas B6 e B12 devem também estar presentes em quantidades adequadas nos alimentos que consumimos. A vitamina B6 é encontrada em sementes, castanhas, ovos, carnes, peixes, grãos integrais, pães enriquecidos e cereais. Os vegetarianos devem estar atentos, entretanto, para o fato de que a vitamina B12 está presente apenas em alimentos de origem animal, como ovos, carnes, frangos, frutos do mar, leite e seus derivados. Algumas pesquisas sugerem que a ingestão de suplementos de vitamina B12 pode reduzir os sintomas do mal de Alzheimer.

Cromo

O cromo estimula a síntese dos ácidos graxos e do colesterol, importantes para o funcionamento do cérebro e outros processos orgânicos. Ele ativa diversas enzimas necessárias ao início de inúmeras reações químicas indispensáveis à vida.

Se você sofre de resistência à insulina, o cromo é muito importante para seu caso. Esse mineral pode ser obtido através dos alimentos, mas muitas pessoas necessitam de quantidades maiores do que as existentes naquilo que comem. O cromo faz parte do chamado fator de tolerância à glicose (FTG). Esse fator torna mais fácil para a insulina a tarefa de inserir açúcar nas células musculares, melhora a ação da própria insulina e reduz, portanto, a resistência a ela. Quanto mais cromo houver em seu organismo, menos insulina ele precisará produzir – e vice-versa. Quanto mais carboidrato você consumir, especialmente do tipo processado, altamente glicêmico, maior será o teor de cromo necessário, pois esses alimentos reduzem o nível de cromo do sangue. O mesmo efeito é causado pelo estresse físico ou emocional e também pela prática de exercícios pesados. Por outro lado, exercícios moderados podem ajudá-lo a estabilizar os níveis de insulina e de cromo. Além disso, conforme envelhecemos, menor se torna o nível de cromo de nosso organismo e mais insulina ele produz – e portanto necessitamos de mais cromo. Se houver níveis suficientes de cromo em seu corpo, você terá menos desejo de ingerir açúcares. A melhor fonte de cromo é o levedo de cerjeva, mas muitas pessoas o evitam porque costuma causar enjôos e náuseas. Outras boas fontes de cromo são carne, fígado, ovos, frango, ostras, germe de trigo, pimentões verdes, maçãs, bananas e espinafre. A pimenta-negra, a manteiga e o melaço também contêm cromo, mas seu consumo é muito pequeno.

Que quantidade de cromo é suficiente? Uma porção diária de 200 a 400 microgramas seria apropriada. Se você decidir adotar suplementos de cromo, tenha em mente que esse mineral deve ser tomado somente com água, e não com alimentos, outros medicamentos nem suplementos. Evite especialmente o zinco, pois essa mistura pode inibir a absorção do cromo pelo organismo.

Magnésio

O magnésio é utilizado no metabolismo do açúcar sanguíneo, entre outros, e influencia a produção e a ação da insulina. A carência de magnésio nas células reduz a ação da insulina e, conseqüentemente, favorece a resistência a esse hormônio. Esse processo ocorre em indivíduos que sofrem de hipertensão e diabetes do tipo II. O magnésio tem efeito estabilizante no ritmo cardíaco e na pressão sanguínea. É também necessário na manutenção de ossos saudáveis, bem como na prevenção da fadiga.

Nos países desenvolvidos, até 75% das pessoas consomem muito pouco magnésio. A maior parte desse mineral se origina dos vegetais, particularmente os que apresentam folhas de cor verde-escura. Outros alimentos que também contêm magnésio são produtos à base de soja, como a farinha e o tofu, sementes e grãos, frutas secas, grãos integrais, frutas como bananas, damascos secos e abacates, carnes e aves, além de peixes. A melhor maneira de garantir um bom suprimento de magnésio é comer amêndoas e castanhas de caju todos os dias. O consumo mínimo recomendado para adultos é de 300 a 400 miligramas por dia, mas um exame de sangue pode revelar se você necessita de doses mais altas de magnésio.

Selênio

O selênio é um mineral essencial, necessário para a produção de glutationa peroxidase, uma das mais importantes enzimas antioxidantes do organismo, que se acredita ser de suma importância na prevenção do câncer e de doenças cardiovasculares. Esse mineral também parece estimular a formação de anticorpos em reação a vacinas, além de oferecer proteção contra os efeitos tóxicos de metais pesados e outras substâncias. O selênio pode ainda auxiliar na síntese da proteína, no crescimento e no desenvolvimento do organismo, bem como na fertilidade masculina, já que suas propriedades de aprimoramento da produção e da mobilidade dos espermatozóides são bastante conhecidas.

Poucas pessoas consomem doses suficientes de selênio, e esse parece ser um fenômeno de alcance mundial. Isso ocorre porque o teor de selênio existente nos alimentos de origem vegetal e animal depende dos níveis desse mineral contidos no solo, que nunca são altos na Europa, por exemplo, principalmente na atualidade, em razão da intensa exploração das lavouras. Peixes, moluscos, carnes vermelhas, grãos, ovos, frangos, fígado e alho são boas fontes de selênio. O levedo de cerveja e o germe de trigo, ambos considerados alimentos saudáveis, são também boas fontes de selênio. As castanhas-do-pará são muito ricas em selênio, e apenas duas por dia devem suprir a necessidade básica desse mineral. Como suplemento vitamínico, recomenda-se uma dosagem de 100 a 200 microgramas.

Zinco

O zinco é necessário para o funcionamento do sistema imunológico e a produção de icosanóides. É também importante na atuação de uma série de hormônios, como a insulina, os hormônios sexuais e do crescimento. As reservas de zinco do organismo são destruídas pela ação do estresse e do tabagismo. Esse mineral é encontrado na aveia, em ovos, castanhas, carnes, frangos, peixes e principalmente em ostras e outros moluscos. Talvez seja difícil obter a dosagem recomendada, de 15 miligramas por dia, sem o auxílio de suplementos alimentares.

5-HTP

Essa é uma substância interessante relacionada à obesidade e à redução de peso. O 5-HTP (5-hidroxitriptofano) é conhecido por sua capacidade de suprimir o apetite, especialmente o desejo compulsivo de consumir doces e amido. Isso ocorre porque o 5-HTP aumenta o nível de serotonina, importante substância sinalizadora existente no cérebro, que produz efeito relaxante e calmante. Diversos alimentos, inclusive o açúcar e o chocolate, são conhecidos por elevar o nível de serotonina do cérebro.

Pesquisas mostram que, consumido como suplemento alimentar, o 5-HTP reduziu o consumo de alimentos em cerca de 20% entre pessoas que tinham livre acesso à comida. O resultado foi uma redução de peso de cerca de dois quilos em duas semanas. Não houve notícias de efeitos colaterais, apesar da possibilidade de ocorrerem tonturas se o suplemento for tomado durante o dia, mas seu uso ainda não é recomendado para mulheres grávidas nem para mães que amamentam. Se você decidir experimentar o 5-HTP com o objetivo de reduzir o apetite, comece tomando de 25 a 50 miligramas, duas vezes por semana, cerca de uma hora antes de dormir. Aumente gradualmente a freqüência até tomá-lo todas as noites. É importante não comprar suplementos que contenham outras substâncias além do 5-HTP. Alguns suplementos apresentam outros componentes, como a efedrina, anunciados como coadjuvantes da perda de peso, que no entanto estão relacionados a sérios efeitos colaterais e não devem ser consumidos.

O 5-HTP é produzido no organismo por meio do triptofano, um aminoácido encontrado na maior parte dos alimentos protéicos. Uma dieta bem balanceada, que forneça proteínas suficientes em todas as refeições, pode assegurar o consumo adequado de 5-HTP em circunstâncias normais.

Alimentos funcionais (nutracêuticos)

O conceito de alimento funcional é a grande novidade das áreas de nutrição e tecnologia nutricional. Alimentos funcionais são aqueles que trazem benefícios extras à saúde, além de seu conteúdo nutritivo. Alguns bons exemplos são massas de baixos teores de gordura que contenham esteróis vegetais, ingredientes que diminuem o colesterol, e iogurtes nos quais o açúcar foi substituído por fibras solúveis ou oligofrutose. O termo "nutracêutico" deriva da palavra "nutricional" e da palavra "farmacêutico" e significa uma combinação de alimentos e remédios. Isso indica que determinado nutriente benéfico – uma vitamina, um sal mineral ou outro componente químico – geralmente encontrado nos alimentos foi colocado em uma cápsula.

Sempre devemos nos manter céticos no que se refere a novas tendências. Eu, porém, devo admitir que me sinto muito bem com relação a esse campo de pesquisa. Nós já mexemos tanto com a natureza e com nossos alimentos que acredito ser hora de tentar desenvolver novos produtos com o objetivo de corrigir falhas e desequilíbrios. Tomemos como exemplo o tipo de leite no qual a gordura saturada foi substituída por ácidos graxos ômega-3 e por gordura monoinsaturada. Há, ainda, pães e massas enriquecidos com proteínas e fibras, de reduzidos teores de carboidratos. A soja, que contém altos níveis de proteínas e fibras, torna-se muito interessante nesse contexto. Você provavelmente encontrará proteína de soja em uma variedade cada vez maior de produtos que podem beneficiar sua saúde.

A dieta grega 11

Deixe-me reiterar que a dieta grega não é uma solução rápida a ser adotada por pouco tempo. É um conceito nutricional concebido para manter você naturalmente magro e deve ser seguido pelo resto da vida. Você provavelmente passará a alimentar-se de modo diferente do habitual, mas isso não significa que comerá menos. Vai consumir alimentos saborosos e um número maior de refeições diárias.

Fique avisado, entretanto, de que a mudança de hábito não é sempre fácil. As rotinas e os hábitos governam nosso dia-a-dia. Você tenderá a resistir quando for obrigado a desviar-se da rotina. Muitas vezes nem sequer notará que vai "cometer" auto-sabotagem. Meu conselho é este: planeje com antecedência, fique consciente do motivo por que faz algumas coisas e, acima de tudo, procure ter controle sobre suas escolhas. Se você titubear, aceite o fato de que a mudança de seu estilo de vida é um processo que não ocorre de um dia para outro. Recuar um pouco não é o mesmo que perder. Nós devemos aprender com nossos erros. Reflita sobre a razão de seus erros e depois siga em frente.

O que é a dieta grega?

Eu tecnicamente a chamo de dieta isoglicêmica (*isos* é uma palavra grega que significa "igual"), pois sua base é o equilíbrio. Graças a ela, você poderá manter um equilíbrio natural entre os tipos de carboidrato, proteína e gordura que ingere, e isso proporcionará maior estabilidade aos níveis de açúcar do sangue e melhor desempenho hormonal a seu organismo. O equilíbrio hormonal favorece o sistema imunológico, previne dores nas articulações, alergias e condições asmáticas e melhora a pele, além de ajudar a performance mental e física. Você evitará o "efeito sanfona", uma vez que perderá gordura, e não apenas peso.

Com a dieta grega, sua alimentação terá maior variedade de alimentos naturais e menor volume de alimentos processados e refinados – e esse tipo de alimentação é geneticamente adequado aos seres humanos porque melhora o metabolismo. A escolha dos alimentos garante o consumo suficiente de vitaminas, sais minerais, antioxidantes e fibras. Nada é proibido (estou apenas sendo realista), mas, se você consumir menos carboidratos e gorduras favoráveis, faça isso com moderação e equilibre os eventuais efeitos ingerindo mais carboidratos saudáveis e proteínas.

Cerca de um terço do consumo total de energia (quero dizer calorias, e não quantidade de alimento) deve proceder de carboidratos de baixos e médios teores glicêmicos, que não provocam a elevação repentina dos níveis de açúcar sanguíneo. Menos de um terço deve vir de proteínas animais e vegetais de alta qualidade, e o restante de gorduras naturais pouco processadas, de gorduras monoinsaturadas e poliinsaturadas, mas também, em menor grau, de gorduras saturadas. Isso parece muito científico? Não se preocupe, você não precisará contar gramas, porcentagens nem calorias. As pessoas naturalmente magras não contam as calorias que ingerem, e você tampouco terá de fazê-lo. Cada pessoa é diferente, e mais tarde você encontrará a forma que melhor se adapte a seu caso. Neste capítulo, pretendo mostrar como pôr em prática os princípios nutricionais.

Não há necessidade de contar nem de pesar absolutamente nada. A palma de sua mão é tudo de que você precisa para avaliar a quantidade de alimento que deve consumir, conforme explicarei neste mesmo capítulo.

Aqui está o que chamo de ABC da dieta grega (veja tabela na página 190). A maioria de suas refeições terá aproximadamente um terço de alimentos protéicos e dois terços de carboidratos de baixos teores glicêmicos. Uma refeição por dia – uma espécie de "recompensa" – pode consistir de um terço de proteínas, de metade de carboidratos de baixos teores glicêmicos e de um sexto de carboidratos de médios ou altos teores glicêmicos. Você vai escolher se sua refeição-recompensa será o café da manhã, o almoço ou o jantar. Para permanecer em sintonia com seu biorritmo metabólico, será provavelmente melhor escolher o café da manhã ou o almoço, mas muitas pessoas preferem o jantar – por razões práticas ou sociais.

O tipo correto de gordura é encontrado no azeite de oliva extravirgem ou no óleo de canola, ambos prensados a frio, assim como em frutas secas, abacates, peixes e também no óleo de sementes de linhaça. A gordura dos alimentos deve ser principalmente insaturada. Limite o consumo de gordura saturada, embora não haja razão para ficar obcecado com isso. É importante que as gorduras saturadas de origem animal não substituam as gorduras vegetais mencionadas acima. Tomar um copo ou dois de vinho na hora do almoço ou do jantar faz bem à saúde – mas, se estiver tentando perder peso, recomendo que evite o álcool ou incorpore-o a sua refeição-recompensa.

Você pode comer quanto quiser até sentir-se saciado (lembre-se de não comer muito depressa e não esqueça que os sinais de saciedade levam entre dez e quinze minutos para atingir o cérebro), mas suas refeições sempre devem ser balanceadas. Se quiser repetir um prato, isso é perfeitamente possível, mas evite comer mais carboidratos (como arroz, massas, batatas ou pães). Você deve consumir um volume correspondente de proteínas (como frango, peixe, carne, queijo *cottage* ou iogurte). Todas as refeições e todos os lanches precisam conter proteínas.

O exercício físico é essencial para a boa saúde. O mesmo vale para a abstinência do cigarro e o controle do estresse. A combinação da dieta grega, da prática apropriada de exercícios e de um estilo de vida mais saudável pode proporcionar os melhores resultados caso você deseje perder peso ou simplesmente manter-se tão saudável quanto possível.

O que esperar dessa dieta

- Se você estiver acima do peso, gradualmente perderá gordura de modo saudável e seguro. Quanto emagrecer, e com que velocidade, depende de cada indivíduo, da determinação de seguir os princípios desse método, da intensidade da prática de exercícios e por fim, mas não menos importante, da carga genética. É, porém, importante ressaltar que a média semanal de redução de peso deve permanecer entre 500 gramas e 1 quilo. Caso você esteja obeso, essa média pode ultrapassar 1,5 quilo – desde que não haja perda de massa muscular.

Modelo AB para a maior parte das refeições

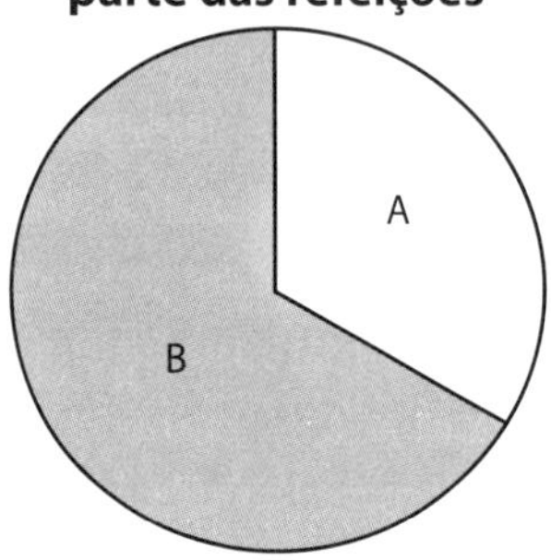

A: proteínas

B: carboidratos de baixos teores glicêmicos (vegetais, sementes e muitas frutas)

Modelo ABC para a refeição-recompensa

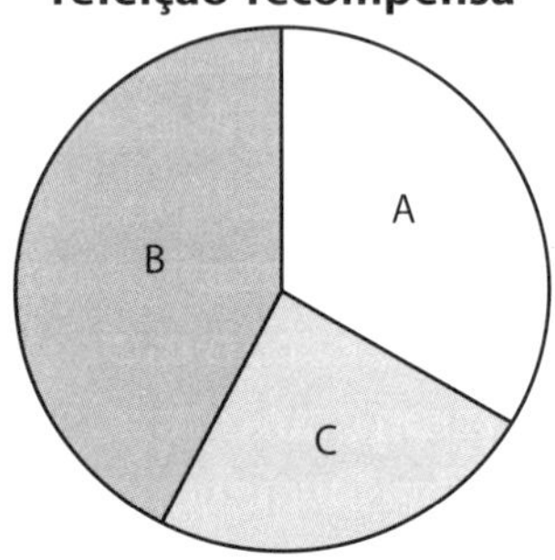

A: proteínas

B: carboidratos de baixos teores glicêmicos (vegetais, sementes e muitas frutas)

C: carboidratos de médios e altos teores glicêmicos (pães, batatas, massas, arroz, grãos, sobremesas, queijo ou vinho)

- Caso esteja obeso quando iniciar a dieta, poderá emagrecer de 2 a 3,5 quilos durante a primeira semana, parcialmente em razão da perda de fluidos, ligados ao excesso de glicogênio e de gordura. É isso que acontece quando você reduz o consumo total de carboidratos de altos teores glicêmicos – e, portanto, os níveis de insulina. Talvez ocorra também queda da pressão sanguínea. Se você estiver tomando remédios para manter a pressão sob controle, será uma boa idéia consultar seu médico para que ele reavalie a dosagem. Após a primeira semana, caso perca mais de 1,5 quilo, você pode ficar desidratado ou carente de proteínas. Lembre-se de que seu objetivo não é encontrar mais uma solução de curto prazo, e sim emagrecer de maneira segura, saudável e permanente.

- Se você sentir fome ou baixa energia durante esse novo regime, é provável que não esteja comendo o suficiente. Aumente a quantidade de alimentos por refeição ou faça uma refeição extra. Mas sempre tenha muito cuidado com relação ao balanceamento correto de suas refeições.
- Se seu peso for normal, você não vai engordar seguindo essa dieta. Pode, entretanto, haver um pequeno ganho de peso após algum tempo, especialmente se combinar a nova dieta com treinamento de resistência, pois isso levará ao aumento da massa muscular – o que será ótimo. Isso ocorre devido aos efeitos metabólicos e hormonais da proteína, assim como aos efeitos dos exercícios, que desenvolvem a musculatura. Ao adotar uma dieta mais saudável, você se sentirá alerta e cheio de vitalidade, além de evitar o aumento da gordura corporal.
- Se você estiver abaixo do peso, a dieta grega vai ajudá-lo a voltar ao peso normal e a aumentar a massa muscular.

Quanto devo comer?

Sem a necessidade de pesar nem de medir nada, o diagrama apresentado a seguir vai ajudá-lo a visualizar suas refeições. Para uma pessoa adulta, a quantidade de proteínas (carne, peixe, frango, ovos e queijo *cottage)* deverá ter o tamanho e a espessura da palma da mão. O tamanho da palma da mão varia de uma pessoa para outra e é proporcional ao restante do corpo. Essa é a quantidade de alimentos baseados em proteínas (cozidos e prontos para comer) de que você necessita, além de constituir a parte A de cada uma das três refeições principais.

Use a palma da mão para visualizar a porção de alimentos que você deve comer

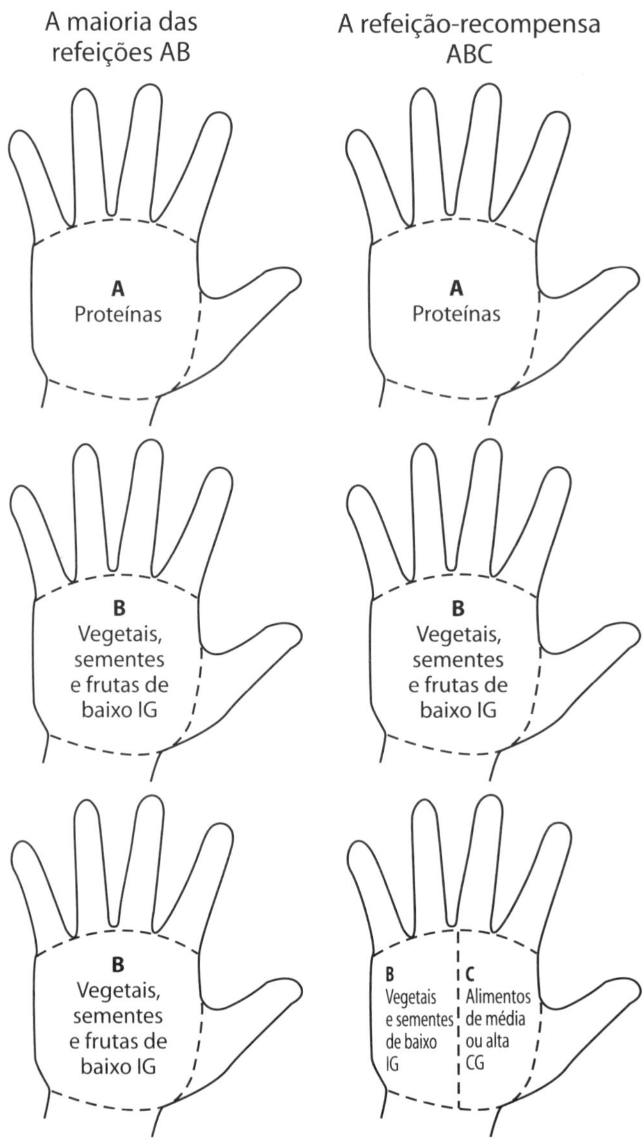

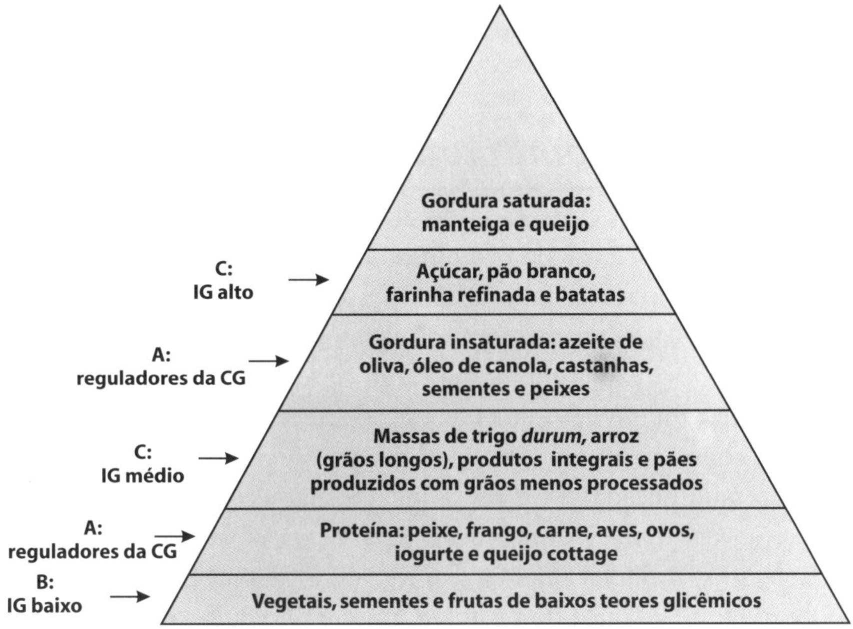

A pirâmide de alimentos da dieta grega

Essa é uma forma simples de visualizar o estilo de comer da dieta grega. Como você pode ver, a base da pirâmide consiste de vegetais e sementes de baixa carga glicêmica. Frutas de baixa CG também fazem parte da categoria. Esses alimentos compõem o grupo B de suas refeições. Mais acima, você vai encontrar alimentos ricos em proteínas e gorduras insaturadas. Eles formam o grupo A de suas refeições. No topo da pirâmide, estão os carboidratos de altos teores glicêmicos (principalmente alimentos ricos em amido e açúcares) e as gorduras saturadas, que constituem a parte C, ou seja, sua refeição-recompensa diária.

A parte B (principalmente vegetais e sementes, bem como frutas frescas e silvestres de baixa carga glicêmica) deverá ter o dobro do tamanho da parte protéica: duas palmas, portanto.

Já a parte C da refeição-recompensa não deverá ter tamanho maior que meia palma, assim como a parte B não deverá ser menor que uma palma e meia. A parte C também abrange sobremesa, queijo ou vinho (ou outra bebida de sua preferência).

Os lanches deverão ter entre um terço e a metade do tamanho das refeições principais.

Consuma bastante proteína

Conforme expliquei no capítulo 2, é absolutamente essencial manter o consumo suficiente de proteínas. A palma da mão fornece orientação adequada para a maioria das pessoas, mas você talvez precise ajustar as porções de acordo com certos fatores de sua vida, levando em consideração, principalmente, sua carga de atividade física.

Se você não for ativo fisicamente, este é o cálculo que deverá fazer para garantir o consumo mínimo necessário de proteínas por dia: sua altura ao quadrado multiplicada por 23 será igual a sua necessidade protéica em gramas. Se você, por exemplo, medir 1,83 metro, os cálculos serão:

1,83 x 1,83 x 23 = 77 gramas de proteínas

Observe que falamos de proteína pura, e não da quantidade de alimento. Um peito de frango grelhado e sem pele, por exemplo, contém 32% de proteína, mas, conforme o tamanho, poderá conter de 30 a 45 gramas de proteínas.

Conforme seu nível de atividade física, você poderá aumentar o consumo de proteínas nas seguintes proporções:

- 10% se praticar algum exercício, por exemplo, uma caminhada de 20 a 40 minutos duas vezes por semana.
- 20% se praticar exercícios aeróbicos moderados (caminhada vigorosa, ciclismo ou remo) três vezes por semana.
- 30% se praticar exercícios aeróbicos, treinamento com pesos leves ou exercícios anaeróbicos diariamente.
- 40% caso pratique exercícios pesados, inclusive levantamento de peso ou exercícios anaeróbicos cinco vezes por semana durante duas horas.
- 50% se praticar exercícios exaustivos, inclusive levantamento de peso, duas ou três vezes por dia durante duas horas.

Além disso, você deverá acrescentar 10% de proteínas a sua dieta nos seguinte casos:

- 10% mais para cada hora de exercício pesado que ultrapassar duas horas por dia.
- 10% mais se estiver amamentando e 20% mais se estiver grávida.
- 10% mais caso fique muito tempo de pé no trabalho ou de 15% a 20% mais se seu trabalho for fisicamente desgastante.

Se você sofrer de alguma doença renal crônica (como insuficiência renal ou síndrome nefrótica), deverá consultar seu médico. Talvez seja preciso limitar o consumo de proteínas. O mesmo se aplica caso sofra de alguma disfunção hepática séria, como insuficiência ou hepatite crônica. Se você for diabético, será importante evitar o consumo de muitas proteínas. Não haverá, porém, abusos de nenhuma espécie se você seguir os princípios da dieta grega.

Quero enfatizar que essa *não* é uma dieta rica em proteínas. A quantidade de proteínas é um pouco mais alta do que o habitual para a maioria das pessoas (em detrimento do consumo de carboidratos), mas o volume total que recomendo não é alto. Você simplesmente consome porções necessárias de proteínas.

Boas fontes de proteínas

Para a média das pessoas, as porções indicadas na tabela a seguir correspondem à palma da mão, ou seja, à quantidade adequada de proteínas em cada refeição. As melhores opções são as carnes magras, não processadas (como salsichas) e não expostas a temperaturas muito altas (como carnes grelhadas ou muito fritas).

Peixes e frutos do mar

Todos os peixes e frutos do mar (em geral porções de 90 a 125 gramas) são excelentes fontes de proteínas, já que 100 gramas contêm de 15% a 20% desses nutrientes. Os peixes, que você deve comer pelo menos de duas a quatro vezes por semana, são ricos em ácidos graxos ômega-3: sardinha, salmão, atum e truta. Os peixes de carne branca e os frutos do mar têm normalmente teores muito baixos de gorduras.

Ovos

Uma porção de proteína corresponde a seis claras ou a três ovos inteiros. Para a maioria das pessoas, porém, essa seria uma quantidade excessiva. Podemos, por exemplo, combinar dois ovos com uma pequena porção de outro alimento que tenha proteínas. As gemas dos ovos contêm ácido araquidônico, um ácido graxo que pode causar problemas de saúde se seus níveis se elevarem, além de provocar reações nas pessoas mais sensíveis a ele. Se você consumir dois ovos por dia, isso não causará problemas. Se, todavia, preferir optar pela cautela, misture duas claras com uma gema para reduzir o teor de ácido araquidônico de sua refeição. O colesterol dos ovos não tem influência no nível de colesterol sanguíneo, fato esse comprovado por diversos estudos.

Carnes e aves

Todas as porções se referem a alimentos cozidos e preparados.

Melhor opção

Carne magra – 90 gramas
Peito ou coxa de peru sem pele – 90 gramas
Peito ou coxa de frango sem pele – 90 gramas
Carne de coelho – 90 gramas

Opção entre média e boa

Carne moída, teor de gordura menor que 10% – 90 gramas
Carne de peito de pato sem pele – 90 gramas
Carne de porco magra – 90 gramas
Vitela magra – 90 gramas
Carne de carneiro magra – 90 gramas
Presunto magro – 90 gramas

Última opção

Bacon, duas fatias – 75 gramas
Bife com gordura – 90 gramas
Carne moída, teor de gordura maior que 10% – 90 gramas
Salsichas, duas unidades – 100 gramas
Fígado de carneiro – 90 gramas
Fígado de galinha – 90 gramas
Salame – 60 gramas
Lingüiça, duas unidades grandes – 75 gramas

Nota: fígado é bastante nutritivo. Trata-se, porém, do órgão de desintoxicação do organismo, sendo portanto provável que contenha toxinas. Se você gosta de fígado, sugiro o de vitela – apenas ocasionalmente. Quanto mais jovem for o animal, mais baixo será o número de toxinas encontradas em seu fígado.

Laticínios

Melhor opção

Queijo *cottage* – 90 gramas

Farelo de proteína – 30 gramas

Opção entre média e boa

Queijo magro, teor de gordura menor que 10% – 90 gramas

Ricota – 90 gramas

Nota: queijos como *cheddar* e *brie*, assim como queijos de leite de cabra, podem ser consumidos em pequenas quantidades como aperitivo, mas sempre com frutas e vegetais de baixos teores glicêmicos – e *não* com carboidratos de teores glicêmicos médios nem altos, como pães ou bolachas. Um pedaço de queijo do tamanho de uma caixa de fósforos pesa cerca de 30 a 45 gramas e fornece de 6 a 8 gramas de proteína, mas também muita gordura saturada.

Fontes de carboidratos e de proteínas

Melhor opção

Leite desnatado – 250 mililitros

Leite em pó – 250 mililitros

Feijões, lentilhas, ervilhas e tofu – 150 gramas

Iogurte natural – 125 gramas

Opção entre média e boa

Leite semidesnatado e leite de soja – 250 mililitros

Nota: todos os iogurtes naturais (sem açúcar) que contêm culturas vivas são benéficos, pois renovam o suprimento de bactérias saudáveis dos intestinos. Se você está tentando perder peso, escolha iogurtes livres de gorduras.

Feijões, lentilhas e tofu

Os feijões e outras sementes (como lentilhas e ervilhas) são uma boa fonte de proteínas e carboidratos saudáveis. Depois de preparados, contêm cerca de 12 gramas de proteínas em uma porção de 150 gramas.

Os grãos de soja apresentam teores mais altos de proteínas e gorduras e mais baixos de carboidratos do que as outras sementes, mas não temos o hábito de comê-los. O tofu tem cerca de 8 a 12 gramas de proteínas em uma porção de 100 gramas.

Tipos de carboidrato

Nesta altura, você já sabe que nem todos os carboidratos são iguais. Os carboidratos *slow* (lentos) têm baixo índice glicêmico ou baixa carga glicêmica e são considerados mais saudáveis (veja as listas apresentadas no final deste livro). Os carboidratos *fast* (rápidos) apresentam IG ou CG médios ou altos e são menos saudáveis.

Quando você examinar uma relação de IG ou CG, é importante lembrar que tanto a proteína quanto a gordura são responsáveis por esses índices. O leite achocolatado, por exemplo, possui IG médio (43), mas é rico em gorduras e tem CG alta (24 por 100 gramas). A melancia tem IG alto, mas CG baixa (4 por 100 gramas), além de ser uma boa fonte do antioxidante betacaroteno. É fácil adivinhar, portanto, qual deles eu recomendo como sobremesa, embora o chocolate amargo, com 70% de sólidos de cacau ou mais, seja um alimento bastante saudável quando consumido com moderação.

Carboidratos saudáveis

Alguns alimentos causam um pequeno e suave aumento dos níveis de açúcar do sangue. Eles contêm relativamente poucos carboidratos e muita fibra e água. Esses carboidratos são lentamente transformados em açúcar pelo organismo e não estimulam a produção de insulina. Isso reduz o armazenamento de gordura. Tais alimentos deveriam constituir a parte B do modelo ABC e deveriam também ser sempre combinados com proteínas e gorduras insaturadas. A tabela que apresento em seguida fornece uma variedade de exemplos. Utilizando a palma da mão como medida, isso significa duas palmas desse tipo de alimento em uma refeição AB e cerca de uma palma e meia quando se tratar da refeição ABC (recompensa).

Exemplos de carboidratos de baixos teores glicêmicos

Vegetais crus	Vegetais cozidos	Frutas
Acelga chinesa	Abóbora	Abacaxi
Agrião	Abobrinha	Ameixa
Alho-poró	Alcachofra	Amora
Brócolis	Alho-poró	Cereja
Broto de bambu	Aspargo	Damasco
Brotos de alfafa	Berinjela	Kiwi
Cebola	Beterraba	Laranja
Cenoura	Brócolis	Lima e limão
Chicória	Cebola	Maçã
Couve-flor	Cenoura	Melancia
Endívia	Cogumelo	Melão
Erva-doce	Couve-de-bruxelas	Morango
Ervilha	Couve-flor	Nectarina
Espinafre	Erva-doce	Pêra
Pepino	Ervilha	Pêssego
Pimentão	Espinafre	Tangerina
Rabanete	Feijão	Toranja
Repolho	Folhas de beterraba	Uva
Rúcula	Grão-de-bico	
Salsão	Lentilha	
Todos os tipos de alface	Quiabo	
Todos os tipos de cogumelo	Repolho	
Tomate		

Carboidratos menos favoráveis

Alguns carboidratos provocam rápido aumento dos níveis de açúcar do sangue e estimulam o pâncreas a produzir muita insulina. O consumo freqüente de grandes quantidades desses carboidratos faz o pâncreas gerar muita insulina em resposta à elevação dos níveis de açúcar. Isso pode causar todos os problemas de saúde relacionados a altos níveis de insulina, além da resistência à insulina, o que provavelmente levará à exaustão do pâncreas e ao diabetes. Infelizmente, muitos de nossos alimentos favoritos estão nessa categoria. Com a redução do consumo (tanto da quantidade quanto da freqüência) de tais alimentos e pela combinação com as porções adequadas de proteínas e gorduras (predominantemente insaturadas), além de fibras, é possível evitar conseqüências negativas à saúde. Consulte as tabelas de carga glicêmica contidas no final deste livro para obter mais informações.

Você pode permitir-se uma refeição por dia que contenha esses alimentos – sua refeição-recompensa, que será o C do modelo ABC. Se usar a medida da palma da mão, isso significa meia palma de tais alimentos por dia. Escolha pães e cereais de baixa carga glicêmica. Quanto mais alta for a CG, menor deverá ser a quantidade consumida. Uma porção de 30 gramas de flocos de milho (*cornflakes*), por exemplo, tem CG de 21, enquanto 30 gramas de cereal integral (*All-bran*) apresentam CG de 4,5.

Exemplos de carboidratos de médios e altos teores glicêmicos

Vegetais

Batata (assada, cozida, frita ou purê)
Batata-doce
Mandioca (cozida ou frita)
Milho verde

Frutas

Ameixa-preta
Banana
Figo
Goiaba
Manga
Papaia
Tâmara
Uva-passa

Todas as frutas secas
Todos os tipos de suco de frutas

Produtos à base de cereais

Arroz
Arroz-doce
Biscoitos e bolachas
Bolo de arroz
Bolos e croissants
Brioche
Canjica
Farinha de milho
Flocos de milho
Massas com ovos
Massas em geral
Müsli, cereais de aveia
Pães de semolina
Panquecas e crepes
Pão árabe
Pão branco, baguete, ciabata, pão integral
Pão de cevada
Pipoca
Rosquinhas doces
Sonhos e pães-de-ló
Tortas

Não abuse das bananas

Frutas e vegetais de médios e altos teores glicêmicos não são necessariamente prejudiciais à saúde: o índice glicêmico nos dá indicações de seu efeito sobre os níveis de açúcar sanguíneo. Ameixas-secas, por exemplo, são uma opção mais saudável, em termos de guloseima, do que bolo ou pipoca. Mas não abuse das bananas: você deve limitar o consumo dessas frutas a uma unidade por dia.

Bebidas e pequenos extras a evitar

Os alimentos e as bebidas que menciono a seguir contêm altas proporções de carboidratos maléficos e muito pouco ou nenhum benefício nutricional. Por isso, devem ser consumidos raramente e em pequenas quantidades.

Bebidas: a maior parte das cervejas, até mesmo as cervejas sem álcool, especialmente as escuras (as cervejas de baixos carboidratos são encontradas facilmente e representam a melhor opção), licores, vinhos doces, todas as bebidas engarrafadas e enlatadas que contêm açúcar ou néctar de frutas (os sucos de fruta são preferíveis, mas todas as bebidas que contêm açúcar devem ser evitadas).

Molhos e aperitivos: molhos enlatados e engarrafados, picles e pepinos em conserva, bolos e biscoitos, sorvetes, mel, geléias que contêm açúcar, melaço, xaropes e o próprio açúcar (refinado e mascavo).

Coma as gorduras certas

As gorduras insaturadas, derivadas de nozes, peixes e óleos vegetais prensados a frio (extravirgens), são uma parte muito importante da dieta grega. As gorduras saudáveis não somente fornecem uma refeição de menor carga glicêmica (o que significa menor aumento das taxas de açúcar) como também favorecem o melhor equilíbrio nutricional. Os ácidos graxos essenciais são fundamentais para a boa saúde e o metabolismo eficiente, além de auxiliar na queima de gorduras.

Ao contrário do que você já deve ter ouvido, nem toda gordura é nociva. Mas é importante saber escolher o tipo adequado para a saúde, principalmente as gorduras insaturadas. É igualmente importante que essas gorduras não sejam processadas em excesso. As gorduras superprocessadas, presentes nos óleos vegetais hidrogenados (utilizados em muitas margarinas e na preparação de diversos alimentos), são extremamente perigosas e devem ser evitadas com rigor. A gordura saturada não é essencial, e seu consumo excessivo deve ser evitado porque ela neutraliza a gordura insaturada essencial. Você deve, portanto, reduzi-la ao máximo. A gordura saturada não precisa ser eliminada de uma dieta saudável, pois na verdade é impossível fazê-lo, já que todas as fontes de gordura natural apresentam teores variados desse tipo de gordura. Todos nós sabemos como um bolo pode ser delicioso e quanto um bom queijo contribui para a sensação de bem-estar. Se mantivermos uma dieta saudável na maior parte do tempo, poderemos nos permitir um pequeno prazer ocasional sem sentimento de culpa.

Alguns peixes, como salmão, truta, cavala, atum e sardinha, são importantes fontes de gorduras saudáveis. Eles nos fornecem os ácidos graxos ômega-3.

Gorduras e óleos

As porções indicadas abaixo podem ser incluídas em todas as refeições. Os atletas e as pessoas que praticam muitas atividades físicas devem aumentar o consumo de gorduras, principalmente de gorduras insaturadas, que comprovadamente têm impacto positivo sobre os níveis de performance.

Melhor opção

Abacate – 3 colheres de sopa ou entre um quarto e meia unidade
Amêndoas inteiras, castanhas de caju e avelãs – de 10 a 12 unidades
Amêndoas picadas – 4 colheres de sopa
Amendoim ou pistache – 18 unidades
Azeite de oliva extravirgem – 1 colher de sopa
Azeitonas – 9 unidades
Castanha-do-pará – 2 unidades
Molho vinagrete – 1 colher de sopa de azeite e 2 colheres de sopa de vinagre
Nozes – de 3 a 4 unidades
Nozes-macadâmia– de 3 a 5 unidades
Óleo de canola ou de abacate prensado a frio – 1 colher de sopa
Óleo de sementes de linhaça – de 3 a 4 colheres de sopa

Pasta de gergelim – 2 colheres de sopa
Pasta natural de amendoim (sem adição de açúcar nem óleo vegetal) – 2 colheres de sopa
Pinoli, sementes de abóbora ou de girassol – 2 colheres de sopa
Sementes de abóbora ou de girassol – 2 colheres de sopa

Opção entre média e boa
Manteiga – 1 colher de sopa
Maionese – 1 colher de sopa (feita de preferência com azeite de oliva ou óleo de canola)
Nata ou creme de leite – 3 colheres de sopa
Óleo de gergelim – 1,5 colher de sopa (de preferência prensado a frio)
Óleo de girassol – 1 colher de sopa (de preferência prensado a frio)

Última opção
(excesso de gorduras saturadas ou de ômega-6)
Cream cheese (pasta de queijo) – 3 colheres de sopa
Cream cheese (pasta de queijo) sem gordura – 6 colheres de sopa
Creme azedo – 1 colher de sopa
Creme azedo sem gordura – 2 colheres de sopa
Margarina – 1 colher de sopa (evitar, de preferência)
Óleo de milho – 1 colher de sopa (não recomendável para frituras)
Óleo de soja – 1 colher de sopa (não recomendável para frituras)

A escolha de gorduras e óleos

O quadro sobre gorduras e óleos mostra o teor total de gorduras que deve ser consumido em cada refeição para manter o equilíbrio entre proteínas e carboidratos (se for utilizada a medida da palma da mão). Os tipos mais saudáveis de óleos e azeites são: de oliva prensado a frio (extravirgem), de canola prensado a frio e de abacate prensado a frio. Esses óleos devem ser adicionados no final do processo de cozimento – embora tolerem temperaturas médias e altas durante pouco tempo – ou usados em saladas.

Grande parte dos óleos vegetais refinados à venda no comércio e utilizados na indústria alimentícia custa muito pouco e é produzida por meio do processo de prensagem. Esses óleos foram submetidos a altas temperaturas e a agentes químicos e podem apresentar oxidação, o que é prejudicial à saúde. A fritura destrói os saudáveis ácidos graxos insaturados e gera toxinas e subprodutos nocivos à saúde, inclusive as chamadas gorduras superprocessadas. Esse é particularmente o caso do óleo de girassol, de milho e de soja. Com o consumo de alimentos industrializados, nós já ingerimos grandes quantidades de ômega-6 e de gorduras superprocessadas (veja capítulo 2). Se você tiver de fritar alimentos em altas temperaturas, evite óleos vegetais ricos em gorduras poliinsaturadas e também margarinas, que podem conter gorduras superprocessadas. É recomendável utilizar azeite de oliva, óleo de canola ou óleos produzidos à base de coco.

Existem grandes diferenças entre as margarinas: normalmente, quanto mais macias forem, melhor. Recomenda-se, de modo geral, limitar sua utilização, mas o ideal é evitá-las por completo – a menos que haja no rótulo o aviso "sem gorduras superprocessadas (trans)".

Nozes e sementes

Nozes e sementes contêm a energia e os nutrientes de que o vegetal necessita para desenvolver a primeira folha e a primeira raiz até crescer e ter condições de obter energia do solo, da luz solar e da água. Proteínas e gorduras são vitais, e as nozes e sementes contêm altos teores desses dois nutrientes. Como regra geral, grande parte dessa gordura é insaturada porque as gorduras insaturadas contêm mais energia ativa do que as saturadas. A quantidade de gordura existente nos diferentes tipos de nozes e sementes varia de 5% a quase 75%. O teor desses nutrientes pode variar até entre os mesmos tipos de nozes ou sementes de acordo com a região e com a época do ano. Elas contêm ainda importantes vitaminas, sais minerais e antioxidantes como a vitamina E, além de fibras e gorduras saudáveis. Prefira nozes e sementes cruas e frescas, e não torradas nem salgadas.

A principal desvantagem desses alimentos é o fato de que o alto conteúdo de gorduras poliinsaturadas (ômega-3 e ômega-6) significa que são altamente perecíveis. Devem ficar armazenados no *freezer*, onde poderão ser mantidos por vários meses.

O que devo comer?

Leguminosas
(de 1 a 3 porções diárias;
1 porção = 150 gramas)
Ervilha seca
Feijão
Grão-de-bico
Lentilha

Vegetais
(porções ilimitadas)
Abobrinha
Agrião
Alcachofra
Aspargo
Berinjela
Brócolis
Broto de bambu
Cebola, alho, alho-poró
Couve-de-bruxelas
Couve-flor
Couve-manteiga
Ervilha
Espinafre
Pepino
Pimentão
Rabanete
Repolho-chinês
Salsão
Todos os tipos de repolho
Tomate
Vagem
Verduras para saladas (alface, chicória, rúcula)

Frutas
(2 porções diárias;
1 porção = 1 unidade ou 100 gramas)
Ameixa
Damasco
Frutas silvestres
Laranja
Maçã
Melancia (até 200 gramas)
Melão
Pêra
Pêssego ou nectarina
Toranja
Uva

Raízes
(de 1 a 2 porções diárias;
1 porção = 100 gramas cozidas ou 200 gramas cruas)
Batata-doce
Beterraba
Cenoura (de preferência crua)
Rabanete
Salsão

Fontes de proteína
(de 3 a 5 porções diárias e
pelo menos 1 porção de peixe;
1 porção = 90 a 200 gramas de alimento cozido ou 120 a 180 gramas de alimento cru)
Carne de caça (veado ou cervo, coelho ou faisão)
Carne magra de carneiro, boi ou porco
Ovos (1 porção = 4 claras e 2 gemas)
Peito de frango e de peru
Peixes e moluscos
Queijo *cottage* (porção de 150 gramas)
Tofu (porção de 100 gramas)

Fontes de gordura
(de 1 a 3 colheres de sopa diárias
distribuídas entre as refeições)
Azeite de oliva ou óleo de canola prensado a frio
Maionese caseira feita com óleo de canola
Meio abacate
Óleo de gergelim

Nozes e sementes
(de 1 a 3 porções diárias;
1 porção = 15 gramas)
Amêndoas, castanhas de caju ou avelãs – de 10 a 12 unidades
Nozes – de 6 a 8 unidades
Sementes de gergelim, girassol, abóbora ou linhaça – 2 colheres de sopa

Cereais e derivados
(1 porção diária;
1 porção = 100 gramas de grãos cozidos, 1 fatia de pão integral ou 3 biscoitos de centeio)
Arroz branco
Arroz integral
Arroz parboilizado
Aveia
Biscoitos de centeio integral
Cevada
Massas feitas de trigo integral (de preferência enriquecidas com proteínas)
Pão preto

Laticínios (1 porção diária)
Iogurte natural (sem açúcar e sem gordura) – 125 gramas
Leite desnatado – 250 mililitros
Leite de soja – 250 mililitros

Molhos e temperos (porções ilimitadas)
Ervas
Mostarda
Pimentas
Rábano silvestre fresco e ralado
Suco de limão e lima
Tabasco e outros molhos apimentados
Temperos
Vinagre (todos os tipos)

Bebidas (porções ilimitadas)
Água (o máximo possível, pelo menos 8 copos por dia)
Café ou chá descafeinado (se necessário, use adoçante artificial não calórico)
Chá verde

As regras da dieta grega

- Se você precisa e deseja perder peso, é fundamental estabelecer objetivos bastante específicos. Muitos evitam fazer isso. De modo geral, quanto mais obesa a pessoa está, maiores serão o ressentimento e a dificuldade de eleger objetivos de emagrecimento de longo prazo. Em vez disso, a pessoa diz que tentará perder alguns quilos ou continua com a dieta apenas até se sentir melhor. O problema dessa estratégia é que se torna muito difícil medir os resultados e saber se os objetivos estão sendo alcançados. Seja honesto consigo mesmo: estabeleça objetivos realistas de redução de peso e não desista até alcançá-los. Você certamente estipula objetivos em outras áreas de sua vida. Então por que não fazer o mesmo em favor de uma coisa tão importante quanto a saúde?

- As pessoas têm ritmo próprio na consecução de seus objetivos, e isso certamente se aplica à redução de peso, mas lembre-se: não é possível perder mais que 1 a 1,5 quilo por semana sem a inevitável perda de massa muscular. Sabemos que uma perda de peso superior a 15% no primeiro ano de dieta não é recomendável. A redução de peso muito rápida terá efeitos negativos sobre a saúde. Afinal, é provável que seu organismo tenha levado bastante tempo para atingir o peso atual. Não tenha tanta pressa, portanto, de conquistar seus objetivos!
- Evite subir na balança todos os dias. Pelo contrário, faça-o apenas uma vez por semana ou a cada dez dias. Pese-se pela manhã, antes de ingerir qualquer alimento ou bebida e após urinar. Isso facilitará as análises comparativas. Para as mulheres, é preferível pesar-se sempre na mesma época do mês ou da quinzena, já que o peso está sujeito a variações naturais durante o ciclo menstrual.
- Faça três refeições principais por dia (café da manhã, almoço e jantar) e também faça dois lanches entre as refeições. Nunca pule uma refeição! Isso somente vai causar a redução do metabolismo e a queda dos níveis de energia.
- Sua massa muscular se reduzirá gradualmente e você vai armazenar mais gordura na próxima vez que comer. Tenha por objetivo alimentar-se a intervalos de três ou quatro horas. Organize-se de forma a poder preparar refeições balanceadas. Você certamente planeja com antecedência uma reunião de trabalho ou a decoração de sua casa, não é? Então faça o mesmo com suas refeições. Se existe uma certeza na vida, é a de que precisamos de alimento diversas vezes por dia. Seu sucesso – ou fracasso – dependerá do cuidado e da determinação com que você planejar sua dieta.
- Você poderá comer bastante se optar por carboidratos de baixos teores glicêmicos balanceados com proteínas e porções moderadas de gorduras saudáveis. É importante evitar refeições muito pesadas. É melhor fazer uma refeição extra se você ainda estiver faminto. Nosso organismo não está preparado para lidar com grandes quantidades de alimento de uma só vez sem armazenar gordura. Você nunca deve sair da mesa completamente empan-

turrado, e sim apenas agradavelmente saciado. Se quiser comer um pouco mais, escolha proteínas e carboidratos de baixo IG.

- Todas as refeições e todos os lanches devem conter proteínas. Essa é a única maneira de garantir uma dieta que mantenha o equilíbrio hormonal entre a insulina e o glucagon (veja capítulo 5), aprimorando assim o metabolismo e a queima de gordura. Se escolher uma maçã para o lanche, por exemplo, acrescente um pouco de iogurte, queijo *cottage*, amêndoas ou outra fruta seca.

Um dia típico da dieta grega

Café da manhã
- Ovos mexidos ou uma omelete feita com 1 ovo inteiro e 2 claras, espinafre picado e cogumelos fritos com 1 colher de chá de azeite de oliva.

Lanche
- 125 gramas de iogurte natural (sem gordura) com 100 gramas de frutas silvestres. Opcional: 1 colher de chá de frutose ou de adoçante artificial.

Almoço
- 100 a 200 gramas de peito de frango ou salmão grelhado (com ervas, temperos, limão, vinagre ou mostarda).
- Salada mista (200 gramas de folhas verdes, tomate, repolho, pepino, cebola e rabanete, além de 150 gramas de feijões ou lentilhas cozidos).
- Molho da salada: 3 colheres de chá de azeite de oliva, de 1 a 3 colheres de chá de vinagre balsâmico ou de suco de limão e meia colher de chá de mostarda ou ervas.

Lanche (pode ser feito após o jantar – desde que o jantar não seja muito tarde)
- 1 pêra
- 10 amêndoas

Jantar
- 200 mililitros de sopa de ervilhas ou de lentilhas
- 120 a 150 gramas de salmão grelhado ou cozido no vapor (com ervas e temperos)
- 200 gramas de brócolis cozidos no vapor com 1 colher de chá de azeite de oliva
- 100 gramas de arroz ou espaguete cozido

- Evite ao máximo alimentos de alta carga glicêmica (se possível até mesmo na refeição-recompensa) e prefira os que têm médios teores glicêmicos. Para a refeição-recompensa, opte por pequenas quantidades de massa ou arroz em lugar de batatas, pão branco ou pratos à base de farinha refinada. Acima de tudo, evite combinar alimentos de IG alto e gorduras saturadas. Essa é a pior opção possível!
- A carga glicêmica de sua última refeição vai influenciar a próxima. Um café da manhã com baixos níveis glicêmicos reduz a elevação dos níveis de açúcar até mesmo três ou quatro horas após o almoço. Pesquisas realizadas com crianças obesas no Boston Children's Hospital, pertencente à Universidade Harvard, descobriram que, se elas ingerissem alimentos de altos teores glicêmicos tanto no café da manhã quanto no almoço, provavelmente consumiriam, ao longo do dia, 80% mais alimentos (calorias) do que se tivessem feito refeições de IG baixo.
- O vinagre e o limão reduzem a carga glicêmica de refeições mistas. Utilize-os em saladas, molhos e carnes grelhadas.
- Use e abuse de ervas e temperos. O alho e os temperos "quentes" (pimenta, mostarda e rábano) elevam o metabolismo e a queima de gorduras.
- Evite o consumo excessivo de sal, que é ruim para a saúde (entre outras coisas, pode causar retenção de líquidos e, em alguns casos, hipertensão sanguínea). Procure reduzir gradualmente o uso do sal, mas se você de fato o aprecia experimente substituí-lo por outros tipos de sal com baixos teores de sódio (a maioria dos supermercados vende esses produtos). Outra sugestão é usar apenas a metade ou um terço da porção de sal recomendada. Você dificilmente sentirá a diferença, mas seu organismo sim. Opte pelos temperos caseiros para preparar os alimentos. A segunda melhor opção são os temperos frescos também disponíveis nos supermercados.
- Evite consumir grandes quantidades de pão com as refeições. Corte fatias finas e coma apenas um pouco, durante a refeição-recompensa, mas não transforme o pão em prato principal. Se você consumir pão no almoço, compense isso com muitos alimentos ricos em proteínas (atum, cavala, salmão, sardinha, frango, peru, queijo *cottage*) e faça do pão o acompanhamento das

proteínas, jamais o inverso. Além disso, não esqueça os vegetais e as frutas de IG baixo para complementar a refeição.

- Opte sempre pelo tipo de pão mais escuro e integral possível, como o de centeio ou o pão preto. Melhor ainda, faça-o você mesmo (veja receitas 47 e 48).
- No restaurante, nunca coma pão antes da refeição. Isso estimula a produção de insulina em larga escala e ocasiona o aumento do apetite. Os donos de restaurantes estão cientes do fato – e por essa razão o servem. Pergunte se eles oferecem vegetais, como salsão e cenouras cruas, ou ainda amêndoas e amendoins como antepasto.
- Coma alguma coisa rica em proteínas antes de sair para jantar, como iogurte sem gordura (com frutose ou adoçante se desejar) ou um pouco de queijo *cottage*. Uma pequena porção vai satisfazer seu apetite e estimular a produção de glucagon, aumentando, por conseqüência, a queima de gorduras.
- Coma peixe (sardinha, atum, cavala, salmão, truta) no almoço ou no jantar pelo menos entre duas e quatro vezes por semana. Evite produtos industrializados, como patês de atum e sardinha, que quase sempre contêm amido ou gordura processada. Evite também peixes enlatados com molho de tomate, que contêm altos níveis de açúcar. Leia o rótulo!
- A gordura saturada (leite integral, manteiga, a maioria dos queijos, cremes e a gordura visível da carne) não deve exceder 10% a 15% do consumo total de gorduras. Evite beber leite integral. Se você realmente necessita de leite, opte pelo tipo desnatado. Prefira carnes magras, iogurtes e queijos sem gordura ou reduza o consumo dos tipos convencionais. Pense nos laticínios como alimentos "festivos" a ser consumidos somente nos sábados e domingos. Se você adora queijos, coma-os com vegetais ou frutas, e não com pães nem biscoitos.
- Se você vai usar maionese, escolha o tipo regular, e não o tipo *light,* que normalmente contém grande quantidade de carboidratos em vez de gorduras. É possível reduzir o teor de gordura da maionese simplesmente batendo-a com uma pequena quantidade de água. Ela manterá a mesma textura, mas passará a apresentar um percentual reduzido de gordura.

- A gordura vegetal hidrogenada ou parcialmente hidrogenada é encontrada em todos os alimentos prontos: biscoitos, rosquinhas, tortas, doces, creme de amendoim e até em alguns cereais matinais. Está presente também em muitas margarinas e manteigas do tipo *light*, até mesmo naquelas que contêm gorduras poliinsaturadas e alegam ser benéficas ao coração. Leia o rótulo! A menos que haja informações específicas de que o produto não apresenta gorduras superprocessadas, é muito provável que elas estejam lá, aumentando o risco de incidência de doenças coronarianas. Os óleos hidrogenados são também amplamente utilizados (e reutilizados) pelas redes de *fast food* em suas frituras.
- Prefira azeite de oliva (extravirgem), óleo de canola prensado a frio, óleo de linhaça ou de nozes para temperar saladas e legumes crus e cozidos. O melhor é adicionar o óleo no final do processo de cozimento, já que todos eles perdem as melhores qualidades quando expostos a altas temperaturas.
- Evite frituras. Se precisar fritar alguma coisa, faça-o com pouca gordura. A utilização de uma frigideira antiaderente permitirá pouca (ou nenhuma) adição de óleo. O amido absorve muito óleo, portanto evite fritar alimentos envolvidos em farinha de trigo ou de milho.
- Uma alternativa que evita a fritura dos vegetais é fervê-los em água quente e depois dourá-los em panela não aderente, com pequena porção de óleo, por pouco tempo e em baixa temperatura.
- Se determinado prato realmente necessitar do sabor da manteiga, utilize-a em pequena quantidade ou misture-a com óleo de canola.
- Cozinhar, ferver, grelhar ou assar: eis algumas opções sempre preferíveis à fritura. Tente cozinhar carnes e peixes em baixas temperaturas (100 a 120 graus centígrados) durante mais tempo. Utilize um termômetro para medir a temperatura interior do alimento. Sua refeição ficará tão suculenta que não haverá necessidade de usar molhos ricos em gorduras. As carnes menos gordurosas realmente se beneficiam dessa forma de preparo.
- Evite molhos gordurosos preparados à base de creme de leite ou de manteiga, bem como os derivados de farinha de trigo refinada ou

de farinha de milho. Tente preparar o molho usando alguns temperos caseiros e adicionando um pouco de vinho tinto ou branco na mesma panela em que você acabou de cozinhar os ingredientes principais. Deixe ferver até engrossar e junte um pouco de vinagre de fruta ou algumas ervas e temperos, além de um pouco de azeite de oliva. O acréscimo de uma colher de molho do tipo *pesto* à carne, ao frango ou ao peixe é uma alternativa saborosa. Compre esse molho pronto ou faça-o você mesmo (veja receita 14).

- Evite os bolos prontos, pois eles normalmente contêm gorduras superprocessadas, açúcar e farinha refinada – uma combinação nociva à saúde que pode ter efeito extremamente prejudicial sobre o metabolismo. Em vez disso, prefira sobremesas à base de frutas, iogurtes ou queijo *cottage*, com frutose ou um adoçante sem calorias, ou à base de ovos e gelatina (veja a seção de receitas no final deste livro).
- Beba muita água – pelo menos oito copos por dia. Se você vive em clima quente ou pratica muitas atividades físicas, necessita beber mais água. O mesmo se aplica se estiver grávida ou amamentando. Quase 70% do organismo consiste de água, e esse fluido precisa ser reposto continuamente! Alguns tipos de água mineral gasosa contêm grande quantidade de sal (sódio). Prefira água mineral com baixos teores de sódio ou beba água filtrada (fique atento, porém, aos índices de cloro).
- Evite tomar muito café. Embora a cafeína eleve temporariamente o metabolismo, doses grandes ou freqüentes de café podem ter efeito negativo. O consumo moderado de café provou ser positivo em razão de suas características antioxidantes (isso também se aplica ao produto descafeinado). O café, aliás, é diurético, e isso significa que você deve compensar esse efeito tomando mais água. Note que bebida alguma pode (nem deve) substituir a água.
- Evite bebidas engarrafadas e enlatadas (inclusive chás): elas contêm muito açúcar e estimulam a produção de insulina. Os refrigerantes à base de cola são também ricos em cafeína e ácidos, e há a suspeita de que danificam os dentes e promovem a osteoporose (o mesmo se aplica aos refrigerantes sem açúcar). Chás feitos em casa, por outro lado, são excelentes alternativas, além de ricos em antioxidantes.

- Você deve incorporar atividades físicas moderadas a seu dia-a-dia, e isso se aplica não apenas àqueles que desejam uma aparência melhor como também é absolutamente essencial à boa saúde no longo prazo. Uma caminhada vigorosa durante 20 ou 30 minutos é o suficiente, de preferência pela manhã, logo após acordar. Se você também praticar algum exercício anaeróbico, como musculação, duas ou três vezes por semana, obterá mais benefícios. Você deve priorizar os grupos musculares maiores (coxas e pernas), pois são eles que mais queimam gorduras.

Lembre-se

- Faça três refeições principais e dois lanches diariamente.
- Consuma proteína suficiente em todas as refeições.
- Coma muitos alimentos de baixos teores glicêmicos (especialmente vegetais e sementes) e poucos alimentos de IG médio e alto (principalmente açúcar, pão branco e produtos derivados de farinha refinada, batatas, massas e arroz).
- Coma duas porções de frutas e pelo menos três de vegetais diariamente.
- Consuma quantidades moderadas de gorduras saudáveis predominantemente insaturadas todos os dias (peixes, nozes, sementes, azeite de oliva, óleo de canola).
- Evite grandes quantidades de gorduras saturadas (leite integral, cremes e queijos).
- Fique longe das gorduras superprocessadas (gordura vegetal hidrogenada, presente em margarinas e em diversos produtos industrializados), bem como dos óleos vegetais ricos em ômega-6.
- Reduza o consumo de sal (sódio).
- Não coma antes de dormir (pelo menos nas duas ou três horas precedentes).
- Beba pelo menos oito copos de água todos os dias.
- Faça pelo menos vinte minutos de exercícios aeróbicos todos os dias (uma caminhada vigorosa ou ciclismo), além de praticar exercícios de resistência duas ou três vezes por semana.
- Evite cigarros e o consumo excessivo de álcool. Limite-se a uma taça de vinho ou de outra bebida alcoólica por refeição (mulheres) ou a duas taças (homens).
- Evite aborrecimentos e procure formas de controlar o estresse (ioga ou meditação).

Planeje seu cardápio para quatro semanas 12

O cardápio planejado que apresentamos neste capítulo deve ajudar você a dar o primeiro passo em sua nova dieta alimentar. Não há necessidade de segui-lo estritamente, pelo contrário, pense nele como um guia que vai libertá-lo de seus hábitos alimentares atuais e ajudá-lo a encontrar o caminho da boa saúde.

É importante buscar o apoio dos familiares. Não é fácil mudar de estilo de vida sozinho, e quando se trata de mudança de hábitos alimentares torna-se indispensável – caso você não esteja incumbido das compras nem do preparo da comida – que a pessoa responsável por isso esteja disposta a ajudá-lo. Além de tudo, uma dieta saudável fará bem para toda a família!

- As porções sugeridas servem somente como referência. Fique à vontade para aumentá-las, se necessário, para que você se sinta agradavelmente saciado, mas tenha certeza de que cada refeição está balanceada graças ao modelo AB ou ABC (veja capítulo 11). Em cada refeição deverá existir certa proporção entre os alimentos ricos em proteínas e os alimentos ricos em carboidratos para obter o melhor efeito glicêmico possível e o equilíbrio entre a insulina e o glucagon.
- A quantidade de proteínas das refeições principais deverá ter aproximadamente o tamanho e a espessura da palma de sua mão. A maioria das refeições segue o modelo AB: uma palma de alimentos ricos em proteínas e duas palmas de carboidratos de baixos teores

glicêmicos. A refeição-recompensa (modelo ABC) deverá ter uma palma de alimentos ricos em proteínas, meia palma de carboidratos de IG médio a alto e uma palma e meia de carboidratos de baixos teores glicêmicos.

- Os horários indicados para cada refeição têm o objetivo de garantir que você se alimente com a freqüência adequada. Talvez seja preciso ajustá-los de acordo com suas necessidades.
- Os números entre parênteses referem-se às receitas contidas no final do livro.
- A letra C é uma sugestão dos carboidratos de IG médio a alto que compõem a parte C da refeição-recompensa de acordo com o modelo ABC.
- Beba água ou chá durante as refeições, a menos que tenha recebido orientação diferente, e não se esqueça de ingerir pelo menos oito copos de água por dia. O consumo diário de uma taça ou duas de 150 mililitros de vinho é opcional – mas, se você precisa emagrecer, recomendo que evite o álcool ou inclua-o apenas na parte C da refeição-recompensa.
- A variedade é fundamental. Comer os mesmos pratos repetidamente, dia após dia, é garantia de ganho de peso, e torna-se difícil seguir por muito tempo as dietas que restringem a livre escolha dos alimentos. Mas existe outra razão para aderir à variedade: muitas vitaminas e sais minerais trabalham melhor em combinação com outros micronutrientes, e o consumo variado de alimentos assegura, portanto, uma boa gama desses nutrientes. Nossos ancestrais da Idade da Pedra mantinham uma dieta que variava com as estações e também de acordo com a caça – eles não comiam pizza toda noite!
- Não deixe de comer alimentos ricos em proteínas (peixes, aves, ovos, leite, queijo *cottage,* iogurte e tofu) em cada refeição.
- Dois (ou até três) ovos são um acompanhamento aceitável, mas lembre-se de que as gemas contêm ácido araquidônico, um ácido graxo que pode causar problemas de saúde às pessoas sensíveis a ele. Para reduzir o teor desse ácido, recomendo misturar duas claras com um ovo inteiro ao preparar ovos mexidos e omeletes.
- O queijo *cottage* e a coalhada são ótimas fontes de proteínas magras. Para variar, adicione frutas silvestres, nozes picadas, temperos e ervas frescas ou secas.

- O iogurte natural é outra boa fonte de proteínas. Se você está tentando perder peso, procure por iogurtes sem gordura, que são tão gostosos quanto os outros. Evite iogurtes com sabor de frutas, pois a maioria contém muito açúcar. Prefira, se possível, iogurtes sem açúcar.
- Uma das metas desse plano de cardápio é mostrar que você não precisa comer pão nas três refeições. Quando comprar pão, lembre-se: quanto mais denso, melhor. O pão comum é altamente processado, portanto prefira pães compostos de grãos. Pães feitos em casa de grãos integrais são os melhores: experimente as receitas 47 e 48, apresentadas no final deste livro.
- Mantenha um pequeno estoque de peixe enlatado ou congelado, vegetais congelados e feijões enlatados, assim você sempre terá um ingrediente saudável em sua casa.
- Procure reduzir o consumo de açúcar. Se você gosta muito de doces, talvez seja melhor reduzi-los gradualmente. A substituição do açúcar por pequenas porções de frutose em sobremesas, cereais e iogurtes é uma boa forma de começar. Como a frutose é mais doce que a sacarose, você precisará de porções menores. Além disso, a frutose tem IG baixo.
- Tente reduzir a quantidade de sal que você consome. Recomendo o tipo de sal que tem baixos teores de sódio. Ao diminuir a quantidade de sal, gordura e açúcar de sua dieta, você talvez ache, inicialmente, que a comida está menos saborosa. É uma boa idéia experimentar outros ingredientes para adicionar sabor: ervas, alho, gengibre, mostarda, vinagre (branco ou balsâmico), nozes, azeite de oliva extravirgem e molhos prontos, como molho de soja, Tabasco ou molho inglês. Muitos temperos e ervas trazem benefícios à saúde: eles aceleram o metabolismo, além de apresentar altos níveis de antioxidantes.
- Um pouco de suco de limão em vegetais cozidos, saladas, peixes e moluscos, e até mesmo em pratos feitos à base de carnes e aves, reduz o efeito glicêmico e adiciona uma pitada do maravilhoso sabor do Mediterrâneo.
- Muitas refeições e lanches se beneficiam da adição de uma colher de chá de óleo de sementes de linhaça pouco antes do consumo. Isso confere ao prato todas as vantagens do ômega-3 e reduz os efeitos glicêmicos dos alimentos.

Planejamento do cardápio da semana 1

	7 horas – café da manhã	10 horas – lanche
Segunda-feira	3 colheres de sopa de cereal integral (C) 100 g de frutas silvestres 125 g de iogurte natural	Iogurte (1) Vegetais crus
Terça-feira	1 ou 2 ovos quentes 1 fatia do pão de 8 grãos da receita 47 (C) 250 ml de leite desnatado 1 laranja ou 2 tangerinas	Cenouras gratinadas 1 colher de sopa de sementes de gergelim ou girassol 1 colher de chá de azeite de oliva ou óleo de gergelim
Quarta-feira	1 tigela pequena de cereais sem açúcar e com frutas secas (C) 1 ou 2 colheres de chá de frutose (opcional) 250 ml de leite desnatado 1 ou 2 kiwis	100 a 150 g de queijo *cottage* Pepino fatiado e temperado
Quinta-feira	Omelete (1 ovo e 2 claras ou 2 ovos) Tomate com m anjericão (preparado com 1 colher de chá de azeite de oliva)	125 g de iogurte natural 100 g de frutas silvestres 1 colher de sopa de chá de frutose (opcional)
Sexta-feira	Mingau de aveia e amêndoas (42) (C) 1 laranja	100 a 150 g de queijo *cottage* 1 colher de sopa de sementes de abóbora
Sábado	1 ou 2 ovos fritos 2 fatias de *bacon* magro 2 tomates 250 ml de leite desnatado	100 a 150 g de queijo *cottage* 1 nectarina ou 1 pêssego
Domingo	1 tigela pequena de mingau (C) 1 ou 2 colheres de chá de frutose (opcional) 1 kiwi	125 g de iogurte natural 100 g de frutas silvestres

12h30 – almoço	16 horas – lanche	19 horas – jantar
Salada mista de feijão (7)	1 pêra 2 nozes 30 a 40 g de chocolate meio amargo	Salada de rúcula com azeite de oliva e suco de limão Frango ao limão com grão-de-bico (24)
Sopa de lentilhas (3) 1 maçã	125 g de iogurte natural 10 amêndoas	Salada verde com azeite de oliva e limão Truta grelhada Tomates grelhados Vagens cozidas no vapor
Sardinhas em lata em azeite de oliva Pimentão vermelho cortado, salsão, cebola, rabanete, 150g de grão-de-bico com suco de limão e 1 colher de sopa de azeite de oliva	1 maçã 12 a 18 amendoins	Salada verde com azeite de oliva e limão *Ratatouille* do Dr. Lindberg (37)
100 a 200 g de peito de frango ou de peru grelhado Salada mista (alface, tomate, pepino, cebola, 150 g de feijões e ervas frescas)	100 g de uvas 10 amêndoas	Sopa de lentilhas (3) Salmão grelhado com ervas Brócolis cozidos no vapor 100 g de arroz ou 1 batata-doce assada (C)
Moluscos e peixes (5) Erva-doce, cenoura, pepino e couve-flor crus ou cozidos no vapor	125 g de iogurte natural 3 damascos secos 8 avelãs	Salada de tomate e cebola Frango marroquino (21) Abobrinha e vagem cozidas no vapor com limão, azeite de oliva e salsinha
Sopa de espinafre e abacate (4) Salada mista	1 pêra 10 amêndoas	Salada de rúcula Salmão grelhado com aspargos (18) 100 g de arroz (C) Musse de limão do Dr. Lindberg (45)
Cogumelos recheados (39) Carneiro com alecrim (32) Espinafre no vapor	100 a 150 g de queijo *cottage* Cenoura e pepino crus 10 castanhas de caju	Salada grega (6)

Planejamento do cardápio da semana 2

	7 horas – café da manhã	10 horas – lanche
Segunda-feira	1 fatia de pão preto (C) 2 colheres de sopa de queijo *cottage* 1 maçã picada com canela 250 ml de leite desnatado	125 g de iogurte natural 1 colher de nozes picadas 1 colher de chá de frutose (opcional)
Terça-feira	3 colheres de sopa de cereais integrais (C) 250 ml de leite desnatado 1 ou 2 colheres de chá de frutose (opcional) 1 ou 2 ovos cozidos 1 laranja	125 g de iogurte natural 2 nozes 30 a 40 g de chocolate meio amargo
Quarta-feira	Ovos mexidos (1 ovo e 2 claras ou 2 ovos) 50 g de salmão defumado 1 fatia de pão de grãos integrais (C)	125 g de iogurte natural 100 g de framboesas 1 colher de sopa de amêndoas picadas
Quinta-feira	1 tigela pequena de cereais com frutas secas (C) 1 colher de sopa de sementes de girassol 250 ml de leite desnatado 100 g de frutas silvestres	Tzatziki (2) Cenoura crua, pimentão vermelho e erva-doce
Sexta-feira	Uma tigela pequena de mingau (C) 1 pêssego ou 1 nectarina 1 ou 2 ovos cozidos	100 a 150 g de queijo *cottage* Orégano ou manjericão fresco ou seco 4 tomates-cereja
Sábado	Panquecas de amora (44) (C) 2 colheres de sopa de iogurte natural 1 colher de chá de frutose (opcional)	100 g de uvas 2 castanhas-do-pará
Domingo	3 fatias de presunto com mostarda 1 ou 2 ovos quentes 1 tomate grelhado Cogumelos grelhados	1 maçã 10 amêndoas

12h30 – almoço	16 horas – lanche	19 horas – jantar
Salmão ou atum enlatado 150 g de grão-de-bico cozido Cebola Tomates secos ou frescos Rúcula	100 a 150 g de queijo *cottage* ou coalhada 1 colher de sopa de sementes de linhaça 100 g de frutas silvestres	Salada verde com azeite de oliva e suco de limão Caçarola de carneiro com repolho (33) Purê de lentilhas (34)
Salada de camarão, abacate e queijo feta (11)	1 laranja 10 amêndoas	Cozido de lentilhas (35) Salada mista grande
Sopa de lentilhas (3) 2 ameixas e 1 tangerina	100 a 150 g de queijo *cottage* Pimentão vermelho, cenoura e berinjela	Salada verde com azeite de oliva e suco de limão Cavala grelhada (16)
Omelete espanhola sem batatas (36) Salada verde	100 g de uvas 10 amêndoas	*Fajitas* de frango (25) Alface picada
90 g de presunto magro Repolho branco, cenoura e cebola picados, 1 colher de chá de maionese e 1 ou 2 colheres de sopa de iogurte natural	1 kiwi 10 avelãs	Salada de rúcula com azeite de oliva e suco de limão Caçarola de peixe com pesto (14) Purê de lentilhas (34)
Salada de atum fresco (8)	100 a 150 g de queijo *cottage* Cenouras	Salada verde com azeite de oliva e suco de limão *Moussaka* do Dr. Lindberg (30) Merengue de pêssego (43)
Frango assado Risoto de cevada com nozes (41) Brócolis e cenouras cozidos no vapor	1 fatia do pão de 8 grãos do Dr. Lindberg (47) (C) 2 a 3 colheres de sopa de queijo *cottage* Salmão defumado	Feijões e vegetais temperados à moda indiana (38) 1 laranja ou 2 tangerinas

Planejamento do cardápio da semana 3

	7 horas – café da manhã	10 horas – lanche
Segunda-feira	Omelete (1 ovo e 2 claras ou 2 ovos) Espinafre e cogumelos (cozidos com 1 colher de chá de azeite de oliva) 250 ml de leite desnatado	1 maçã 10 avelãs
Terça-feira	1 fatia do pão de centeio e girassol do Dr. Lindberg (48) (C) 2 ou 3 colheres de sopa de queijo *cottage* 1 ou 2 fatias de presunto magro 1 kiwi	Molho de iogurte (1) Cenouras cruas e salsão
Quarta-feira	1 ou 2 ovos (cozidos com 1 colher de chá de azeite de oliva) 2 fatias de *bacon magro* 1 ou 2 tomates grelhados	125 g de iogurte natural 1 kiwi 3 a 5 castanhas-do-pará
Quinta-feira	Uma tigela pequena de mingau (C) 100 g de frutas silvestres	125 g de iogurte natural 1maçã 1 ou 2 colheres de sopa de sementes de girassol ou de abóbora
Sexta-feira	3 colheres de sopa de cereais integrais 1 colher de chá de frutose (opcional) 250 ml de leite desnatado 1 laranja	2 colheres de sopa de pasta de gergelim Couve-flor, cenoura e pimentão vermelho crus
Sábado	Ovos mexidos (1 ovo e 2 claras ou 2 ovos) 50 g de salmão defumado 100 g de morangos	100 a 150 g de queijo *cottage* Cenouras gratinadas 1 colher de sementes de linhaça 1 colher de chá de óleo de linhaça
Domingo	1 fatia de pão de centeio (C) 2 ou 3 colheres de sopa de queijo *cottage* 150 g de camarões grandes 1 fatia de melancia ou ½ melão pequeno	8 azeitonas 10 amêndoas

12h30 – almoço	16 horas – lanche	19 horas – jantar
Peru ao molho de nozes (27) Repolho, cenoura e cebola picados com uma colher de chá de maionese e 1 ou 2 colheres de iogurte natural	100 g de frutas silvestres 125 g de iogurte natural 1 colher de sopa de sementes de girassol ou de linhaça	Salada verde com azeite de oliva e suco de limão *Chilli* com carne (29) 100 g de arroz (C)
Chilli com carne (sobra do jantar de segunda-feira) Salada mista	1 laranja 4 nozes	Salada verde com azeite de oliva e suco de limão Salmão frito (19)
Salada mista de feijão (7)	100 g de cerejas 10 amêndoas	Cuscuz e frango colorido (23) (C)
½ abacate 150 g de camarões grandes 1 ou 2 colheres de sopa de queijo *cottage* 1 colher (chá) de purê de tomates concentrado Suco de limão e páprica	1 cenoura 2 ou 3 colheres de chá de pasta de amendoim natural	Salada de rúcula com azeite de oliva e suco de limão Salada de tomates e cebolas Cozido de lentilhas (35)
Salada de frango (9)	1 pêra 2 nozes 30 ou 40 g de chocolate meio amargo	Hambúrguer de salmão com molho tártaro verde (17) Tomates Salada verde
Salada de aspargos e rúcula com 1 colher de sopa de queijo parmesão ralado	1 fatia de melancia ou ½ melão 125 g de iogurte natural 10 amêndoas	Salada verde com azeite de oliva e suco de limão Frango frito chinês (20) Bolo de queijo do Dr. Lindberg (46) (C)
Salmão assado Abobrinha, pimentão vermelho e berinjela assados 1 colher de chá de azeite de oliva 1 colher de chá de vinagre balsâmico	100 g de framboesas 125 g de iogurte natural	Salada verde com azeite de oliva e suco de limão Omelete espanhola sem batatas (36)

Planejamento do cardápio da semana 4

	7 horas – café da manhã	10 horas – lanche
Segunda-feira	Uma tigela pequena de cereais com frutas secas sem açúcar (C) 1 ou 2 colheres de chá de frutose (opcional) 250 ml de leite desnatado 100 g de frutas silvestres	2 ou 3 colheres de sopa de pasta de gergelim Couve-flor, cenoura e pimentão vermelho crus
Terça-feira	1 ou 2 ovos mexidos Cogumelos (cozidos com 1 colher de chá de azeite de oliva)	125 g de iogurte natural 1 pêra 2 castanhas-do-pará
Quarta-feira	3 colheres de sopa de cereal integral (C) 1 colher de chá de frutose (opcional) 250 ml de leite desnatado 1 laranja	8 azeitonas 10 amêndoas
Quinta-feira	Mingau de aveia e amêndoas (42) (C) 100 g de framboesas	*Tzatziki* (sobra do jantar de quarta-feira) Cenoura crua, pimentão vermelho e salsão
Sexta-feira	1 ou 2 ovos cozidos 1 ou 2 colheres de sopa de queijo *cottage* 1 fatia de pão de centeio (C) 1 pêssego ou 1 nectarina	Cenouras raladas 1 colher de sopa de sementes de abóbora ou gergelim 1 colher de chá de óleo de gergelim ou de azeite de oliva 1 colher de chá de vinagre balsâmico ou de suco de limão
Sábado	Omelete (1 ovo e 2 claras ou 2 ovos) 75 g de camarões 3 cebolinhas 100 g de uvas	125 g de iogurte natural 5 avelãs 30 ou 40 g de chocolate meio amargo
Domingo	Panquecas de amora (44) (C) 250 ml de leite desnatado ½ melão pequeno	100 g de uvas 10 amêndoas

12h30 – almoço	16 horas – lanche	19 horas – jantar
Salada mista de feijão (7) com sardinhas enlatadas em lugar de presunto ou peru	1 maçã 3 ou 4 nozes	Salada de rúcula com 1 colher de *pinoli*, 1 colher de queijo parmesão ralado, azeite de oliva e vinagre balsâmico Frango com espinafre e molho de iogurte (22)
Salada de agrião, laranja e nozes com 1 colher de chá de óleo de nozes	100 a 150 g de queijo *cottage* ou coalhada 1 colher de sopa de sementes de abóbora ou de linhaça	Sopa de espinafre e abacate (4) Peixe assado com ervas (13) Salada mista Arroz cozido (C)
3 colheres de queijo *cottage* 100 a 150 g de arenque defumado Tomate pepino Salada verde	125 g de iogurte natural 50 g de uvas 50 g de framboesas	Almôndegas gregas (28) *Tzatziki* (2) Salada grega (6)
Salada de atum (8)	100 a 150 g de queijo *cottage* 1 maçã ou 1 pêra 1 pitada de canela	Legumes e castanhas de caju fritos (40)
Salada de tomate, abacate, rúcula, queijo mussarela e manjericão 1 colher de chá de azeite de oliva 1 colher de chá de vinagre balsâmico	125 g de iogurte natural 10 amêndoas 1 kiwi	Salada verde com azeite de oliva e suco de limão Peixe assado com espinafre (15) Purê de lentilhas (34)
Sopa de lentilhas (3)	100 a 150 g de queijo *cottage* 1 colher de sopa de sementes de linhaça Orégano ou manjericão fresco ou seco Tomate-cereja	Aspargos no vapor com azeite de oliva e vinagre balsâmico Frango com molho *curry* de damasco (26) Vagens Arroz cozido (C) Merengue de pêssego (43)
Alcachofra cozida, suco de limão, azeite de oliva e molho de salsinha Frango assado Abobrinha, couve-flor, brócolis, cenoura, erva-doce e repolho cozidos no vapor	100 a 150 g de queijo *cottage* 75 g de camarões Pepino Tempero	Salada verde com azeite de oliva e suco de limão Molho de carne (31) com vagens

Receitas

Tomates e orégano fazem uma refeição italiana, o vinho e o estragão a tornam francesa, o creme azedo a torna russa, o limão e a canela a fazem grega, o molho de soja a faz chinesa e o alho a torna boa.
Alice May Brock

Se você deseja preparar boa comida, com ou sem receitas, precisa ter um punhado de ingredientes básicos à mão. Quantas vezes você chegou em casa cansado e faminto, pensando como seria bom ter alguma coisa gostosa para comer, mas, ao abrir o livro de receitas, descobriu que não tinha a maior parte dos ingredientes? Comprar comida todos os dias pode ser cansativo, então por que não reservar algum tempo livre para planejar o cardápio da próxima semana?

Planeje o que pode ser preparado com antecedência, talvez você até mesmo faça uma refeição completa, que bastará apenas aquecer ao chegar em casa. Por que não preparar a refeição do dia seguinte após o jantar, por exemplo? Pratos feitos com antecedência e guardados na geladeira ou congelados não são apenas uma ótima idéia como também lhe pouparão o trabalho de cozinhar diariamente.

- Você não precisa de um grande arsenal de cozinha, mas será mais fácil preparar uma refeição saborosa se tiver panelas grandes e de boa qualidade, uma frigideira antiaderente e um conjunto de facas afiadas de diversos tamanhos. Eu recomendo ainda um termômetro para medir a temperatura dos assados (muitos deles têm alarmes embutidos) e um liquidificador potente.

- Leia sempre a receita cuidadosamente antes de começar a preparar uma refeição. Mesmo que não use receitas, é uma boa idéia planejar os vários passos, bem como preparar todos os equipamentos e ingredientes necessários. Comece pelas etapas mais trabalhosas, como a preparação de carnes, aves e peixes e o cozimento de lentilhas, feijões e arroz (lembre-se de que o arroz integral e o parboilizado precisam de mais tempo para cozinhar do que o arroz branco). Lentilha, feijão e grão-de-bico podem ficar de molho e ser preparados dois ou três dias antes, permanecendo no refrigerador.
- Métodos rápidos de preparo, como grelhar e fritar, não são as únicas opções. Por que não tentar um preparo lento em baixa temperatura? É um método bastante tradicional e remonta aos dias em que poucas pessoas tinham forno em casa. Em razão disso, os alimentos eram levados à padaria local para aproveitar o calor residual resultante do preparo dos pães. Esse tipo de cocção em baixas temperaturas requer bastante tempo (pedaços de frango levam cerca de 50 minutos para assar e uma perna de carneiro leva cerca de duas horas), mas exige muito pouca atenção após o início do preparo, permitindo que você relaxe. Preaqueça o forno a 120ºC, introduza a assadeira com fogo baixo, adicione duas colheres de chá de azeite de oliva, além de ervas ou alho, ponha na assadeira a carne, a ave ou o peixe e coloque o termômetro na parte mais grossa. A temperatura interna do alimento vai variar conforme o que estiver sendo assado, mas geralmente fica em torno de 55 a 75ºC. A cocção em baixas temperaturas não destrói as células musculares de carnes nem de peixes, e isso significa menor redução do volume do assado e maior apuração de seu sabor do que se fosse preparado em altas temperaturas. A comida ficará tão macia e suculenta que não haverá necessidade de usar mais sal nem molhos gordurosos – e você ainda terá sobras deliciosas para o almoço do dia seguinte.
- Não abuse do sal. Eu recomendo que você prefira sempre os tipos de sal que têm baixos teores de sódio.
- A menos que a receita diga o contrário, utilize sempre azeite de oliva virgem ou extravirgem ou óleo de canola ("virgem" significa que o óleo foi produzido por prensagem a frio e, em outras pa-

lavras, não esteve exposto ao calor nem a agentes químicos antes do processo de engarrafamento).

- As gorduras poliinsaturadas não toleram altas temperaturas e não são, portanto, indicadas para frituras. O azeite de oliva, o óleo de canola, de amendoim e de abacate contêm principalmente gorduras monoinsaturadas, o que os torna uma boa opção para frituras em baixas temperaturas. As frituras em altas temperaturas devem ser evitadas. Nunca deixe que o óleo nem a gordura se queimem.
- Se optar pela frutose em suas receitas, você fará economia, pois precisará de porções cerca de um terço menores que as de açúcar. Para assar, reduza a temperatura do forno cerca de 50 graus e aumente um pouco o período de cocção em relação às receitas que contêm açúcar. A frutose se torna caramelizada em temperaturas mais baixas do que a sacarose (açúcar comum).
- Em vez de biscoitos amassados, use nozes finamente moídas como base de seus bolos ou de suas tortas de queijo.
- Prefira farinha integral a farinha refinada. A farinha de soja, que tem altos índices de proteínas e baixo IG, pode também ser usada para substituir cerca da metade da farinha refinada na maioria das receitas. Você pode também moer aveia (ou comprar farinha de aveia) ou ainda procurar, nas lojas de alimentos naturais, por farinha derivada de antigos tipos de trigo, como o *spelt* e o *kamut*, que contêm mais fibras, vitaminas, sais minerais e proteínas do que a farinha de trigo comum.
- A carga glicêmica (CG) de cada porção é calculada com base na quantidade total de carboidratos, em gramas, multiplicada pelo índice glicêmico (IG) do ingrediente de maior influência sobre os níveis de açúcar sanguíneo e dividida por 100. Se a fonte de carboidratos for composta principalmente de ingredientes de baixo IG, como os vegetais, a CG será praticamente nula. Muitas das receitas que apresento nesta seção contêm teores significativos de proteínas ou de gorduras, mas também limão, iogurte e vinagre – substâncias conhecidas pela capacidade de reduzir o IG e, por conseqüência, a CG. Essas receitas têm CG bastante baixa, de menos de 6,5 por porção. A dieta grega proporciona o consumo médio de 2 mil calorias por dia, além de uma CG média diária também baixa, de cerca de 35 (qualquer valor menor que 50 é considerado baixo).

1 • MOLHO DE IOGURTE

4 porções

O lanche ou aperitivo perfeito: muitos vegetais crus com um molho saboroso e rico em proteínas.

Ingredientes

200 g de queijo *cottage*
1 colher de sopa de iogurte natural
1 dente de alho picado
1 colher de sopa de salsinha picada
sal e pimenta a gosto

Servir com

cenoura crua
salsão
pepino
pimentão vermelho, verde ou amarelo
couve-flor

Modo de preparo

Em uma tigela, ou de preferência usando um processador de alimentos, misture o queijo, o iogurte, o alho e a salsinha. Tempere a gosto. Corte os vegetais e sirva com o molho.

Porção: CG 1; proteína 8 g; carboidrato 2 g; gordura 2 g (1,5 g saturado); fibra 0 g.

2 • *TZATZIKI*

4 porções

Esse molho, que contém boa quantidade de proteína e cálcio, acompanha vegetais crus e serve como aperitivo ou entrada. Serve ainda como saboroso acompanhamento das almôndegas gregas (receita 28).

Ingredientes

1 kg de iogurte natural
½ pepino descascado
1 colher de sopa de azeite de oliva extravirgem
4 dentes de alho amassados
½ colher de chá de frutose (opcional)
½ colher de chá de vinagre de vinho branco
sal e pimenta branca

Modo de preparo

Ponha uma peneira bem fina sobre uma tigela. Coe o iogurte e deixe secar na geladeira por algumas horas. Restarão cerca de 500 g de iogurte bem grosso.
Corte o pepino grosseiramente e aperte-o com as mãos para remover o máximo de líquido possível. Junte-o ao iogurte e acrescente o azeite de oliva, o alho e a frutose – isso equilibra a acidez do iogurte e do vinagre. Adicione vinagre, sal e pimenta a gosto. Misture bem e deixe no refrigerador por duas horas antes de servir.
O tzatziki suporta pelo menos uma semana de refrigeração. Quanto mais ficar armazenado, mais o sabor do alho vai sobressair.

Porção: CG 7; proteína 15 g; carboidrato 22 g; gordura 5 g (1,5 g saturado); fibra 1 g.

3 • SOPA DE LENTILHAS

6 porções

Existem muitas variedades de lentilhas. Bastante nutritivas, elas são ricas em proteínas, fibras, ácido fólico, ferro e magnésio. Como qualquer outro grão, as lentilhas estabilizam os níveis de açúcar e proporcionam alto grau de saciedade.

Ingredientes

1½ colher de sopa de azeite de oliva extravirgem
1 cebola grande picada
2 dentes de alho amassados
½ colher de chá de açafrão
1 colher de chá de *curry* em pó
½ colher de chá de pimenta-de-caiena
1½ litro de água
350 ml de caldo de frango ou de legumes
200 g de lentilhas
100 g de cevada
200 g de tomates picados
sal e pimenta a gosto
salsinha picada

Modo de preparo

Aqueça moderadamente o azeite em uma panela, adicione a cebola e o alho e frite durante 1 minuto. Junte os demais temperos e mexa. Adicione a água, o caldo (ferver em água, com fogo baixo, por cerca de 15 minutos), as lentilhas, a cevada e o tomate. Espere a água ferver, depois tampe a panela e deixe em fervura baixa por 45 minutos. Tempere a gosto e sirva quente, salpicada com a salsinha.

Porção: CG 10; proteína 11 g; carboidrato 38 g; gordura 4 g (0,5 g saturado); fibra 3 g

4 • SOPA DE ESPINAFRE E ABACATE

4 porções

O agrião também combina bem com essa saborosa sopa, em substituição ao espinafre.

Ingredientes

1 colher de sopa de azeite de oliva extravirgem
6 a 8 cebolas pequenas picadas
1 dente de alho amassado
500 g de espinafre fresco ou 300 g de espinafre congelado
1 litro de caldo de frango ou de legumes
1 abacate maduro picado
2 colheres de sopa de salsinha picada
1 noz-moscada levemente ralada
sal e pimenta a gosto
2 a 4 colheres de sopa de iogurte natural

Modo de preparo

Aqueça moderadamente o azeite, adicione as cebolas e o alho e refogue por 1 minuto. Adicione o espinafre e o caldo e deixe, por 10 minutos após a fervura, cozinhar em fogo baixo.
Acrescente o abacate e a salsinha e bata a sopa no liquidificador ou no processador, devolvendo-a depois à panela. Adicione a noz-moscada, o sal e a pimenta. Aqueça e sirva em tigelas, distribuindo generosamente o iogurte sobre a sopa.

Porção: CG 1; proteína 6 g; carboidrato 4 g; gordura 11 g (2 g saturados); fibra 4 g.

5 • BANDEJA DE MOLUSCOS E PEIXES

4 porções

Aproveite mais e melhor as sobras de comida! Você pode reaproveitar quase todos os tipos de peixe já preparados: cavala apimentada e salmão defumado, por exemplo, além de sobras de peixe do jantar da véspera ou moluscos frescos, congelados ou enlatados.

Ingredientes

400 a 600 g de peixes e moluscos cozidos
legumes crus, como cenoura, couve-flor, pepino, erva-doce e rabanete, cortados em pequenos pedaços

Molho

150 g de iogurte natural
1 colher de sopa de maionese
1 colher de chá de mostarda
1 colher de chá de salsinha picada
pimenta a gosto

Modo de preparo

Decore a bandeja com os peixes, os moluscos e os legumes. Misture os ingredientes do molho até atingir textura homogênea e sirva à parte em uma pequena tigela.

Porção: CG 1; proteína 23 g; carboidrato 3 g; gordura 15 g (3 g saturados); fibra 0 g

6 • SALADA GREGA

2 porções

Os gregos chamam essa salada de *horiatikisalata*, que significa "salada do camponês". Os estrangeiros a chamam de "grega" porque é onipresente em todas as mesas do país nas residências, nos restaurantes e nas tavernas.

Ingredientes

1 alface romana picada em pedaços grandes
2 tomates cortados em quatro partes
1 cebola pequena cortada em fatias finas
½ pepino pequeno descascado e fatiado
1 pimentão verde cortado em tiras
10 a 20 azeitonas pretas (opcional)
100 a 170 g de queijo *feta* cortado em cubos
2 colheres de sopa de azeite de oliva extravirgem
orégano fresco ou seco

Modo de preparo

Misture delicadamente todos os vegetais com o queijo em uma tigela grande. Acrescente o azeite de oliva e bastante orégano.
Se desejar, adicione 1 colher de sopa de suco de limão ou de vinagre balsâmico.

Porção: CG 0; proteína 12 g; carboidrato 15 g; gordura 22 g (8 g saturados); fibra 5 g.

7 • SALADA MISTA DE FEIJÃO

2 porções

Qualquer tipo de feijão pode ser usado nessa receita.

Ingredientes

150 g de feijão comum
150 g de feijão-preto
3 cebolas pequenas bem picadas
1 colher de sopa de salsinha picada
120 a 150 g de verduras diversas para salada
1 pimentão vermelho picado e sem sementes
½ pepino em fatias
2 tomates cortados em triângulos
200 g de presunto cozido ou de peito de peru ou de frango sem gordura ou ainda de queijo *cottage*
2 colheres de sopa de manjericão fresco picado

Molho

1 colher de sopa de azeite de oliva extravirgem
1 colher de sopa de vinagre de vinho ou balsâmico
1 dente de alho bem picado
1 colher de chá de mostarda Dijon
sal e pimenta a gosto

Modo de preparo

Bata os ingredientes do molho juntos. À parte, misture os feijões com as cebolas, a salsa e a metade do molho. Acrescente e misture as verduras picadas ao pimentão, ao pepino e aos tomates. Adicione o presunto, o peito de frango ou peru ou o queijo e derrame o molho remanescente sobre a salada. Por último, espalhe o manjericão.

Porção: CG 10; proteína 40 g; carboidrato 35 g; gordura 11 g (2 g saturados); fibra 12 g.

8 • SALADA DE ATUM FRESCO

2 porções

Você pode fazer essa salada com atum enlatado. Lembre-se, porém, de drenar bem a água. Prefira atum conservado em água, e não em salmoura nem óleo.

Ingredientes

2 filés de atum fresco de 150 g cada um
2 colheres de sopa de azeite de oliva extravirgem
2 colheres de sopa de suco de limão
2 talos de salsão cortados em cubos
1 pimentão vermelho picado sem sementes
100 a 120 g de rúcula ou de outras verduras
1 ovo cozido e fatiado (opcional)
sal e pimenta a gosto

Modo de preparo

Marinar o atum em 1 colher de azeite e 1 colher de suco de limão durante pelo menos 20 minutos. Pique o salsão e o pimentão e adicione a rúcula. Misture o limão e o azeite remanescentes, tempere a gosto e derrame sobre a salada. Doure o atum em uma frigideira antiaderente por 1 ou 2 minutos de cada lado (não frite em excesso ou ele vai endurecer). Sirva imediatamente com a salada.

Porção: CG 0; proteína 40 g; carboidrato 6 g; gordura 15 g (3 g saturados); fibra 3 g.

9 • SALADA DE FRANGO

2 porções

Sobras de frango ou de peru assado ou grelhado são a base dessa salada colorida e deliciosa.

Ingredientes

300 g de verduras diversas para salada
2 tomates cortados em triângulos
2 alhos-porós pequenos fatiados
1 abacate fatiado
350 g de frango ou peru grelhado ou assado, sem pele, cortado em cubos
2 ou 3 colheres de sopa de milho verde cozido

Molho

150 g de iogurte natural
1 colher de chá de extrato de tomate
2 colheres de chá de mostarda Dijon
2 colheres de chá de *curry* em pó
2 colheres de chá de açafrão
1 pitada de canela em pó
1 pitada de pimenta-da-jamaica em pó
½ colher de chá de frutose (opcional)

Modo de preparo

Decore uma travessa com as folhas bem lavadas, adicione o tomate, o alho-poró, o abacate, o frango ou peru e, por fim, o milho. Bata os ingredientes do molho e despeje sobre a salada.

Porção: CG 4,5; proteína 57 g; carboidrato 27 g; gordura 19 g (5 g saturados); fibra 8 g.

10 • SALADA DE FRANGO COM *CHILI* E LIMA

4 porções

Mistura de sabores mediterrâneos e latino-americanos, com alguns dos mais saudáveis ingredientes de ambas as regiões, essa salada suculenta e rica em proteínas vai deixar você bem satisfeito.

Ingredientes

4 peitos de frango desossados e sem pele
óleo para fritura
sal e pimenta
2 abobrinhas
100 a 120 g de rúcula
200 g de lentilhas cozidas
12 tomates-cereja

Molho

3 colheres de sopa de azeite de oliva extravirgem
1 colher de sopa de vinagre balsâmico
1 colher de sopa de alcaparras
2 colheres de sopa de suco de lima
1 pimenta *chili* pequena bem picada

Modo de preparo

Frite os peitos de frango durante 3 ou 4 minutos de cada lado, tempere-os e deixe-os descansar por mais 3 ou 4 minutos. Corte cada peito em fatias diagonais de 1 centímetro de espessura.
Fatie as abobrinhas no sentido do comprimento, coloque-as em uma panela de água fervente por 30 segundos, retire-as e lave-as em água corrente fria. Seque-as bem e escorra em papel-toalha.
Divida as abobrinhas e a rúcula em quatro pratos e coloque as lentilhas, as fatias de frango e os tomates por cima. Misture o azeite, o vinagre balsâmico, as alcaparras, o suco de lima e a pimenta e despeje esse molho sobre a salada.

Porção: CG 3; proteína 31 g; carboidrato 11 g; gordura 18 g (3 g saturados); fibra 2 g.

11 • SALADA DE CAMARÃO, ABACATE E QUEIJO *FETA*

2 porções

Essa salada não apenas tem excelente sabor como também é uma ótima fonte de gorduras monoinsaturadas, proteínas, fibras e diversos antioxidantes, como a vitamina C, a vitamina E e o licopeno.

Ingredientes

1 abacate
200 g de camarões grandes cozidos
4 a 6 tomates cortados em quatro partes
2 cebolas pequenas cortadas em fatias finas
1 pé de alface ou de outra verdura para salada
50 g de queijo *feta* ou *cottage* cortado em cubos
1 colher de sopa de azeite de oliva extravirgem
1 colher de sopa de suco de limão
2 colheres de chá de orégano seco
sal e pimenta

Modo de preparo

Corte o abacate em cubos. Junte os camarões, os tomates, as cebolas, as folhas de alface e o queijo em uma tigela.

Coloque o azeite de oliva, o suco de limão e o orégano em uma tigela pequena, tempere a gosto e mexa com um garfo. Despeje sobre a salada e misture bem antes de servir.

Porção: CG 0; proteína 30 g; carboidrato 11 g; gordura 24 g (7 g saturados); fibra 5 g.

12 • CAMARÕES E ASPARGOS *SAUTÉS*

1 porção

Boas novas para os níveis de colesterol e açúcar do sangue: com 9 gramas de fibras por porção, esse prato fornece mais de um terço do consumo diário de fibras recomendável.

Ingredientes

1 colher de chá de azeite de oliva extravirgem
250 g de aspargos picados
1 cebola bem picada
1 pimentão verde cortado em tiras finas
2 dentes de alho picados
50 ml de vinho branco (opcional)
1 ou 2 colheres de chá de suco de limão
150 g de camarões grandes

Modo de preparo

Aqueça o azeite em uma panela antiaderente, adicione os legumes e o alho e cozinhe em fogo brando, mexendo sempre. Adicione o vinho branco e o suco de limão e continue a cocção por mais 5 minutos sem deixar de mexer.

Junte os camarões, misture bem todos os ingredientes e cozinhe por mais 3 ou 4 minutos.

Porção: CG 0; proteína 45 g; carboidrato 23 g; gordura 8 g (1,5 g saturado); fibra 9 g.

13 • PEIXE ASSADO COM ERVAS

4 porções

Esse prato aromático combina com qualquer peixe de carne branca, e você pode usar outras ervas, como o tomilho.

Ingredientes

4 tomates cortados em quatro partes
20 azeitonas sem caroço
3 dentes de alho picados
1 colher de sopa de azeite de oliva extravirgem
4 filés de peixe de 200 g cada um
8 raminhos de orégano
6 raminhos de salsinha
2 raminhos de sálvia
2 raminhos de alecrim
sal e pimenta
1 limão, cortado em quatro partes, para acompanhar

Modo de preparo

Preaqueça o forno a 100ºC no máximo. Arrume, em uma fôrma refratária, os tomates, as azeitonas e o alho e regue tudo com azeite de oliva. Coloque o peixe por cima, adicione as ervas e um pouco de sal e pimenta. Asse por 30 minutos ou até que a temperatura interior – que pode ser medida por um termômetro especial para carnes – alcance de 55 a 60ºC. Sirva com pedaços de limão e uma salada mista ou com arroz integral se essa for sua refeição-recompensa.

Porção: CG 0; proteína 37g; carboidrato 4 g; gordura 9 g (1 g saturado); fibra 1,5 g.

14 • CAÇAROLA DE PEIXE COM PESTO

4 porções

Você pode comprar pronto o molho pesto, mas não há nada como o aroma do manjericão fresco.

Ingredientes

400 g de filés de peixe de carne branca
1 cebola grande fatiada
200 g de brócolis
1 pimentão vermelho ou verde fatiado
500 g de cogumelos fatiados
2 colheres de sopa de queijo parmesão ralado
2 colheres de sopa de molho pesto

Molho pesto de manjericão

1 maço de manjericão
3 colheres de sopa de *pinoli* ou nozes assados e picados
3 ou 4 dentes de alho picados
1 colher de sopa de queijo parmesão ralado
100 a 200 ml de azeite de oliva extravirgem

Modo de preparo

Para preparar o pesto, coloque as folhas de manjericão, já limpas, em um processador de alimentos. Adicione o restante dos ingredientes e bata até formar uma pasta homogênea. O pesto se mantém em boas condições por cerca de uma semana sob refrigeração. Preaqueça o forno a 100ºC no máximo. Coloque o peixe numa fôrma refratária, adicione os demais ingredientes e tampe a fôrma. Asse por 40 minutos ou até que o termômetro de carnes indique de 55 a 60ºC. Espalhe o queijo parmesão sobre o assado no final da cocção. Regue com 1 ou 2 colheres de pesto e sirva com purê de lentilhas (receita 34) e uma salada verde.

Porção: CG 0; proteína 28 g; carboidrato 7 g; gordura 13 g (3 g saturados); fibra 4 g.

15 • PEIXE ASSADO COM ESPINAFRE

2 porções

A truta se encaixa muito bem nessa receita, mas você pode escolher qualquer tipo de peixe.

Ingredientes

2 filés de peixe de 200 g cada um
molho de soja
sal e pimenta a gosto
500 g de espinafre fresco ou 300 g de espinafre congelado
1 colher de sopa de óleo de canola
1 colher de chá de mostarda Dijon
1 colher de chá de *dill* seco

Modo de preparo

Preaqueça o forno a 100°C no máximo. Coloque o peixe em uma fôrma refratária e regue com o molho de soja, o sal e a pimenta. Tampe a fôrma e asse por 40 minutos ou até que a temperatura interior do peixe atinja de 55 a 60°C.

Se usar espinafre fresco, lave bem as folhas e cozinhe-as, durante 2 ou 3 minutos, em uma panela grande sob fogo médio, mexendo constantemente, até murcharem. Refogue-as em um pouco de azeite, adicione a mostarda e o *dill* e tempere a gosto.

Arrange o espinafre em dois pratos, coloque o peixe assado por cima e sirva.

Porção: CG 0; proteína 52 g; carboidrato 2 g; gordura 16 g (2,5 g saturados); fibra 3 g.

16 • CAVALA GRELHADA

2 porções

A cavala é uma boa fonte de ácidos graxos essenciais ômega -3.

Ingredientes

2 cavalas inteiras (de 250 a 300 g cada uma)
4 colheres de sopa de azeite de oliva extravirgem
suco de 1 limão
2 dentes de alho amassados
1 colher de sopa de salsa picada
1 colher de chá de páprica
pimenta-do-reino recém-moída a gosto

Modo de preparo

Faça duas ou três incisões em cada lado dos peixes. Misture os demais ingredientes em uma tigela de vidro rasa, junte os peixes e deixe-os marinar durante 1 ou 2 horas, virando-os algumas vezes. Forre a grelha com papel-alumínio, preaquecendo-a por 5 minutos. Grelhe as cavalas por 4 a 6 minutos a 10 centímetros de distância da fonte de calor. Vire-as e deixe por mais 4 ou 5 minutos.

Depois de pronta, a carne vai ficar opaca. Verifique com uma pequena faca. Sirva imediatamente com uma salada verde.

Porção: CG 0; proteína 38 g; carboidrato 3 g; gordura 21 g (4 g saturados); fibra 0,5 g.

17 • HAMBÚRGUER DE SALMÃO COM MOLHO TÁRTARO VERDE

6 porções

Reúna-se com os amigos e sirva esses suculentos e saudáveis hambúrgueres, que contêm os ácidos graxos essenciais ômega-3, ômega-6 e ômega-9.

Ingredientes

Molho tártaro verde

1 cebola pequena
3 colheres de sopa de alcaparras
150 g de pepino em conserva picadinho
150 ml de maionese
3 colheres de sopa de cebolinha fresca bem picada
3 colheres de sopa de salsinha fresca bem picada
1 colher de chá de suco de limão
½ colher de chá de mostarda Dijon
½ colher de chá de pimenta
3 colheres de sopa de azeite de oliva extravirgem

Hambúrgueres de salmão

600 g de salmão sem pele bem picado a faca
200 g de pimentões verdes ou vermelhos bem picados
90 g de cebolas bem picadas
3 colheres de sopa de creme de leite *light*
2 colheres de chá de molho Tabasco
2 colheres de chá de sal
pimenta a gosto
1 clara de ovo
2 ½ colheres de sopa de azeite de oliva extravirgem

Para servir

12 fatias grossas de tomate
600 g de verduras para salada à escolha

Modo de preparo

Do molho tártaro verde: coloque a cebola, as alcaparras e o pepino em um processador de alimentos e pique-os. Adicione o restante dos ingredientes e misture até obter uma textura macia e cremosa. Esse molho pode ser preparado com antecedência de até três dias desde que fique sob refrigeração. Sirva em temperatura ambiente.

Dos hambúrgueres de salmão: misture o salmão, o pimentão, a cebola, o creme de leite, o Tabasco, o sal e a pimenta em uma tigela grande. Em outro recipiente, bata a clara de ovo até ficar firme. Junte cuidadosamente a mistura do salmão e a clara batida. Use as mãos e faça seis hambúrgueres de cerca de 1 centímetro de espessura. Eles podem ser preparados com antecedência e ficar sob refrigeração por até seis horas.

Frite os hambúrgueres em frigideira antiaderente, em fogo médio, por cerca de 3 minutos de cada lado. Sirva cada hambúrguer com 1 colher de sopa de molho tártaro verde, 2 fatias de tomate e salada verde à vontade.

Porção: CG 0; proteína 21 g; carboidrato 8 g; gordura 40 g (7 g saturados); fibra 2 g.

18 • SALMÃO GRELHADO COM GERGELIM E ASPARGOS

4 porções

Um prato elegante, igualmente adequado para um jantar especial ou para uma refeição diária.

Ingredientes

4 filés de salmão, sem pele, de cerca de 150 g cada um
1 colher de sopa de sementes de gergelim
1 cebola pequena bem picada
600 g de aspargos frescos

Marinada

3 colheres de sopa de molho de soja
1 ½ colher de sopa de vinagre de arroz ou de vinagre de vinho
1 colher de chá de frutose
1 colher de sopa de suco de limão
½ colher de chá de gengibre fresco ralado

Modo de preparo

Misture todos os ingredientes do molho em uma pequena tigela. Coloque o salmão em uma travessa, despeje a marinada sobre ele e certifique-se de que esteja completamente embebido. Cubra e deixe marinar no refrigerador por no mínimo 1 hora.

Aqueça a grelha, cubra-a com papel-alumínio e borrife-o com óleo. Grelhe o salmão por 2 minutos a cerca de 10 centímetros de distância da fonte de calor. Despeje o molho em uma pequena panela e ferva-o por 2 minutos. Vire o salmão e regue-o com um pouco desse molho. Salpique-o com as sementes de gergelim e grelhe por mais 2 minutos ou até o peixe estar completamente assado. Enquanto isso, ferva os aspargos por cerca de 5 minutos ou até que fiquem macios. Escorra-os bem. Sirva o salmão com o molho restante e os aspargos.

Porção: CG 1; proteína 33 g; carboidrato 7 g; gordura 20 g (4 g saturados); fibra 3 g.

19 • SALMÃO FRITO

2 porções

As maravilhosas cores desse prato demonstram sua riqueza em antioxidantes.

Ingredientes

1 colher de sopa de óleo de canola ou de azeite de oliva extravirgem
200 a 300 g de filés de salmão, sem pele, cortados em pedaços
1 pequeno bulbo de erva-doce cortado em tiras
1 alho-poró pequeno cortado em fatias finas
90 g de brócolis
90 g de couve-flor
1 pimentão vermelho cortado em tiras
1 colher de sopa de molho de soja ou de molho de pimenta ou uma pimenta-malagueta picada
2 colheres de chá de sementes de gergelim

Modo de preparo

Aqueça uma frigideira grande, adicione o óleo, depois o salmão e frite em fogo entre médio e alto por alguns minutos. Reserve.

Frite os legumes por alguns minutos, mexendo sempre, junte o salmão e adicione o molho. Mexa rapidamente e sirva o prato em seguida, salpicado com as sementes de gergelim.

Porção: CG 4; proteína 25 g; carboidrato 10 g; gordura 21 g (3 g saturados); fibra 6 g.

20 • FRANGO FRITO CHINÊS

2 porções

Experimente esse prato com outros legumes, como abobrinha ou ervilha.

Ingredientes

300 g de frango desossado, sem pele, cortado em tiras
4 colheres de sopa de óleo de canola ou de azeite de oliva extravirgem
1 pequeno bulbo de erva-doce cortado em tiras
1 pimentão verde ou vermelho cortado em tiras
1 cebola cortada em fatias finas
1 cebolinha cortada em fatias finas
10 cogumelos fatiados
10 a 12 pequenos ramos de brócolis
Salsinha fresca picada

Marinada

100 ml de caldo de galinha
2 colheres de sopa de molho de soja
1 dente de alho amassado
2 cm de gengibre fresco cortado em fatias finas
pimenta a gosto

Modo de preparo

Misture os ingredientes da marinada e adicione o frango. Deixe no refrigerador até o dia seguinte.
No dia seguinte, retire o frango e reserve o molho. Aqueça uma frigideira grande, adicione 2 colheres de óleo e frite o frango em fogo de médio a alto, virando os pedaços com freqüência. Quando estiver pronto, retire o frango da panela e descarte o excesso de óleo.
Adicione o óleo restante à panela e refogue os legumes por 2 ou 3 minutos. Junte novamente o frango e o molho. Mexa em fogo médio, por cerca de 30 segundos, até aquecer o frango. Sirva imediatamente, salpicado com as ervas.

Porção: CG 0; proteína 51 g; carboidrato 14 g; gordura 30 g (3 g saturados); fibra 8 g.

21 • FRANGO MARROQUINO

2 porções

Esse prato é aromatizado com canela, tempero detentor de poderes ocultos (veja o quadro "Canela", no capítulo 2).

Ingredientes

4 coxas de frango
1 colher de chá de canela moída
1 colher de chá de gengibre ralado
½ colher de chá de pimenta-da-jamaica moída
1 pitada de açafrão
1 pitada de pimenta-caiena
pimenta-do-reino moída a gosto
2 colheres de sopa de azeite de oliva extravirgem
2 dentes de alho amassados
suco de ½ limão

Modo de preparo

Coloque o frango em uma fôrma refratária e friccione bem a carne com os temperos. Adicione o azeite de oliva, o alho e o suco de limão, cubra com filme plástico e deixe no refrigerador pelo menos por 2 horas, virando o frango algumas vezes.
Preaqueça o forno a 140° C. Após fazê-lo voltar à temperatura ambiente, asse o frango por cerca de 1 hora, até ficar completamente dourado. Sirva com vagens e cuscuz caso seja sua refeição-recompensa.

Porção: CG 0; proteína 24 g; carboidrato 1 g; gordura 16 g (3 g saturados); fibra 0,5 g.

22 • FRANGO COM ESPINAFRE E MOLHO DE IOGURTE

4 porções

Se essa for sua refeição-recompensa, sirva-a com arroz, mas lembre-se das medidas da palma da mão: 1 palma de frango para ½ palma de arroz.

Ingredientes

2 ou 3 colheres de sopa de azeite de oliva extravirgem
2 cebolas bem picadas
4 dentes de alho bem picados
1 pimenta-malagueta pequena bem picada
1 colher de chá de gengibre fresco ralado
600 g de espinafre fresco
600 g de peito de frango desossado e sem pele
2 colheres de chá de coentro moído
1 colher de sopa de mostarda Dijon
300 g de iogurte natural
1 colher de chá de sal

Modo de preparo

Aqueça 1 ou 2 colheres do azeite de oliva em uma panela antiaderente, adicione o alho, as cebolas e o gengibre, tampe a panela e cozinhe em fogo baixo até as cebolas ficarem macias (cerca de 15 minutos). Reserve.
Lave bem o espinafre, pique-o e reserve.
Corte o frango em pequenos cubos e frite-os com 1 colher do azeite em uma panela antiaderente, mexendo sempre até ficar macio e dourado.
Acrescente o coentro e a mostarda às cebolas e mexa por cerca de 1 minuto. Junte o espinafre e refogue por mais 1 ou 2 minutos. Adicione o iogurte aos poucos até misturar tudo de forma homogênea. Junte o frango e sirva quente.

Porção: CG 5; proteína 50 g; carboidrato 14 g; gordura 14 g (3 g saturados); fibra 4 g.

23 • FRANGO COLORIDO COM CUSCUZ

4 porções

Essa é uma refeição-recompensa completa e também uma variação saudável do cuscuz simples.

Ingredientes

4 peitos de frango desossados e sem pele
2 colheres de sopa de azeite de oliva extravirgem
400 ml de caldo de galinha
200 g de sêmola para cuscuz
½ colher de chá de açafrão
2 maçãs fatiadas
1 cebola vermelha cortada em fatias finas
120 g de rúcula picada
200 g de queijo *feta* picado

Molho

200 g de iogurte natural
100 g de tomates secos picados
1 colher de sopa de manjericão fresco picado
1 colher de sopa de estragão fresco picado
1 colher de sopa de amêndoas torradas e picadas
1 colher de chá de vinagre de vinho branco
sal e pimenta a gosto

Modo de preparo

Frite o frango com 1 colher do azeite por 3 ou 4 minutos de cada lado. Reserve por alguns minutos e depois fatie.
Ferva o caldo de galinha com o restante do azeite. Retire do fogo e adicione a sêmola e o açafrão. Tampe e deixe descansar por 5 minutos. Mexa delicadamente para separar os grãos do cuscuz.
Em uma pequena tigela, misture os ingredientes do molho e tempere a gosto. Adicione as maçãs e a cebola ao cuscuz, junte a rúcula e o queijo *feta*. Divida o cuscuz entre quatro pratos, ponha o frango por cima e sirva em seguida, com o molho à parte.

Porção: CG 22; proteína 47 g; carboidrato 50 g; gordura 27 g (10 g saturados); fibra 4 g.

24 • FRANGO AO LIMÃO COM GRÃO-DE-BICO

4 porções

Você pode usar grãos-de-bico enlatados – adicione-os somente no final do processo de cozimento, com tempo suficiente para aquecê-los.

Ingredientes

200 g de grãos-de-bico
2 colheres de sopa de azeite de oliva extravirgem
1 cebola bem picada
1 colher de chá de açafrão
4 coxas de frango
300 ml de caldo de galinha
suco de 1 limão
3 ou 4 dentes de alho amassados
1 colher de sopa de alecrim seco
1 colher de sopa de orégano seco
1 colher de sopa de mostarda Dijon
1 pitada de *chili* em pó (opcional)
pimenta a gosto
sal (opcional)

Modo de preparo

Deixe o grão-de-bico de molho desde a véspera. Aqueça o azeite em uma panela grande e refogue a cebola em fogo baixo até amolecer. Salpique com açafrão e mexa bem. Adicione o frango e doure ambos os lados. Junte o caldo de galinha até cobrir o frango pela metade. Acrescente o grão-de-bico, o suco de limão e o restante dos ingredientes, levando-os à fervura, em fogo baixo, por cerca de 1 hora ou até o grão-de-bico ficar completamente cozido. Sirva com uma salada verde.

Porção: CG 9; proteína 30 g; carboidrato 31 g; gordura 14 g (3 g saturados); fibra 6 g.

25 • *FAJITAS* DE FRANGO

2 porções

De acordo com o modelo ABC, a *tortilla* compõe a parte C dessa refeição. Sirva com bastante alface cortada, que representa a parte B.

Ingredientes

2 peitos de frango desossados e sem pele
1 pimentão vermelho cortado em tiras finas
½ cebola cortada em tiras finas
2 *tortillas* de cerca de 20 centímetros de diâmetro
2 tomates picados
1 abacate fresco fatiado ou molho de abacate (guacamole)

Marinada

3 colheres de sopa de molho mexicano pronto
3 colheres de sopa de suco de lima ou de limão
3 colheres de sopa de água
pimenta a gosto

Modo de preparo

Corte o frango em tiras finas, de cerca de 2 centímetros de comprimento. Coloque-as numa tigela e adicione a marinada (cuide para que o frango fique totalmente coberto). Acrescente água se for necessário. Cubra com filme plástico e deixe no refrigerador durante a noite. Despeje o molho em uma panela antiaderente já aquecida e mexa até que ele se reduza à metade. Adicione o frango e vire-o com freqüência. Quando o frango estiver macio, junte o pimentão e a cebola e continue o cozimento, mexendo sempre, até que todo o líquido se evapore. Coloque o cozido de frango nas *tortillas* e enrole-as. Sirva-as com o tomate e as fatias ou o molho do abacate.

Porção: CG 7; proteína 31 g; carboidrato 22 g; gordura 15 g (5 g saturados); fibra 5 g.

26 • FRANGO AO MOLHO *CURRY* DE DAMASCO

4 porções

O damasco proporciona doçura natural a esse exótico prato, enquanto a leve acidez do iogurte equilibra os sabores.

Ingredientes

4 peitos de frango desossados e sem pele
sal e pimenta a gosto
2 colheres de sopa de óleo de canola

Molho de damasco

1 cebola picada
1 dente de alho picado
2 folhas de louro
2 colheres de sopa de *curry* em pó
4 damascos secos cortados em pequenos pedaços
3 colheres de sopa de suco de maçã sem açúcar
100 ml de caldo de galinha
100 ml de creme de leite *light*
4 colheres de sopa de iogurte natural

Modo de preparo

Corte cada peito de frango em 3 ou 4 pedaços, tempere-os e frite-os no óleo por 3 ou 4 minutos, virando-os algumas vezes. Remova o frango da panela e mantenha-o aquecido.
Ponha na panela a cebola, o alho e as folhas de louro e cozinhe-os em fogo baixo até que a cebola fique macia. Junte o restante dos ingredientes (exceto o iogurte) e ferva tudo por alguns minutos.
Devolva o frango à panela e adicione o iogurte, mas não deixe ferver. Tempere a gosto.
Sirva com vagens e arroz integral se essa for sua refeição-recompensa.

Porção: CG 4; proteína 30 g; carboidrato 12 g; gordura 17 g (6 g saturados); fibra 2 g.

27 • PERU AO MOLHO DE NOZES

4 porções

Essa receita deliciosa não poderia ser mais fácil de preparar. Como variação, experimente fazê-la com frango assado comprado pronto.

Ingredientes

4 colheres de sopa de nozes, avelãs ou amêndoas
1 dente de alho bem picado
1 colher de chá de cominho em pó
2 colheres de chá de mostarda Dijon
300 g de iogurte natural
suco de limão
sal e pimenta a gosto
500 g de sobras de peru assado (ou frango)

Modo de preparo

Preaqueça o forno a 180°C. Escalde as nozes em água fervente por 2 minutos. Seque-as bem, retire a pele e pique-as em pequenos pedaços, misturando-os com o alho picado, o cominho, a mostarda e o iogurte. Adicione suco de limão, sal e pimenta a gosto.
Corte o peru em fatias finas e ponha-as em uma fôrma refratária. Cubra o peru com o molho de nozes e leve ao forno por 20 minutos ou até que o molho comece a borbulhar.

Porção: CG 2; proteína 44 g; carboidrato 7 g; gordura 16 g (2 g saturados); fibra 1 g.

28 • ALMÔNDEGAS GREGAS

4 porções

Na Grécia, normalmente, um pouco de pão amassado faz parte dos ingredientes dessas almôndegas. A nossa é uma versão mais saudável, que utiliza aveia, uma valiosa fonte de fibras.

Ingredientes

600 g de carne magra, moída, de carneiro ou boi
2 colheres de sopa de azeite de oliva extravirgem
1 cebola grande bem picada
3 dentes de alho bem picados
1 colher de sopa de orégano seco
1 colher de sopa de hortelã seca
1 ovo
100 g de aveia ou de farinha de aveia
1 colher de sopa de vinagre balsâmico
1 colher de chá de sementes de anis moídas
1 colher de sopa de páprica
sal e pimenta a gosto

Para acompanhar

Tzatziki (receita 2)
Salada grega (receita 6)

Modo de preparo

Ponha a carne em uma tigela, adicione 1 colher do azeite e os demais ingredientes e misture bem. Leve ao refrigerador por 2 horas para permitir que os sabores se apurem. Enquanto a mistura está gelando, prepare o molho *tzatziki* e a salada grega.
Dê à mistura o formato de almôndegas. Aqueça uma frigideira grande, antiaderente, e ponha o óleo restante. Em fogo médio, frite as almôndegas (em pequenas porções, para evitar encher demais a frigideira), virando-as algumas vezes, durante 6 a 8 minutos ou até que fiquem douradas. Sirva-as quentes com o *tzatziki* e a salada grega.

Porção: CG 12; proteína 36 g; carboidrato 23 g; gordura 17 g (4 g saturados); fibra 3 g.

29 • *CHILI* COM CARNE

4 porções

Essa receita fica mais saborosa se for preparada com antecedência e requentada.

Ingredientes

2 colheres de sopa de azeite de oliva extravirgem
300 g de carne moída
1 cebola fatiada
2 dentes de alho picados
1 pimentão verde ou vermelho picado
200 g de milho verde (pode ser enlatado ou congelado)
420 g de feijão *chili* em lata
420 g de feijão-branco em lata
1 colher de sopa de molho Tabasco
1 cubo de caldo de carne
sal e pimenta a gosto

Modo de preparo

Aqueça o azeite em uma panela grande sobre fogo médio. Adicione a carne, a cebola e o alho e refogue até a carne dourar. Acrescente os demais ingredientes, inclusive o líquido das latas, e cozinhe em fogo baixo até ferver. Mexa por 20 minutos e tempere a gosto. Sirva com salada verde e arroz se essa for sua refeição-recompensa.

Porção: CG 18; proteína 31 g; carboidrato 50 g; gordura 11 g (2 g saturados); fibra 13 g.

30 • *MOUSSAKA* DO DR. LINDBERG

10 porções

Conhecida pela maioria dos turistas como o prato nacional grego, a *moussaka* pode tornar-se indigesta se for preparada de forma incorreta. A nossa é uma versão *light* e mais saudável. Congele as sobras em porções individuais para uma próxima refeição.

Ingredientes

600 g de berinjelas
3 colheres de sopa de azeite de oliva extravirgem
purê de lentilhas (receita 34)

Molho de carne

1 colher de sopa de azeite de oliva extravirgem
1 cebola picada
400 g de carne moída (de vaca, carneiro ou frango)
1 pimentão vermelho picado
4 dentes de alho amassados
200 g de tomates picados
1 colher de sopa de mostarda Dijon
4 colheres de sopa de salsinha fresca bem picada
1 colher de sopa de molho inglês
1 colher de sopa de orégano seco
1 colher de sopa de vinagre balsâmico
2 colheres de sopa de extrato de tomate

Molho branco

500 g de iogurte natural *light*
300 g de queijo *cottage*
½ colher de chá de noz-moscada ralada
2 colheres de sopa de queijo parmesão ralado
2 colheres de sopa de queijo *cheddar* (ou suíço) ralado
2 ovos
sal e pimenta a gosto

Modo de preparo

Prepare inicialmente o purê de lentilhas e reserve.
Para o molho de carne: aqueça o óleo em uma panela, acrescente a cebola e refogue até amaciar. Adicione a carne e mexa em fogo médio a alto até dourar. Junte o restante dos ingredientes e leve à fervura em fogo baixo até que quase todo o líquido tenha evaporado.
Corte as berinjelas em fatias finas e frite-as (aos poucos se necessário), em azeite de oliva, em uma panela antiaderente até dourar. Escorra bem em papel-toalha.
Para o molho branco: coloque todos os ingredientes no processador de alimentos e bata até misturá-los bem.
Preaqueça o forno a 200°C. Ponha o óleo em uma fôrma refratária e cubra com uma camada de 2 centímetros de purê de lentilhas. Despeje metade do molho de carne por cima. Adicione as berinjelas em camadas, cobrindo-as com o restante do molho de carne. Finalmente, cubra tudo com o molho branco. Asse no forno durante 30 a 40 minutos ou até que a superfície fique dourada. Resfrie um pouco antes de servir. Uma salada verde é o acompanhamento perfeito.

Porção: CG 14; proteína 35 g; carboidrato 46 g; gordura 20 g (5 g saturados); fibra 6 g.

31 • MOLHO DE CARNE

4 porções

O tradicional molho de espaguete feito com carne e tomates pode tornar-se muito mais nutritivo com a adição de feijões. Não é necessário servir essa receita com uma grande quantidade de espaguete: o molho é tão robusto que pouca massa já será suficiente. Esse prato fica também muito saboroso com vagens no lugar dos feijões.

Ingredientes

1 colher de sopa de azeite de oliva extravirgem
400 g de carne magra moída
1 cebola picada
2 colheres de chá de orégano seco
1 abobrinha picada
10 cogumelos fatiados
1 pimentão verde ou vermelho picado
4 dentes de alho amassados
200 g de tomates picados
200 g de feijões comuns cozidos
100 g de feijões-brancos cozidos
4 colheres de sopa de salsinha picada
sal e pimenta a gosto

Modo de preparo

Aqueça o azeite em uma panela grande e doure a carne. Adicione todos os outros ingredientes, exceto a salsinha, e refogue por 10 a 15 minutos. Pronto! Sirva quente, com a salsinha por cima, e arrume o espaguete ao lado. Uma boa salada verde é o acompanhamento natural desse prato.

Porção: CG 10; proteína 31 g; carboidrato 29 g; gordura 9 g (2 g saturados); fibra 9 g.

32 • CARNEIRO COM ALECRIM

8 a 10 porções

A preparação dessa receita em baixa temperatura mantém a carne suculenta e saborosa.

Ingredientes

1 perna de carneiro de cerca de 2 quilos
2 raminhos de alecrim fresco
4 dentes de alho
pimenta-do-reino a gosto
2 colheres de sopa de azeite de oliva extravirgem
4 colheres de sopa de vinho tinto
100 ml de caldo de carne ou de água

Modo de preparo

Preaqueça o forno a 140°C. Separe as folhas do alecrim, pique-as com o alho e misture a pimenta-do-reino moída na hora. Solte a pele do carneiro e coloque essa mistura debaixo dela. Ponha o carneiro em uma assadeira e regue-o com o azeite de oliva. Asse-o no forno por cerca de 2 horas ou até a temperatura da carne atingir cerca de 70 graus. Deixe a carne descansar, mantendo-a aquecida. Coloque a assadeira no fogo baixo, adicione o vinho e o caldo de carne ou a água e ferva até engrossar um pouco. Tempere a gosto.
Corte a carne em fatias e sirva-a com o molho e com espinafre refogado.

Porção: CG 0; proteína 44 g; carboidrato 0,5 g; gordura 16 g (6 g saturados); fibra 0 g.

33 • CAÇAROLA DE CARNEIRO COM REPOLHO

4 porções

A carne de carneiro é bastante gordurosa. Tente comprar pedaços magros ou retirar o excesso de gordura. Sirva com purê de lentilhas (receita 34) em lugar de purê de batatas.

Ingredientes

1 quilo de carne de carneiro cortada em cubos
1 ½ quilo de repolho picado
2 colheres de chá de sal
1 ou 2 colheres de chá de pimenta-do-reino em grão
400 ml de água fervente
2 colheres de sopa de salsinha bem picada

Modo de preparo

Forme camadas com a carne e o repolho, colocando-os em uma fôrma refratária grande. Comece pela carne e tempere cada camada com sal e pimenta em grão. A última camada deve ser de repolho. Despeje a água fervente sobre a carne e o repolho, leve à fervura, tampe a fôrma e deixe cozinhar lentamente por 1 hora e meia. Não mexa, mas vire o cozido algumas vezes para evitar que se prenda no fundo da panela. Sirva quente, com salsinha salpicada.

Porção: CG 0; proteína 58 g; carboidrato 15 g; gordura 23 g (10 g saturados); fibra 9 g.

34 • PURÊ DE LENTILHAS

8 porções

Essa é uma receita vegetariana muito versátil. Conserva-se bem no refrigerador durante quatro ou cinco dias e também se presta ao congelamento. Vale a pena, portanto, preparar uma grande quantidade. Em vez de salsão, você pode optar por alho-poró ou erva-doce. Se quiser maiores variações, acrescente *chili*, pesto, mostarda, nozes torradas e picadas, tomates secos picados ou ervas frescas.

Ingredientes

1½ litro de caldo de legumes
500 g de lentilhas
½ cebola bem picada
200 g de salsão bem picado
3 dentes de alho bem picados
4 colheres de sopa de azeite de oliva extravirgem
4 colheres de sopa de caldo de limão
sal e pimenta a gosto

Modo de preparo

Ferva o caldo de legumes. Junte a lentilha, a cebola, o salsão e o alho e cozinhe em fogo baixo por 20 a 30 minutos, mexendo algumas vezes.
A lentilha deve ficar bem tenra. Se quiser obter uma textura macia e homogênea, bata os ingredientes no processador ou no liquidificador. Espalhe o azeite de oliva, o suco de limão, a pimenta moída e um pouco de sal, se for necessário, sobre o purê pouco antes de servi-lo.

Porção: CG 9; proteína 16 g; carboidrato 36 g; gordura 6 g (1 g saturado); fibra 3 g.

35 • COZIDO DE LENTILHAS

2 a 3 porções

"Lentilhas novamente?" Essa era minha reação todas as segundas e quintas-feiras durante minha infância, em Atenas, quando eu voltava da escola e sentia o cheiro da comida. Lentilhas, feijões e grãos-de-bico eram um ritual, e reclamar não ajudava muito: ou eu comia o cozido de lentilhas ou ficava com fome. É curiosa a maneira como as coisas mudam: esse prato é hoje um de meus favoritos.

Ingredientes

3 colheres de sopa de azeite de oliva extravirgem
1 cebola grande bem picada
3 ou 4 colheres de sopa de extrato de tomate (ou 200 g de tomate em lata)
400 a 500 ml de caldo de galinha ou de legumes
200 g de lentilhas
1 colher de chá de sálvia seca
3 ou 4 dentes de alho amassados
2 colheres de sopa de suco de limão
2 colheres de chá de molho de soja
sal e pimenta a gosto

Modo de preparo

Aqueça o azeite em uma panela, adicione as cebolas e refogue até dourar. Acrescente o extrato de tomate e o caldo de galinha ou de legumes. Junte as lentilhas, mexa bem e depois adicione a sálvia, o alho, o suco de limão e o molho de soja. Deixe ferver por 30 a 40 minutos até que as lentilhas fiquem macias. Tempere a gosto e sirva quente com uma salada mista.

Porção: CG 18; proteínas 29 g; carboidrato 61 g; gordura 19 g (2 g saturados); fibra 11 g.

36 • OMELETE ESPANHOLA SEM BATATAS

1 porção

Essa é uma variação de baixa CG da tradicional omelete espanhola. Os ovos, embora tenham altos teores de colesterol, não aumentam os níveis de colesterol do sangue. Aproveite-os, portanto, regularmente – eles são superalimentos da natureza.

Ingredientes

4 claras de ovos
2 gemas de ovos
1 colher de sopa de leite desnatado
½ cebola pequena picada
½ pimentão verde cortado em tiras
1 colher de chá de azeite de oliva extravirgem
3 colheres de sopa de feijão comum ou de feijão-branco cozido
1 colher de sopa de queijo *cheddar* ou parmesão ralado
1 colher de sopa de salsinha (opcional)

Modo de preparo

Misture, numa tigela, as claras, as gemas e o leite desnatado. Reserve. Borrife uma frigideira antiaderente com óleo e ponha em fogo médio. Adicione a cebola e o pimentão verde, dourando-os por cerca de 3 minutos. Transfira-os para uma tigela e adicione os feijões. Despeje o azeite de oliva em uma panela e acrescente a mistura de ovos batidos. Cozinhe em fogo baixo até que os ovos comecem a endurecer. Junte os outros ingredientes e o queijo ralado à omelete, vire-a e continue a cozinhá-la até dourar. Se preferir, sirva com salsinha.

Porção: CG 8; proteína 28 g; carboidrato 23 g; gordura 20 g (6 g saturados); fibra 7 g.

37 • RATATOUILLE DO DR. LINDBERG

4 a 6 porções

Sirva essa receita como prato vegetariano principal ou como acompanhamento de carne, peixe ou frango.

Ingredientes

3 berinjelas cortadas em cubos
1 colher de sopa de sal
8 colheres de sopa de azeite de oliva extravirgem
2 cebolas picadas
2 bulbos de erva-doce cortados em tiras finas
4 abobrinhas cortadas em cubos
2 pimentões verdes e 2 vermelhos cortados em pedaços grandes
400 g de tomates
300 g de feijões cozidos
8 dentes de alho amassados
20 folhas de manjericão fresco (ou 2 colheres de chá de manjericão seco)
2 colheres de sopa de tomilho fresco (ou 1 ou 2 colheres de chá de tomilho seco)
1 colher de sopa de mostarda Dijon
1 colher de sopa de molho inglês (opcional)
1 colher de sopa de molho de soja
2 colheres de sopa de caldo de legumes, de galinha ou de carne
pimenta-do-reino moída na hora

Modo de preparo

Coloque os cubos de berinjela em uma tigela grande, adicione sal e reserve por cerca de 30 minutos. Lave e escorra sobre papel toalha.

Aqueça duas colheres de sopa de azeite em uma frigideira grande em fogo médio. Adicione a cebola e a erva-doce, deixando-as dourar. Transfira-as para a tigela. Acrescente mais duas colheres de azeite à panela, aumente o fogo e frite as berinjelas, até dourar, por cerca de 15 minutos. Coloque as berinjelas em outra panela e junte a metade da cebola e da erva-doce.

Adicione outras duas colheres de azeite à frigideira e frite as abobrinhas, até dourar, por cerca de 10 minutos. Junte as abobrinhas à panela da berinjela e cubra-as com a cebola e a erva-doce restantes.

Acrescente uma colher de azeite à frigideira e frite os pimentões, até dourar, por cerca de 15 minutos. Transfira-os para a panela.

Finalmente, coloque na frigideira a colher de azeite restante e despeje os tomates, os feijões, o alho, o manjericão, o tomilho, a mostarda, o molho inglês, o molho de soja, o caldo e a pimenta-do-reino. Ferva e depois mantenha em fogo baixo, até a mistura começar a engrossar, por cerca de 15 minutos. Transfira tudo para a panela e deixe ferver em fogo baixo por cerca de 30 minutos, mexendo algumas vezes. Experimente e adicione um pouco de sal se for necessário.

Porção: CG 11; proteína 14 g; carboidrato 39 g; gordura 24 g (3 g saturados); fibra 14 g.

38 • FEIJÕES E LEGUMES À MODA INDIANA

3 porções

Para dar a esse prato vegetariano um sabor mediterrâneo, substitua os temperos por dois ou três ramos de tomilho fresco.

Ingredientes

2 colheres de sopa de azeite de oliva extravirgem
½ cebola fatiada
3 dentes de alho picados
1 abobrinha cortada em cubos
1 berinjela cortada em cubos
½ bulbo de erva-doce picado
200 g de tomates picados
200 g de feijões comuns cozidos
100 g de feijões-brancos cozido
1 colher de sopa de extrato de tomate
1 pitada de canela em pó
1 pitada de pimenta-da-jamaica em pó
1 colher de chá de frutose (opcional)
sal e pimenta a gosto

Modo de preparo

Aqueça o azeite em uma panela grande, adicione a cebola e o alho e frite-os em fogo médio até a cebola ficar macia.
Acrescente o restante dos ingredientes, o extrato de tomate, os temperos e a frutose, se desejar, e cozinhe lentamente. Tempere a gosto e sirva quente.

Porção: CG 15; proteína 16 g; carboidrato 44 g; gordura 10 g (1 g saturado); fibra 14 g.

39 • COGUMELOS RECHEADOS

4 porções

Sirva como entrada ou como acompanhamento em substituição às batatas.

Ingredientes

12 cogumelos grandes
1 colher de sopa de manteiga
2 ramos de cebolinha bem picados
1 dente de alho amassado
2 colheres de sopa de salsinha fresca bem picada
sal e pimenta a gosto
150 g de lentilhas cozidas
100 g de amêndoas bem picadas
100 g de queijo parmesão ou *cheddar* ralado

Modo de preparo

Preaqueça o forno a 180°C.
Remova os caules dos cogumelos e pique-os. Aqueça a manteiga em uma panela antiaderente, adicione os caules dos cogumelos picados, a cebolinha, o alho e a salsinha, fritando por 5 minutos. Tempere a gosto.
Unte uma assadeira grande com óleo. Arrume os cogumelos na assadeira e recheie-os com a lentilha já preparada. Salpique o queijo ralado e as amêndoas picadas sobre os cogumelos e asse-os por 10 a 15 minutos ou até ficarem macios (teste com um garfo).

Porção: CG 3; proteína 17 g; carboidrato 11 g; gordura 26 g (8 g saturados); fibra 5 g.

40 • LEGUMES FRITOS COM CASTANHAS DE CAJU

2 porções

Esse prato colorido é incrivelmente rico em antioxidantes, vitaminas e sais minerais.

Ingredientes

1 colher de sopa de azeite de oliva extravirgem ou de óleo de canola
1 dente de alho amassado
5 centímetros de gengibre fresco ralado
4 cebolas pequenas fatiadas
1 pimentão vermelho cortado em tiras
1 pimentão amarelo cortado em tiras
90 g de brócolis
2 abobrinhas fatiadas
2 colheres de sopa de molho de soja *light*
1 colher de chá de óleo de gergelim
90 g de castanhas de caju

Modo de preparo

Aqueça uma frigideira grande em fogo baixo ou médio. Acrescente o óleo, depois o alho, o gengibre e as cebolas, fritando por 30 segundos.

Aumente o fogo para médio ou alto e adicione os legumes e o molho de soja. Frite, sempre mexendo, por 2 ou 3 minutos. Junte o óleo de gergelim e as castanhas de caju e frite por mais 30 segundos. Sirva imediatamente.

Porção: CG 4; proteína 16 g; carboidrato 20 g; gordura 31 g (5 g saturados); fibra 6 g.

41 • RISOTO DE CEVADA COM NOZES

4 porções

Eis um risoto de baixa carga glicêmica, mas bastante saboroso.

Ingredientes

2 colheres de sopa de óleo de canola
1 cebola pequena bem picada
150 g de cevada
100 ml de vinho branco seco
500 ml de caldo de galinha bem forte e quente
100 g de coalhada
50 g de manteiga sem sal gelada
sal e pimenta a gosto
2 colheres de sopa de amêndoas, nozes ou avelãs torradas e picadas

Modo de preparo

Ponha o óleo em uma panela grande, adicione a cebola e doure-a. Acrescente a cevada e mexa até todos os grãos ficarem cobertos pelo óleo. Adicione o vinho e ferva até que boa parte do líquido evapore. Junte cerca de um terço do caldo de galinha, ferva, mexendo sempre, e adicione o restante do caldo conforme este vai sendo absorvido pela cevada.

Quando a cevada estiver totalmente cozida e macia, remova a panela do fogo e acrescente a manteiga e a coalhada, mexendo bastante. Experimente e sirva imediatamente o prato, salpicado com as frutas secas picadas.

Porção: CG 9; proteína 7 g; carboidrato 36 g; gordura 25 g (9 g saturados); fibra 0,5 g.

42 • MINGAU DE AVEIA E AMÊNDOAS

2 porções

A aveia é uma excelente fonte de fibras e a canela é rica em antioxidantes e antiinflamatórios, que reduzem os níveis de açúcar, colesterol e triglicérides do sangue.

Ingredientes

450 ml de leite desnatado
150 g de farinha ou farelo de aveia
4 colheres de chá de frutose (opcional)
1 colher de sopa de amêndoas picadas
½ colher de chá de extrato de baunilha
1 pitada de sal
1 pitada de canela em pó

Modo de preparo

Coloque os ingredientes (exceto a canela) em uma panela e ferva-os. Após a fervura, deixe em fogo baixo por mais 2 ou 3 minutos, depois despeje o mingau em pequenas tigelas, salpique com a canela e sirva.

Porção: CG 33; proteína 17 g; carboidrato 60 g; gordura 11 g (2 g saturados); fibra 6 g.

43 • MERENGUE DE PÊSSEGO

4 porções

Uma sobremesa delicada com amêndoas, ricas em gorduras saudáveis.

Ingredientes

4 pêssegos frescos
4 claras de ovos
4 colheres de sopa de frutose
60 g de amêndoas levemente torradas e picadas

Modo de preparo

Preaqueça o forno a 160ºC.
Descasque os pêssegos, corte-os pela metade e tire os caroços.
Bata as claras até endurecer e acrescente aos poucos a frutose, batendo sempre.
Coloque os pêssegos em uma assadeira, com a parte plana voltada para cima. Ponha uma colher de sopa bem cheia de clara batida sobre cada pêssego e salpique-os depois com as amêndoas. Asse até o merengue dourar, ou seja, por 10 ou 15 minutos. Sirva imediatamente.

Porção: CG 9; proteína 7 g; carboidrato 29 g; gordura 8 g (1 g saturado); fibra 2 g.

44 • PANQUECAS DE AMORAS

4 a 6 porções

As amoras, além de ricas em fibras e vitamina C, são uma ótima fonte de antioxidantes, substâncias que previnem muitas doenças crônicas e o envelhecimento precoce. Amoras congeladas são tão saudáveis quanto amoras frescas.

Ingredientes

60 g de farinha de soja
100 g de farinha de trigo integral
½ colher de chá de bicarbonato de sódio
½ colher de chá de canela em pó
2 colheres de chá de frutose
1 ovo
250 ml de leite desnatado
½ colher de chá de extrato de baunilha
100 g de amoras
óleo de canola

Modo de preparo

Junte todos os ingredientes em uma tigela e misture-os bem. Adicione o ovo, o leite e o extrato de baunilha, batendo até que a massa fique macia. Adicione as amoras e mexa levemente.

Aqueça uma frigideira antiaderente em fogo médio-alto e ponha um pouco de óleo. Pingue 2 colheres de sopa da massa na frigideira para fritar cada panqueca (cerca de 8 centímetros de diâmetro). Quando a massa começar a corar e a formar pequenas bolhas, vire-a e frite o outro lado até ficar levemente dourado.

Sirva as panquecas quentes, acompanhadas de iogurte sem gordura e adoçado com frutose se você preferir.

Porção: CG 9; proteína 14 g; carboidrato 26 g; gordura 4 g (1 g saturado); fibra 8 g.

45 • MUSSE DE LIMÃO DO DR. LINDBERG

4 porções

Uma deliciosa sobremesa, de aroma fantástico, para apreciar sem culpa!

Ingredientes

3 limões
5 gemas de ovos
1 ovo inteiro
150 g de frutose
3 folhas de gelatina sem sabor
200 ml de leite integral ou de soja
200 ml de creme de leite

Modo de preparo

Rale a casca de um dos limões e esprema o sumo dos três. Bata as gemas de ovos e o ovo inteiro e junte a frutose, a casca de limão ralada e o suco. Deixe a gelatina umedecer em bastante água fria.

Leve o leite ao ponto de fervura e deixe-o esfriar até ficar morno. Despeje o leite sobre a mistura dos ovos, batendo continuamente. Devolva a mistura à panela e aqueça-a em fogo baixo ou em banho-maria. Mexa sempre.

Retire a gelatina da água e dissolva-a completamente na mistura do leite, mexendo de leve. Deixe esfriar.

Bata o creme até endurecer e despeje-o lentamente na mistura. Depois distribua a musse em pequenas fôrmas ou ponha tudo numa tigela grande. Cubra com filme plástico e deixe no refrigerador por 6 horas antes de servir.

Porção: CG 9; proteína 8 g; carboidrato 44 g; gordura 34 g (18 g saturados); fibra 0 g.

46 • *CHEESECAKE* (TORTA DE QUEIJO) DO DR. LINDBERG

10 porções

Em vez de uma base feita de pães ou biscoitos, essa receita tem base de frutas secas e aveia rica em proteínas e fibras.

Ingredientes

Base de frutas secas

150 g de frutas secas (amêndoas, nozes ou amendoins)
100 g de aveia ou de farinha de aveia
2 colheres de sopa de frutose
1 colher de chá de canela em pó
3 colheres de sopa de manteiga (em temperatura ambiente)

Recheio

450 g de queijo *cottage*
250 g de requeijão *light*
3 ovos (separe as claras das gemas)
2 colheres de sopa de farinha de milho
150 g de frutose
1 colher de chá de casca de limão ralada
1 colher de chá de extrato de baunilha
500 g de *sour cream* sem gordura

Modo de preparo

Para fazer a base, preaqueça o forno até 180°C. Bata as frutas secas e a aveia no processador de alimentos (ou no liquidificador) até ficarem bem moídas. Adicione a frutose, a canela e a manteiga e bata mais uma vez. Despeje essa mistura em uma fôrma de alumínio, como as usadas para assar bolos e tortas, de 20 centímetros de diâmetro. Espalhe a mistura por igual na fôrma e leve-a ao forno por 4 ou 5 minutos para dourar levemente. Reduza a temperatura do forno para 125 graus enquanto prepara o restante da receita.

Para fazer o recheio, bata o queijo *cottage* e o requeijão no processador até obter uma mistura cremosa. Adicione as gemas, a farinha de milho, a frutose, a casca de limão ralada, o extrato de baunilha e o *sour cream*. Bata bem e reserve.

Bata as claras em neve e junte-as ao recheio. Despeje essa mistura sobre a base de frutas secas (que está no forno) e asse por 1 ½ hora aproximadamente ou até o centro da torta adquirir consistência firme. Experimente com um garfo ou com as pontas dos dedos.

Desligue o forno e deixe a porta aberta para que a torta esfrie em temperatura ambiente.

Sirva com frutas silvestres frescas amassadas e adoçadas com frutose.

Essa torta tem boa resistência no refrigerador.

Porção: CG 9; proteína 16 g; carboidrato 37 g; gordura 27 g (12 g saturados); fibra 2 g.

47 • PÃO DE 8 GRÃOS DO DR. LINDBERG

2 unidades

Você pode variar essa receita substituindo as sementes de gergelim por nozes, amêndoas ou avelãs. O *spelt* é um antigo tipo de trigo, e sua farinha pode ser encontrada nas lojas de produtos naturais e em alguns supermercados.

Ingredientes

2 colheres de chá de fermento seco
2 colheres de sopa de azeite de oliva extravirgem ou de óleo de canola
1 colher de sopa de frutose ou de mel
500 a 700 ml de água morna
500 g de farinha de trigo integral
80 g de farinha de cevada
80 g de farinha de trigo *spelt*
80 g de flocos de trigo-mouro
80 g de farinha de centeio
80 g de aveia
80 g de sementes de gergelim
50 g de farinha de trigo *durum*
2 colheres de chá de alfarroba em pó (opcional)
2 colheres de chá de sal

Modo de preparo

Misture o fermento com o óleo, a frutose e uma pequena porção de água. Adicione o restante dos ingredientes e sove-os com as mãos (ou com o processador) até obter uma massa firme e elástica. Talvez seja necessário adicionar um pouco mais de água, especialmente se usar o processador. Deixe descansar em lugar morno, até a massa dobrar de tamanho, por cerca de 1½ hora.

Corte a massa em duas porções iguais, após sová-la por mais 2 ou 3 minutos, e modele-as em formato comprido e cilíndrico (como pães de forma). Coloque as duas porções em assadeiras de 1 quilo untadas com um pouco de óleo. Como alternativa, você também pode dividir a massa em rolos menores (16 a 20), formando pãezinhos.

Cubra os pães com uma toalha e deixe-os crescer por mais 30 ou 40 minutos.

Preaqueça o forno até 180°C e asse os dois pães durante 40 ou 50 minutos (ou os pãezinhos por 15 ou 20 minutos). Teste virando os pães e batendo em sua base com os nós dos dedos: se estiverem prontos, o som será oco. Retire-os do forno e deixe-os esfriar antes de consumi-los.

Nota: alguns tipos de fermento precisam ser misturados com água (e açúcar ou mel), além de descansar por 15 minutos. Siga sempre as instruções contidas na embalagem.

Porção: CG 8; proteína 4 g; carboidrato 15,5 g; gordura 2,5 g (0,5 g saturado); fibra 2,5 g.

48 • PÃO DE CENTEIO E SEMENTES DE GIRASSOL DO DR. LINDBERG

2 unidades

Nessa receita você pode usar óleo de canola, óleo de nozes ou azeite de oliva extravirgem. O pó de alfarroba estabiliza as partículas dos pães integrais como esse e ajuda a manter seu teor de umidade. Os ingredientes dessa receita podem ser encontrados nas lojas de produtos naturais.

Ingredientes

25 g de fermento fresco
700 ml de água morna
1½ colher de sopa de óleo vegetal
2 colheres de chá de melaço, frutose ou mel
400 g de farinha de centeio integral
200 g de farinha de trigo integral
60 g de flocos de trigo
60 g de sementes de girassol
60 g de sementes de linhaça em pó
50 g de flocos de centeio
50 g de farinha de aveia
2 colheres de chá de alfarroba em pó (opcional)
2 colheres de chá de sal

Modo de preparo

Dissolva o fermento em um pouco da água morna, depois junte o óleo vegetal e o melaço.

Ponha o restante da água em uma tigela grande e acrescente os demais ingredientes secos e a mistura do fermento. Sove a massa de 5 a 10 minutos (use o processador se for necessário). Adicione mais farinha se a massa se tornar muito pegajosa. Divida a massa em duas porções e cubra-as com uma toalha para descansar e crescer durante cerca de 1½ hora.

Preaqueça o forno a 200°C e asse os pães por 45 a 55 minutos. Teste virando os pães e batendo com os nós dos dedos em sua base: se estiverem prontos, o som será oco. Retire-os do forno e deixe-os esfriar antes de consumi-los.

Porção: CG 7; proteína 2,5 g; carboidrato 13,5 g; gordura 2,5 g (0,5 g saturado); fibra 2,5 g.

Lista de cargas glicêmicas (CG) e índices glicêmicos (IG)

A lista apresentada nas próximas páginas foi compilada de informações fornecidas por laboratórios de vários países. Existem muitas variáveis entre os métodos de testar a composição dos alimentos, e algumas vezes o resultado é o produto de diversos estudos e análises. O arroz, por exemplo, apresenta grande variação de IG, e isso se dá em razão das diferenças de condições botânicas existentes entre países e regiões. O tipo de amido pode também explicar muitas das variações do IG do arroz (e de outros alimentos) porque a amilose é digerida mais lentamente do que a amilopectina. Os valores do IG do arroz não serão confiáveis se estiverem baseados somente no tamanho do grão ou no método de cozimento.

Não existem IG dados a carnes, aves, peixes, abacates, verduras, queijos e ovos porque esses alimentos contêm muito pouco ou nenhum carboidrato e seria muito difícil consumir o suficiente para atingir 50 gramas de carboidrato puro. Nem mesmo ingeridos em grande quantidade – mas isoladamente – esses alimentos poderiam provocar aumento significativo dos níveis de açúcar do sangue.

O IG das nozes e de outras frutas secas é o mesmo, estejam ou não salgadas. Recomendo evitar consumi-las salgadas e torradas. É sempre preferível comê-las cruas – a opção mais saudável.

Carga glicêmica (CG) Alimento de referência: glicose, IG 100

Alimentos	Índice glicêmico	Quantidade de alimento, em gramas, com 50 g de carboidratos	Carboidratos por 100 g de alimento	Carga glicêmica por 100 g de alimento
Abacaxi	59	462	11	6
Abacaxi (suco sem açúcar)	46	357	14	6
Abóbora cozida	75	1000	5	4
Açúcar (sacarose)	68	50	100	68
All-bran (Kellogg's)	42	100	50	21
Ameixas	39	500	10	4
Amendoins	14	417	12	2
Arroz branco	58	197	25	15
Arroz integral	55	227	22	12
Arroz parboilizado	47	208	24	11
Arroz selvagem	57	238	21	12
Aveia (mingau)	55	100	50	28
Bagels	72	100	50	36
Baguete	95	100	50	48
Bananas	52	250	20	10
Batata-doce	61	268	19	11
Batatas (purê)	74	375	13	10
Batatas *chips*	54	102	42	23
Batatas cozidas com pele	80	441	11	10
Batatas cozidas sem pele	88	417	12	11
Batatas fritas	75	259	19	15
Bebidas energéticas (Gatorade)	78	833	6	5
Bebidas energéticas (Isostar)	70	694	7	5
Beterraba	64	571	9	6
Bolos (*muffin*)	57	102	49	28
Brotos de feijão	25	441	11	3

Alimentos	Índice glicê-mico	Quantidade de alimento, em gramas, com 50 g de carboidratos	Carboi-dratos por 100 g de alimento	Carga gli-cêmica por 100 g de alimento
Castanhas-de-caju	22	192	26	6
Cenouras (suco sem açúcar)	43	543	9	4
Cenouras cozidas	58	667	8	4
Cenouras cruas	16	500	10	2
Centeio	34	66	76	26
Cereais (sucrilhos)	81	58	87	70
Cereal (flocos)	74	83	60	44
Cereal Cheerios	74	75	67	49
Cerejas	22	500	10	2
Cevada	25	179	28	7
Cevada (mingau)	68	179	28	19
Chocolate ao leite	43	89	56	24
Chocolate ao leite (baixo teor de açúcar)	35	114	44	15
Chocolate Mars	65	75	67	43
Chocolate meio amargo	22	156	32	7
Chocolate M&Ms	33	88	57	19
Chocolate Snickers	55	88	57	31
Chocolate Twix	44	77	65	29
Coca-Cola	58	481	10	6
Croissants	67	110	46	31
Damascos secos	31	107	47	14
Donuts	76	102	49	37
Ervilhas cozidas	22	833	6	1
Fanta laranja	68	368	14	9
Feijões assados (*baked beans*)	48	500	10	5
Feijões-fradinho	42	250	20	8

Alimentos	Índice glicê-mico	Quantidade de alimento, em gramas, com 50 g de carboidratos	Carboi-dratos por 100 g de alimento	Carga gli-cêmica por 100 g de alimento
Feijões-manteiga	32	250	20	6
Feijões-pretos	20	300	17	3
Feijões-vermelhos	28	300	17	5
Frutose	19	50	100	19
Glicose	100	50	100	100
Grãos-de-bico cozidos	28	250	20	6
Grãos-de-bico enlatados	42	341	15	6
Inhame	66	208	24	16
Iogurte magro com açúcar e frutas	33	323	16	5
Iogurte sem gordura com aspartame	14	769	7	1
Iogurte sem gordura e sem açúcar	33	625	8	3
Kiwis	53	500	10	5
Lactose	46	50	100	46
Laranja (geléia)	48	75	67	32
Laranjas	42	545	9	4
Laranjas (suco sem açúcar)	46	481	10	5
Leite de soja	42	714	7	3
Leite desnatado	32	962	5	2
Leite integral	27	1042	5	1
Leite semidesnatado	29	1000	5	1
Lentilhas cozidas	30	441	11	3
Lentilhas enlatadas	52	454	11	6
Maçã (suco sem açúcar)	40	431	12	5
Macarrão (espaguete) *al dente*	39	191	26	10
Macarrão (espaguete) cozido 10-15 min	43	188	27	11
Macarrão (espaguete) integral	37	214	23	9
Macarrão (*fettucine*)	40	196	26	10

Alimentos	Índice glicê-mico	Quantidade de alimento, em gramas, com 50 g de carboidratos	Carboi-dratos por 100 g de alimento	Carga gli-cêmica por 100 g de alimento
Macarrão (*linguine*)	50	196	26	13
Macarrão (raviólis de carne)	39	237	21	8
Macarrão de arroz	61	231	22	13
Macarrão instantâneo	47	225	22	10
Maçãs	38	400	13	5
Maçãs secas	29	88	57	16
Maltose	105	50	100	105
Mandioca	46	185	27	12
Manga	51	353	14	7
Mel	55	69	72	40
Melancia	72	1000	5	4
Melão	65	1000	5	5
Milho verde	53	234	21	11
Morangos	40	2000	3	1
Müsli sem açúcar	49	76	66	32
Nhoque	68	188	27	18
Nutella (pasta de avelã e chocolate)	33	83	60	20
Pão árabe – Pita	57	88	57	32
Pão de aveia	47	83	60	28
Pão de banana sem açúcar	55	138	36	20
Pão de centeio	50	125	40	20
Pão de girassol e cevada	57	151	37	21
Pão de glúten	70	98	51	36
Pão de hambúrguer	61	100	50	31
Pão de trigo branco	70	98	51	36
Pão multigrãos	43	108	46	20
Pão preto	58	107	47	27

Alimentos	Índice glicêmico	Quantidade de alimento, em gramas, com 50 g de carboidratos	Carboidratos por 100 g de alimento	Carga glicêmica por 100 g de alimento
Papaia	59	353	14	8
Passas	64	68	73	47
Peras	38	545	9	3
Peras em compota (sem açúcar)	43	545	9	4
Pêssegos	42	545	9	4
Pêssegos enlatados	38	545	9	3
Pipoca	72	91	55	40
Pizza com cinco ingredientes (IG varia de 30 a 80)	60	185	27	16
Polenta cozida	68	577	9	6
Pretzels	83	75	67	55
Soja em grão	18	1250	4	1
Sorvete (com 15% de gordura)	37	278	18	7
Sorvete light (com 2% a 7% de gordura)	43	227	22	9
Tâmaras secas	103	75	67	69
Tapioca	70	694	7	5
Tomate (suco)	38	1389	4	1
Toranjas (*grapefruit*)	25	545	9	2
Tortillas mexicanas	52	104	48	25
Uvas	46	333	15	7
Vagem	29	1667	8	2
Yakult	46	278	18	8

Bibliografia

Livros

BRAND-MILLER, J.C. *The G.I. Factor: The Glycaemic Index Solution. The Scientific Answer to Weight Reduction and Blood Sugar Control.* Australia: Hodder & Stoughton, 1997.

CRAWFORD, M.; MARSH, D. *The Driving Force: Food, Evolution and the Future.* New York: Harper & Row, 1989.

EATON, S.B.; SHOSTALLE, M.; KONNER, M. *The Paleolithic Prescription.* New York: Harper & Row, 1988.

ERZIN, C.; KOWALSKI, R.E. *The Endocrine Control Diet.* New York: Harper & Row, 1990.

HELLER, R.F. *The Carbohydrate Addict's Diet.* New York: Penguin, 1991.

HILLS, A.P.; WAHLQUIST, M.L. *Exercise and Obesity.* Smith-Gordon, 1994.

LANDS, W.E.M. *Fish and Human Health.* New York: Academic Press, 1986.

SINCLAIR, A.; GIBSON, R. *Essential Fatty Acids and Eicosanoids.* Champaign, IL, USA: American Oil and Chemical Society Press, 1992.

WHO. *Obesity Preventing and Managing the Global Epidemic.* 1998.

Artigos

ADRIAN, F. "Divergent trends in obesity and fat intake patterns: the American paradox". *American Journal of Medicine* 102 (1997): 259-64.

AMANO, Y., KAWAKUBO, K., LEE, J.S., TANG, A.C., SUGIYAMA, M.; MORI, K. "Correlation between dietary glycemic index and cardiovascular disease risk factors among Japanese women". *Eur J Clin Nutr* Nov 2004; 58(11):1472-8.

AMERICAN Heart Association Journal. Report. "High blood levels of insulin possible independent predictor of heart attack risk". (Circ/Pyorala) nº 98-4937.

ANDERSON, R., CHENG, N., BRYDEN, N.A. *et al.* "Beneficial effects of chromium for people with type 2 diabetes". *Diabetes* 45 (1996): 124A.

ANDERSON, R.A., CHENG, N., BRYDEN, N.A., POLANSKY, M.M., CHI, J.; FENG, J. "Elevated intakes of supplemental chromium improve glucose and insulin variables in individuals with type 2 diabetes". *Diabetes* 46, nº 11 (1997): 1786-91.

ATRENS, D.M. "The questionable wisdom of a low-fat diet and cholesterol reduction". *Social Science Medicine* 39, nº 3 (1994): 433-47.

AUGUSTIN, L.S., GALLUS, S., NEGRI, E. e LA VECCHIA, C. "Glycemic index, glycemic load and risk of gastric cancer". *Ann Oncol.* Apr 2004; 15(4): 581-84.

AUGUSTIN, L.S., GALEONE, C., DAL MASO, L., PELUCCHI, C., RAMAZZOTTI, V., JENKINS, D.J., MONTELLA, M., TALAMINI, R., NEGRI, E., FRANCESCHI, S. e LA VECCHIA, C. "Glycemic index, glycemic load and risk of prostate cancer". *Int J Cancer*. Nov 10 (2004); 112(3): 446-50.

BAO, W., SRINIVASAN, S.; BERENSON, G. "Persistent elevation of plasma insulin levels is associated with increased cardiovascular risk in children and young adults". *Circulation* 93 (1996): 54-59.

BARCLAY, A.W., BRAND-MILLER, J.C.; MITCHELL, P. "Glycemic index, glycemic load and diabetes in a sample of older Australians". *Asia Pac J Clin Nutr* 2003; 12 Suppl: SII.

Behan, P.O., Behan, W.M.H.; Horrobin, D.F. "Effect of high doses of essential fatty acids on postviral fatigue syndrome" *Acta Neurology Scandinavia* 82 (1990): 209-16.

Berne, C. "Insulin in hypertension – A relationship with consequences?" *Journal of Internal Medicine* 735, suppl. (1991): 65-73.

Bittiner, B.S.; Cartwright, I.; Tucker, W.F.G.; Bleehen, S.S. "A double-blind, randomized, placebo-controlled trial of fish oil in psoriasis". *Lancet* 1 (1988): 378-80.

Björck, I.; Granfeldt, Y.; Liljeberg, H.; Tovar, J.; Asp, N.G. "Food properties affecting the digestion and absorption of carbohydrates". *Am J Clin Nutr* 59 (1994): 699S-705S.

Bjerneboe, A.; Seyland, E.; Bjerneboe, G.E.A.; Rajha, G.; Drevon, G. "Effect of dietary supplementation with eicosapentaenoic acid in treatment of atopic dermatitis". *Brit J Dermatology* 117 (1987): 436-69.

Black, H.R. "The coronary artery disease paradox: The role of hyperinsulinemia and insulin resistance and its implications for therapy". *Journal of Cardiovascular Pharmacology* 15, suppl.5 (1990): S26-38.

Brand-Miller, J.C. "Glycemic index in relation to coronary disease". *Asia Pac J Clin Nutr* 2004; 13(suppl.): S3.

Brand-Miller, J.C. "Importance of glycemic index in diabetes". *Am J Clin Nutr* 59 suppl. (1994): 747S-52S.

Brands, M.W.; Hall, J.E. "Insulin resistance, hyperinsulinemia, and obesity-associated hypertension". *J Am Soc Nephrol* 3, nº 5 (1992): 1064-77.

Bruning, P.F.; Bonfrer, M.G.; Van Noord, P.A.H.; Hart, A.A.M.; Jong-Bakken, M. de; Nooijen, W.J. "Insulin resistance and breast cancer". *Int J Cancer* 52 (1992): 511-16

Burr, G.O.; Burr, M.R. "A new deficiency disease produced by rigid exclusion of fat from the diet". *Journal of Biology and Chemistry* 82 (1929): 345-67.

Cerami, A. "Hypothesis: Glucose as a mediator of aging". *Journal of the American Geriatric Society* 33 (1985): 626-34.

CHEN, Y.D.; COULSTON, A.M.; MING-YUE, Z.; HOLLENBECK, C.B.; REAVEN, G.M.. "Why do low-fat high-carbohydrate diets accentuate post-prandial lipemia in patients with NIDDM?" *Diabetes Care* 18 (1995): 10-16.

CHEW, I. *et al.* "Application of glycemic index to mixed meals". *Am J Clin Nutr* 47 (1988): 53-56.

CHILES, R. "Excessive serum insulin response to oral glucose in obesity and mild diabetes". *Diabetes* 19 (1970): 458.

COLOMBANI, P.C. "Glycemic index and load-dynamic dietary guidelines in the context of diseases. *Physiol Behav* (2004) Dec 30; 83(4): 603-10.

COULSTON, A.M.; HOLLENBECK, C.B.; SWISLOCKI, A.L.M.; CHEN, Y.; REAVEN, G. "Deleterious metabolic effects of high-carbohydrate, sucrose-containing diets in patients with non-insulin-dependent diabetes mellitus". *Am J Med* 82 (1987): 213-20.

CRAPO, P.A. "Comparison of serum glucose-insulin and glucagon responses to different types of carbohydrates in non insulin dependent diabetic patients". *Am J Clin Nutr* 34 (1981): 84-90.

CRAPO, P.A. "The effects of oral fructose, sucrose and glucose in subjects with reactive hypoglycemia". *Diabetes Care* 5 (1982): 512-17.

DAVIS M.S.; MILLER, C.K.; MITCHELL, D.C. "More favorable dietary patterns are associated with lower glycemic load in older adults". *Am Diet Assoc* (2004) Dec; 104(12): 1828-35.

DIABETES for 10 milliarder! *Diabetikeren* nº 7 (1999).

DREON, D.M. *et al.* "The effects of polyunsatured fat versus monounsatured fat on plasma lipoproteins". *JAMA* 263 (1990): 2462-66.

DYERBERG, J. *et al.* "Eicosapentaenoic acid and prevention of thrombosis and atherosclerosis". *Lancet* 2 (1978): 117-19.

EATON, S.B.; KONNER, M.J. "Stone Age nutrition: implications for today". *ASDC J Dent Child* 53, nº 4 (1986): 300-3.

EATON, S.B., KONNER, M.J. E SHOSTAK, M. "Stoneagers in the fast lane: chronic degenerative diseases in evolutionary perspective". *Am J Med* 84, nº 4 (1988): 739-49.

Eriksson, K.F.; Lindgärde, F. "Prevention of type 2 (non-insulin-dependant) diabetes mellitus by diet and exercise. The 6-year Malm feasibility study". *Diabetologia* 34 (1991): 891-98.

Folsom, A.R.; Demissie, Z.; Harnack, L. "Glycemic index, glycemic load, and incidence of endometrial cancer: the Iowa Women's Health Study". *Nutr Cancer* (2003); 46(2): 119-24.

Food and Agriculture Organization / World Health Organization. "Energy and protein requirements". *WHO Technical Report* (1985): 724.

Foster-Powell, K.; Holt, S.A.; Brand-Miller, J.C. "Intake of glycemic index and glycemic load values". *Am J Clin Nutr* (2002) 76: 5-56.

Geiselman, P.J.; Novin, D. "The role of carbohydrates in appetite, hunger and obesity". *Appetite: J Intake Res* 3 (1982): 203-23.

Gwinup, G.; Elias, A.N. "Hypothesis: Insulin is responsible for the vascular complications of diabetes". *Medical-Hypothesis* 34, nº 1 (1991): 1-6.

Higginbotham, S.; Zhang, Z.F.; Lee, I.M.; Cook, N.R.; Buring, J.E.; Liu, S. "Dietary glycemic load and breast cancer risk in the Women's Health Study". *Cancer Epidemiol Biomarkers Prev* (2004) Jan; 13(1): 65-70.

Higginbotham, S.; Zhang, Z.F.; Lee, I.M.; Cook, N.R.; Giovannucci, E.; Buring, J.E.; Liu, S. "Dietary glycemic load and risk of colorectal cancer in the Women's Health Study". *J Natl Cancer Inst* (2004) Feb 4; 96(3): 229-33.

Hill, E.G.; Johnson, S.B.; Lawson, L.D.; Mahfouz, M.M.; Holman, R.T. "Perturbation of the metabolism of essential fatty acids by dietary partially hydrogenated vegetable oil". *Proceedings of the National Academy of Science USA 79* (1982): 953-57.

Hodge, A.M.; English, D.R.; O'Dea, K.; Giles, G.G. "Glycemic index and dietary fiber and the risk of type 2 diabetes". *Diabetes Care* (2004) Nov (11): 2701-6.

Hofeldt, F.D. "Reactive hypoglycemia". *Metab* 24 (1975): 1193-208.

Holmes, M.D.; Liu, S.; Hankinson, S.E.; Colditz, G.A.; Hunter, D.J.; Willett, W.C. "Dietary carbohydrates, fiber, and breast cancer risk". *Am J Epidemiol* (2004) Apr 15; 159(8): 732-39.

JENKINS, D.J.A. "Dietary carbohydrates and their glycemic responses". *JAMA* 251/21 (1984): 2829-31.

JENKINS, D.J.A. *et al.* "Glycemic index of foods: a physiological basis for carbohydrate exchange". *Am J Clin Nutr* 34 (1981): 362-66.

JENKINS, D.J.A. "Low glycemic index; lente carbohydrates and physiological effects of altered food frequency". *Am J Clin Nutr* 56 suppl. (1994): 706S-9S.

JENKINS, D.J.A. "Metabolic effects of low glycemic index diet". *Am J Clin Nutr* 46 (1987): 968-75.

JENKINS, D.J.A.; WOLEVER, T.M.S.; VUKSON, S.; BRIGHENTI, F.; CUNNANE, S.C. ; RAO, A.V.; JENKINS, A.L.; BUCKLEY, G.; SINGER, W. "Nibbling versus gorging: Metabolic advantages of increased meal frequency". *New England J Med* 321 (1989): 929-34.

KAPLAN, N. "The deadly quartet: upper body obesity, glucose intolerance, hypertriglyceridemia, and hypertension". *Archives of Internal Medicine* 149 (1989): 1514-20.

KEMP, K. "Carbohydrate addiction". *Practitioner* 190 (1963): 358-64.

KREMER, J.M.; JUBIZ, W.; MICHASLEK, A.; RYNES, R.I.; BARTHOLOMEW, L.E.; BIGAVO, J.; TIMCHALK, M.; BEELER, D.; LINNGER, L. "Fish-oil supplementation in active rheumatoid arthritis". *Annual Internal Medicine* 106 (1987): 497-503.

KRUMHOUT, D.; BOSSCHIETER, E.B.; LEZENNE-COULANDER, C. "The inverse relation between fish consumption and 20 year mortality from coronary heart disease". *New Engl J Med* 312(1985): 1205-9.

LUDWIG, D.S.; MAJZOUB, J.A.; AL-ZAHRANI, A.; DALLAL, G.L.; BLANCO, I.; ROBERTS, S. "High glycemic index foods, overeating, and obesity". *Pediatrics* (1999); 103: e26.

LUO, J.; RIZKALLA, S.W.; BOILLOT, J. *et al.* "Dietary polyunsaturated (n-3) fatty acids improve adipocyte insulin action and glucose metabolism in insulin resistant rats; relation to membrane fatty acids". *J Nutr* 126 (1996): 1951-58.

MITCHINSON, M.J. "Possible role of deficiency of selenium and vitamin E in atherosclerosis". *J Clin Pathol* 37 (1984): 7-837.

MOLNAR, D. "Insulin secretion and carbohydrate tolerance in childhood obesity". *Klin Pediatr* 202, nº 3 (1990): 131-35.

NADER, S. "Polycystic ovary syndrome and the androgen-insulin connection". *American Journal of Obstetrics and Gynecology* 165, nº 2 (1991): 346-48.

NEEL, J.V. "The 'thrifty' genotype", *in* 1998, *Nutr Rev 57* (5) (1999): S2-S9.

ODELEYE, O.E.; DE COURTEN, M.; PETTITT, D.; RAVUSSIN, E. "Fasting hyperinsulinemia is a predictor of increased body weight gain and obesity in Pima Indian children". *Diabetes* 46 (1997): 1341-45.

OH, K.; HU, F.B.; CHO, E.; REXRODE, K.M.; STAMPFER, M.J.; MANSON, J.E.; LIU, S.; WILLETT, W.C. "Carbohydrate intake, glycemic index, glycemic load, and dietary fiber in relation to risk of stroke in women". *Am J Epidemiol* (2005) Jan 15; 161(2): 161-9.

OH, K.; WILLETT, W.C.; FUCHS, C.S.; GIOVANNUCCI, E.L. "Glycemic index, glycemic load, and carbohydrate intake in relation to risk of distal colorectal adenoma in women". *Cancer Epidemiol Biomarkers Prev* (2004) Jul; 13(7): 1192-98.

PAOLISSO, G.; D'AMORE, A.; GIUGLIANO, D. *et al.* "Pharmacologic doses of vitamin E improve insulin action in healthy subjects and non-insulin-dependent diabetic patients". *Am J Clin Nutr* 57 (1993): 650-56.

PAOLISSO, G.; BARBAGALLO, M. "Hypertension, diabetes, and insulin resistance: the role of intracellular magnesium". *Am J Hypertens* 10(3) (1997): 346-55.

PAOLISSO, G.; SAMBATO, S.; PIZZA, G. *et al.* "Improved insulin response and action by chronic magnesium administration in aged type 2 diabetes subjects". *Diabetes Care* 12 (1989): 265-69.

PARILLO, M.; RIVELLESE, A.A.; CIARDULLO, A.V.; CAPALDO, B.; GIACCO, A.; GENOVESE, S.; RICCARDI, G. "A high-monounsaturated-fat/low-carbohydrate diet improves peripheral insulin sensitivity in non-insulin dependent diabetic patients". *Metabolism* 41 (1992): 1373-78.

PEREIRA, M.A.; SWAIN, J.; GOLDFINE, A.B.; RIFAI, N.; LUDWIG, D.S. "Effects of a low-glycemic load diet on resting energy expenditure and heart disease risk factors during weight loss". *JAMA* (2004) 292 (20).

PYÖRÄLÄ, M.; MIETTINEN, H.; LAAKSO, M.; PYÖRÄLÄ, K. "Hyperinsulinemia predicts coronary heart disease risk in healthy middle-aged men: The 22-year follow-up results of the Helsinki policemen study". *Circulation* 98 (1998): 398-404.

RACETTE, S.B.; SCHOELLER, D.A.; KUSHNER, R.F.; NEIL, K.M.; HERLING-IAFFALDANO, K. "Effects of aerobic exercise and dietary carbohydrate on energy expenditure and body composition during weight reduction in obese women". *Am J Clin Nutr* 61 (1995): 486-94.

REAVEN, G.M.; HOFFMAN, B.B. "Hypertension as a disease of carbohydrate and lipoprotein metabolism". *Am J of Medicine* 87, nº 6A (1989): 2S-6S.

SADUR, C.N.; ECKEL, R.H. "Insulin stimulation of adipose tissue lipoprotein lipase". *J Clinical Investigation* 69 (1982): 1119-23.

SALONEN, J.T. "Serum fatty acids, apolipoproteins, selenium and vitamin antioxidants and risk of death from coronary artery disease". *Am J Cardiol* 56, nº 2 (1985): 226-31.

SANCHEZ, A.; HUBBARD, R.W. "Plasma amino acids and the insulin/glucagon ratio as an explanation of the dietary protein modulation of atherosclerosis". *Medical Hypothesis* 35, nº 4 (1991): 324-29.

SARIS, W.H.M. "Fit, fat and fat free: the metabolic aspects of weight control". *Int J Obes* 22, suppl. 2 (1998): S15-S21.

SCAGLIONI, S.; STIVAL, G.; GIOVANNINI, M. "Dietary glycemic load, overall glycemic index, and serum insulin concentrations in healthy schoolchildren". *Am J Clin Nutr* (2004) Feb; 79(2): 339-40.

SCHAUMBERG, D.A.; LIU, S.; SEDDON, J.M.; WILLETT, W.C.; HANKINSON, S.E. "Dietary glycemic load and risk of age-related cataract". *Am J Clin Nutr* (2004) Aug; 80(2): 489-95.

SCHOLL, T.O.; CHEN, X.; KHOO, C.S.; LENDERS, C. "The dietary glycemic index during pregnancy: influence on infant birth weight, fetal growth, and biomarkers of carbohydrate metabolism". *Am J Epidemiol* (2004) Mar 1; 159(5): 467-74.

SCHULZE, M.B.; LIU, S.; RIMM, E.B.; MANSON, J.E.; WILLETT, W.C.; HU, F.B. "Glycemic index, glycemic load, and dietary fiber intake and incidence of type 2 diabetes in younger and middle-aged women". *Am J Clin Nutr* (2004) Aug; 80(2): 348-56.

SCHWARTZ, M.W.; FIGLEWICZ, D.; BASKIN, D.G.; WOODS, S.C.; PORTE, D. "Insulin in the brain: a hormonal regulation of energy balance". *Endocrine Review* 43 (1992): 387-414.

SEARS, B. "Essential fatty acids and dietary endocrinology". *Journal of Advanced Medicine* 6 (1993): 211-24.

SHANG, H.; OSADA, K., MAEBASI, M. *et al.* "A high biotin diet improves the impaired glucose tolerance of long term spontaneously hyper-glycemic rats with non-insulin-dependent diabetes mellitus". *J Nutr Sci Vitamin* 42 (1996): 517-26.

SILVERA, S.A.; JAIN, M.; HOWE, G.R.; MILLER, A.B.; ROHAN, T.E. "Dietary carbohydrates and breast cancer risk: A prospective study of the roles of overall glycemic index and glycemic load". *Int J Cancer* (2004) Dec 17.

SIMOPOULOS, A. "Fatty acid composition of skeletal muscle membrane phospholipids, insulin resistance and obesity". *Nutrition Today* Jan/Feb (1994): 12-16.

SIMPSON, H.C.R. "A high carbohydrate leguminous fibre diet improves all aspects of diabetic control". *Lancet* 1 (1981): 1-5.

TAMBURRANO, G. "Increased insulin sensitivity in patients with idiopathic reactive hypoglycemia". *J Clin Endocr Metab* 69 (1989): 885.

THAW, K.T.; WAREHAM, N.; LUBEN, R.; BINGHAM, S.; OAKES, S.; WELCH, A.; DAY, N. "Glycated haemoglobin, diabetes, and mortality in men in Norfolk cohort of European prospective investigation of cancer and nutrition (EPIC Norfolk)". *BMJ* 322 (2001): 15-18.

THOMAS, D.E.; BROTHERHOOD, J.R.; BRAND, J.C. "Carbohydrate feeding before exercise: effect of glycemic index". *Int J of Sports Medicine* 12, nº 2 (1991): 180-86.

WESTERTERP, K.R. *et al.* "Body mass, body composition and sleeping metabolic rate before, during and after endurance training". *Eur J Appl Physiol* 69 (1994): 203-208.

WHO/FAO EXPERT CONSULTATION (relatório da ONU sobre nutrição). "Carbohydrates in human nutrition: interim report". Rome, April 1997.

WILLETT, W.C. "Dietary fat and obesity: an unconvincing relation". *Am J Clin Nutr* 8 (1998): 1149-50.

YALE, J. "Taming the hunger hormone: is insulin the key to weight control?" *American Health,* Jan/Feb (1984).

ZAVARONI, I.; MAZZA, S.; DALL'AGLIO, P. *et al.* "Prevalence of hyperinsulinaemia in patients with high blood pressure". *J Int Med* 231 (1992): 235-40.

ZAVARONI, I.; COUZZI, P.; BONINI, L. *et al.* "Association between salt sensitivity and insulin concentrations in patients with hypertension". *Am J Hypertens* 8 (1995): 855-58.

Índice de receitas

OUTRAS PUBLICAÇÕES DA EDITORA GENTE

1. *Casais Inteligentes Enriquecem Juntos – Finanças para casais*
   Gustavo Cerbasi
2. *As Coisas Boas da Vida*
   Anderson Cavalcante
3. *Empregabilidade – Como ter trabalho e remuneração sempre*
   José Augusto Minarelli
4. *Energize-se – Alternativas para melhorar sua qualidade de vida sem radicalismos*
   Virginia Nowicki
5. *Mentes Inquietas – Entendendo melhor o mundo das pessoas distraídas, impulsivas e hiperativas*
   Ana Beatriz B. Silva
6. *Metacompetência – Uma nova visão do trabalho e da realização pessoal*
   Eugenio Mussak
7. *Metanóia – Uma história de tomada de decisão que fará você rever seus conceitos*
   Roberto Adami Tranjan
8. *Ninguém Tropeça em Montanha – Cuide dos detalhes da vida*
   Tadashi Kadomoto
9. *Organize-se – Soluções simples e fáceis para vencer o desafio diário da bagunça*
   Donna Smallin
10. *Pedagogia do Amor – A contribuição das histórias universais para a formação de valores das novas gerações*
    Gabriel Chalita
11. *Quem Ama, Educa!*
    Içami Tiba
12. *O Sucesso É Ser Feliz*
    Roberto Shinyashiki
13. *Virando Gente Grande – Como orientar os jovens em início de carreira*
    Sofia Esteves do Amaral
14. *Você É do Tamanho de seus Sonhos – Estratégias para concretizar projetos pessoais, empresariais e comunitários*
    César Souza
15. *O Vôo do Cisne – A revolução dos diferentes*
    José Luiz Tejon Megido